会计教学与财务管理研究

冯亚男　蔡淑君　魏奇锦　著

北方文艺出版社
·哈尔滨·

图书在版编目（CIP）数据

会计教学与财务管理研究 / 冯亚男，蔡淑君，魏奇锦著. -- 哈尔滨：北方文艺出版社，2024.8. -- ISBN 978-7-5317-6380-2

Ⅰ．F230；F275

中国国家版本馆CIP数据核字第2024RW1243号

会计教学与财务管理研究
KUAIJI JIAOXUE YU CAIWU GUANLI YANJIU

作　　者 / 冯亚男　蔡淑君　魏奇锦	
责任编辑 / 富翔强	封面设计 / 文　亮
出版发行 / 北方文艺出版社	邮　　编 / 150008
发行电话 / （0451）86825533	经　　销 / 新华书店
地　　址 / 哈尔滨市南岗区宣庆小区1号楼	网　　址 / www.bfwy.com
	开　　本 / 787mm×1092mm　1/16
印　　刷 / 廊坊市广阳区九洲印刷厂	
字　　数 / 200千	印　　张 / 12.5
版　　次 / 2024年8月第1版	印　　次 / 2024年8月第1次印刷
书　　号 / ISBN 978-7-5317-6380-2	定　　价 / 78.00元

前　　言

　　会计教学与财务管理，两者看似各自独立，实则紧密相连，共同构成了现代商业教育的两大支柱。在当今这个经济飞速发展，商业环境日新月异的时代，会计教学和财务管理研究的重要性愈发凸显。它们不仅关乎着企业经营的成败，更在培养新一代商业人才中扮演着举足轻重的角色。因此，深入探讨会计教学与财务管理，对于提升我国商业教育的质量和企业管理的水平具有深远的意义。

　　会计教学是培养会计专业人才的基础，其质量直接关系着未来会计人员的专业素养和实操能力。随着会计准则的不断更新和会计软件的广泛应用，会计教学也需与时俱进，不仅传授理论知识，更要注重实践技能的培养。传统的会计教学方式往往侧重于理论灌输，忽视了对学生实际操作能力和问题解决能力的培养。然而，在现代商业环境中，会计人员不仅需要扎实的理论知识，更需要灵活运用这些知识解决实际问题的能力。因此，会计教学改革势在必行，必须更加注重理论与实践的结合，培养学生的综合素质。

　　与此同时，财务管理在企业运营中的地位也日益重要。随着市场竞争的加剧和经济全球化的深入，企业面临着越来越多的财务风险和挑战。有效的财务管理不仅能够帮助企业规避风险，还能优化资源配置，提高企业的经济效益。财务管理研究因此显得尤为重要，它不仅涉及财务决策的制定，还包括对企业财务状况的全面分析和评估。在这个过程中，会计人员的专业素养和实践经验将直接影响财务管理的效果。

　　会计教学与财务管理是两个相辅相成的领域，它们的发展不仅关系着企业的经营成败，更影响着整个社会的经济健康发展。通过深入探讨这两个领域的问题与挑战，提出切实可行的解决方案，我们有望推动会计教学和财务管理的持续创新与发展，为我国的商业教育和企业管理注入新的活力。

目 录

第一章 会计教学概述 ... 1
    第一节 会计教学 ... 1
    第二节 会计教学的目标 ... 3
    第三节 会计教学的原则 ... 17
    第四节 会计教学的手段与方法 ... 29
    第五节 我国会计教学的现状 ... 40

第二章 会计教学改革的新出路 ... 43
    第一节 会计教学改革的影响因素 ... 43
    第二节 对会计教学改革的机遇 ... 53
    第三节 对会计教学改革的挑战 ... 56
    第四节 会计教学改革的可行性 ... 59
    第五节 会计教学的目标与理念 ... 61

第三章 会计教学改革的新思维 ... 65
    第一节 会计教学改革的运行机制 ... 65
    第二节 会计教学改革的主体分析 ... 69
    第三节 会计教学的人才培养探索 ... 72
    第四节 会计教学的管理模式 ... 76
    第五节 会计教学的考核评价 ... 80

第四章 会计教学改革的资源支持 ... 84
    第一节 会计教学改革的信息资源支持 ... 84
    第二节 会计教学改革的工具资源支持 ... 88
    第三节 会计教学改革的服务资源支持 ... 91
    第四节 会计教学改革的政策资源支持 ... 94

第五节　会计教学改革的教学手段支持……………………………100

第五章　财务管理的基本理论……………………………………105

第一节　财务管理中的问题…………………………………………105

第二节　财务管理的优化措施………………………………………107

第三节　财务管理观念创新…………………………………………109

第四节　财务管理中的财务分析……………………………………112

第六章　财务管理的基本组成……………………………………115

第一节　精细化财务管理……………………………………………115

第二节　财务管理中的内控管理……………………………………118

第三节　PPP项目的财务管理………………………………………122

第四节　跨境电商的财务管理………………………………………124

第五节　资本运作中的财务管理……………………………………127

第六节　国有投资公司财务管理……………………………………129

第七节　公共组织财务管理…………………………………………132

第七章　大数据背景下的财务管理………………………………140

第一节　大数据背景下财务管理的挑战……………………………140

第二节　大数据的财务管理发展……………………………………143

第三节　大数据对财务管理决策的影响……………………………147

第四节　大数据背景下企业财务信息管理…………………………152

第五节　大数据背景下企业财务精细化管理………………………155

第六节　大数据背景下集团企业财务管理转型……………………157

第七节　大数据背景下小微企业财务管理…………………………160

第八章　财务投资管理……………………………………………164

第一节　PPP项目的投资分析及财务管理…………………………164

第二节　海外投资企业财务风险管理………………………………166

第三节　私募股权投资基金财务管理………………………………170

第四节　创业投资企业的财务风险管理……………………………176

第五节	投资集团公司财务风险管理	179
第六节	电信企业工程投资的财务管理	182
第七节	电力企业投资价值财务管理	185
第八节	旅游投资项目财务风险管理	187

参考文献 191

第一章　会计教学概述

第一节　会计教学

一、会计

会计有两层意思：一是指会计工作，二是指会计工作人员。会计工作是会计从业人员根据会计相关法律法规、会计准则对本单位的经济活动进行核算和监督的过程。会计工作人员是从事会计工作的专职人员，按照职位和岗位分为会计部门负责人、主管会计、会计、出纳等，按照专业技术职务分为高级会计师、会计师、助理会计师、会计员等。

我国从周代开始就有了会计的新官职，掌管赋税收入、钱银支出等财务工作，进行月计、岁会。每月零星盘算为"计"，一年总盘算为"会"，两者合在一起即成"会计"一词。

（一）会计对象

会计对象是指会计核算和监督的内容，具体是指社会再生产过程中能以货币表现的经济活动，即资金运动或价值运动。

（二）基本特征

会计有五个基本特征：（1）会计是一种经济管理活动；（2）会计是一种经济信息系统；（3）会计以货币作为主要计量单位；（4）会计具有核算和监督的基本职能；（5）会计采用一系列专门的方法。

（三）会计目标

会计目标也叫作会计目的，是要求会计工作完成的任务或达到的标准。我国《企业会计准则》中对会计核算的目标做了明确规定：会计的目标是向财务会计报告使用者提供与企业财务状况、经营成果和现金流量等有关的会计信息，反映企业管理层受托责任履行情况，有助于财务会计报告使用者做出经济决策。

（四）会计职能

1. 会计的核算职能

会计的核算职能也称为会计反映职能，是指会计以货币为主要计量单位，对特定主体的经济活动进行确认、计量和报告。会计核算贯穿于经济活动的全过程，是会计最基本的职能。

记账、算账、报账、分析是会计执行核算职能的主要形式，将个别、大量的经济业务，通过记录、分类、计算、汇总转化为一系列经济信息，使其正确、全面、综合地反映企业单位的经济活动过程和结果，为经营管理提供数据资料。

2. 会计的监督职能

会计监督职能又称会计控制职能，是指对特定主体经济活动和相关会计核算的真实性、合法性和合理性进行监督检查。监督的核心就是要干预经济活动，使之遵守国家法律、法规，保证财经制度的贯彻执行，同时要从本单位的经济效益出发，对每项经济活动的合理性、有效性进行事前、事中、事后监督，以防止损失或浪费。

3. 拓展职能

（1）预测经济前景，是指根据财务会计提供的信息，定量或定性地判断和推测经济活动的发展变化规律以指导和调节经济活动，提高经济效益。

（2）参与经济决策，是指根据财务会计提供的信息，采用专门的方法，对各种备选方案中选出的最经济可行的方案进行分析，为企业经营管理等提供决策。

决策在现代化管理中起着重要的作用，正确的决策可以使企业获得最大效益，决策失误将会造成重大损失与浪费。决策必须建立在科学预测的基础上，而预测与决策都需要掌握大量的财务信息，这些资料都必须依靠会计来提供。因此，为企业取得最大经济效益奠定基础的参与决策职能，是会计的一项重要职能。

（3）评价经营业绩，是指利用财务会计提供的信息，采用适当的方法，对企业一定经营期间的资产运营、经济效益等经营成果，对照相应的评价标准，进行定量及定性对比分析，做出真实、客观、公正的综合评判。

二、会计教学

本书中所说的"会计"，指的是会计学专业的系列课程。为了为社会培养合格的会计专业人才，各高校必然会为会计系、科、专业的学生开设一系列的专业课程，如初级财务会计学、中级财务会计学、成本会计学、会计理论专题、管理会计学、非营利单位会计、财务管理学、审计学、财务分析学、电算会计学、国际会计学、资产评估学等。这些课程，有的属于传授会计理论知识的，有的属于训练会计实践能力的，它们共同为完成会计专业人才培养目标而服务。因此，这里所说的"会计"，实际上是会计学专业课程的总和与总称。尽管它包括每一门单一的会计课程，但指的并不仅仅是某一门单一的会计课程。

与之相应，我们所说的"会计教学"，指的便是高校会计学专业所开设的会计专业课程的教学，包括会计理论课程的教学与会计实践课程的教学。当然，高校的会计教学，既有博士生层次的会计教学，也有硕士生层次的会计教学；既有本科生层次的会计教学，又有专科生层次的会计教学。由于博士生层次与硕士生层次的会计教学带有明显的学术探索色彩与以学生自我探讨为主的特色，而且教学内容的研究领域更为精细，教学对象的人数相对有限，难以按班级授课制形式教学，教学时更关注会计理论的发展与建设，而不大关注会计实践能力的培养，即它们不属于以培养会计从业人员为主的教学体系，因此博士生与硕士生层次的会计教学没有涵盖在这本书所说的"会计教学"概念范畴里。这样，我们所说的"会计教学"，便专指高校本、专科层次的会计专业课程的教学。

目前，我国有相当一部分中专学校和职业高中也开设了一系列会计专业课程，甚至一些课程的名称与所使用的教材也与高校的一致，但是必须说明，我们所说的"会计教学"并不包括中专学校和职业高中的会计专业课程的教学。因为无论是中专学校，还是职业高中，都属于中等学校，而非高等学校。同时，随着我国办学体制的改革，中专学校正在逐渐削减，由本、专科学校取代，因此，即使把它们纳入本书所指的"会计教学"中来，意义也不是很大了。

第二节 会计教学的目标

一、目标的概念

目标，指的是射击、攻击或寻求的对象，也指想要达到的境地或标准。例如，沈从文《题记》："由我自己说来，我所有的作品，都还只能说是一个开端，远远没有达到我的目标。"目标是对活动预期结果的主观设想，是在头脑中形成的一种主观意识形态，也是活动的预期目的，为活动指明方向。其具有维系组织各方面关系、构成系统组织方向核心的作用。

任何实践活动都有鲜明的目标，或者说没有鲜明目标的实践活动都将归于失败。目标既是实践活动的出发点，又是实践活动的最终归宿。一旦有了明确的目标，实践活动的目的性便会生动地表现出来，走向成功的概率也随之提高。

学校教育是一种以培养人与改造人为己任的实践活动，当然有其鲜明的目标。这一点，在我国古代就已形成共识。儒家经典著作之一的《大学》，下笔便开宗明义地提出："大学之道，在明明德，在亲民，在止于至善。"其中，提到的"明明德""亲民""止于至善"，便是学校教育的三大基本目标。另一本儒家经典著作《中庸》，也就学校教育的目标进行了具体阐述，明确指出学校教育具有八大基本目标："格物、致知、诚意、正心、修身、齐家、治国、平天下。"到了今天，我们的学校教育目标便明确地界定为："使受教育者在德、智、体、美、劳等方面得到全面发展。"当然，这些教育目标的说法，都是针对学校整体教育而言的，并没有区分出大、中、小学的不同，也没有考虑各门学科教学的差别。也就是说，无论大、中、小学，也无论是何种学科，其教育教学的目标从整体上说都是一致的。

但是，大、中、小学的教育与教学，由于学生对象的年龄与心智不同，其培养目标也应该有所区别；各门学科的教学，由于其性质与内容有明显不同，其教学目标也应该有所区别。也就是说，尽管都可以概述为"使受教育者在德、智、体、美、劳等方面得到全面发展"，但是其德、智、体、美、劳的具体内涵与发展程度是有所区别的。我们这里研究的会计教学的基本目标，首先属于大学教育的一个组成部分，应该体现大学教育的整体目标，而与中、小学教育的整体目标有明显区别；其次属于会计学科的教学目标，应该表现出与其他学科教学目标的区别，且具有自己鲜明的特色。

大学教育不是基础教育，而是一种职业技能教育。大学的任何专业都是为培养这个特定专业所需要的人才服务的。经济生活中，既然存在着会计这样一种工作，就需要专门人员去从事这个工作，于是会计便成为一种职业。任何人想要从事会计职业的工作，都必须具备会计职业的工作技能。而要想获得这种会计职业的工作技能，除了接受会计专业的教育与从事会计实践工作以外别无他法。这样一来，大学的会计专业应运而生。所以，会计教学的基本目标应该是提高学生的综合能力。其中，主要是提高学生的会计职业技能，使其成为一位合格、在不断变化的会计环境中能够胜任会计工作的从业者。教育部"面向21世纪会计学类系列课程及其教学内容改革的研究"北方课题组负责人阎达五与王化成站在会计教育的角度将会计教育的培养目标界定为："培养具有较强市场经济意识和社会适应能力，具有较为宽广的经济和财会理论基础，以及相关学科的原理性知识，具备较好的从事会计、审计、理财及其他相关经济管理工作的具有一定专业技能的高素质人才。"应该肯定的是，这个界定是比较理性与全面的。

长期以来，人们都在思考与讨论一个问题：大学教育到底是"通才"教育还是"专才"教育？有人认为是"通才"教育，大学要使大学生博古通今，文理兼通；有人则认为是"专才"教育，大学要使大学生经世致用，专务职业。其实，"通"也好，"专"也好，应该是互相结合，而不是互不相容的。就大学生个人而言，应该是既"专"宜"通"。不"专"，他便难以胜任本职工作；不"通"，他则难以左右逢源，开拓创新，发展提高。但是，"专"是基础，"通"是发展，"专"是基本要求，"通"是高要求，所以既"专"宜"通"的同时，又是先"专"后"通"。就大学而言，应该首先是"专才"教育，其次才是"通才"教育。大学是培养专门人才的地方，因此大学教育首先是"专才"教育。但是，大学里所训练的职业技能不同于以体力劳动为主要成分的职业技能，而是一种以脑力劳动为主体成分的职业技能，它要求所培养的人才，既能胜任这种职业，又能出谋划策，参与管理，即具备综合素养。因此，大学教育在做好"专才"教育工作的同时，必须锻炼学生的综合素养，体现"通才"教育的特色。这表明，大学教育，包括会计教育，既是一种"专才"教育，也是一种"通才"教育。它说明，大学教育的目标，包括会计教育的目标，不是单一的，而是存在着一定结构的复合体。

二、会计教学目标确定的依据

从教育目标到教学目标，存在一种结构性的转换。教育目标可以借助课程设置、教材编写、教学组织、实践训练、活动开展等途径而得以实现；教学目标则只能借助教学组织去实现。可见，教育目标大于教学目标，也包括教学目标。

必须指出的是，会计的教学目标与教育目标是相关和一致的，而且只有借助教学目标的实现才能最终保证教育目标的实现。由此可见，前面所引用的表述，又可以用来作为分析会计教学目标的依据。

任何学科的教学都是教师教学生的一种活动。在某门学科的教学活动中，学生总是学习的主体，而教师则总是为学生的学习服务的。教师的教，实际上是一种服务。这种服务，既包括介绍与引导，也包括训练与扶持，还包括评价与纠错，其核心总是指向学生的学习。本章探讨会计教学的基本目标，是站在会计教学的教师角度进行的，目的在于帮助会计专业的教师明确自己所从事的教学活动的目标，但是这个目标从何而来，则是由学生的学习决定的。所以，大学生学习会计课程的目标便成了我们分析会计教学目标的依据。

会计是一项技术性很强的管理活动，涉及许多专门方法和各项会计准则，而这些方法与准则又是随着经济生活的发展而不断发展的。这说明，会计职业所必须具备的专业技能并不是一成不变的，从事会计工作的人员必须不断地学习新知识，掌握新的会计方法，才能在新的会计环境中立足，才能跟上经济发展的步伐。这一点，在我国目前表现得尤为突出。近年来，随着国内外经济环境与国际经济关系的不断变化，国家经济政策也随之不断进行调整，这带来的是经济业务呈现出的多样性。在科技发展日新月异的今天，新技术正在不断改变原有的经济业务模式与业务开展方法，使经济业务越来越呈现出快速的创新性。这就要求从事经济管理的人员必须不断学习提高，才能应对这些变化与创新。知识经济也给会计工作带来了巨大的冲击和影响，要求会计人员必须跟上这个进程。如果墨守成规，不能跟进，而只会机械地从事传统会计的确认、计量、记录、报告等，那么在面临新的会计环境时，就会不知所措，难以发挥会计应有的职能。因此，对会计人员而言，具备一种不断适应经济变化的能力，是一种基本的需求。那么，作为培养会计人才的会计教学，自然也应该将培养这种适应能力看成基本的目标。所以，经济不断发展的现状、经济法规逐渐完善的现实、知识经济使会计面临的新的环境，也就自然而然成为我们确定会计教学目标的依据。

会计作为一种技术很强的管理活动，既是一种与账目数字打交道的人与物的交流活动，也是一种与人打交道的人与人交流的活动。与人打交道，会计工作便具有了一定的人文色彩。而且，从事会计工作的人员，本身也是一个可变的因素，其道德、心灵、人格的修养也具有明显的人文色彩。能不能与相关部门的职员互相协作，实现良性互动；能不能与其他同事良好相处，共同完成会计管理的任务，也是会计人员综合素养的具体表现。因此，从人的角度来考虑个人的发展、表现与人际适应能力，也应该成为我们确立会计教学目标的依据。

三、会计教学目标的内部结构

会计教学的目标究竟如何呢？我们从分析会计专业大学生的学习目标的角度可以得出结论。会计专业的大学生，来到大学里，直接的目标是学习职业本领——会计理论知识与实际操作技能，以便为毕业后从事会计工作奠定坚实基础。不过，会计工作不同于简单劳动，除了需要掌握系统的会计专业知识与技能以外，还需要体现明晰的职业操守和个人修养，并将这样的操守与修养渗透到职业能力之中。因此，会计专业的大学生，在学习会计知识与能力的同时，必须使自己的人格得到改善，增强职业意识，具备职业道德，提高职业修养。学习又是一种自主的活动，学习者在学习知识与能力的同时，可以获得自主学习的能力、发展评判是非的能力，并激发出怀疑与创新的能力，大学生的学习在这方面表现得更加鲜明。此外，对职业的兴趣、职业的情感等非智力的因素，也必将在学习过程中得到激发与增进，这又反过来可以促进专业学习的进步。这样说来，会计专业的大学生，其学习目标实际上是由三个层面的因素构成的：一是会计知识与能力；二是会计道德与人格；三是会计智力与非智力。按照教学论的观点，知识与能力属于教养，道德与人格属于教育，智力与非智力属于发展。所以，会计专业大学生的学习目标，可以简要地表述为形成教养、接受教育、获得发展。

与会计专业的学习目标相适应，会计专业的教学目标，即会计教师教、学生学的目标可以表述为帮助学生形成会计专业教养、促使学生接受会计人格教育、协助学生获得智性发展。这三者之间构成一种三维结构，在会计教学过程中同步实现。

必须说明的是，在这个三维结构中，基本的维度是两个，即会计专业教养目标与会计人格教育目标，发展目标是这两者的派生物，也是在完成专业教养目标与人格教育目标的过程中附带着同时实现的。

此外，会计教学的直接目标是会计专业教养目标，属于第一层面；会计人格教育目标是建立在会计专业教养目标的实现基础上的，属于第二层面；智性发展目标则是建立在专业教养目标与人格教育目标的实现基础上的，属于第三层面。三者之间的关系，好比是一个三级火箭之中每一级之间的关系一样，既是一个整体，又有先后顺序与不同分工，第一级火箭推动和带动第二、三级火箭，第二级火箭配合第一级火箭推动和带动第三级火箭，第三级火箭则延续第一、二级火箭的推动，最终将卫星送入轨道。所以，会计专业教养目标就是第一级火箭，是第一位的目标；会计人格教育目标就是第二级火箭，是第二位的目标；智性发展目标就是第三级火箭，是第三位的目标。

还必须说明的是，这三大目标在表述的时候，只能分别述说、单独考察，但是在教学操作的时候，则可以而且必须同时实现、一步完成。会计专业的教师有责任与义务在自己的教学过程中，明确这三大目标，并借助自己对教学内容的取舍、对教学方法的运用、对教学重点的选择来同时实现这三大目标。例如，会计教师的教学内容是会计法规，直接的目标便是让学生了解相关法规的原理与内容，并能依据这些法规处理会计事项。但是教师如果强调这些法规的权威性，并提出会计人员必须依法办事，便能同时完成对大学生进行会计职业道德教育的任务，使教育目标得到同步实现。同时如果教师能够在教学中介绍法规，还能对这些法规的内容进行评价甚至批判，鼓励大学生为完善这些法规做贡献，便可同时促使大学生形成相应的是非评判能力与怀疑创新能力，使他们的智力因素得到发展。这样，三大教学目标便巧妙地得到了结合与实现。这个例子说明会计教学的目标既是整体的、抽象的，又是局部的、具体的；既可在整个会计教学进程中得到实现，也可在具体内容的教学过程中得到落实。就教学操作而言，会计教学的目标，必须体现到每一章节的教学过程中。实际上，会计教师在教学每一章节时都必须备课，而备课时所编写的教案，首要的就是说明本章节的教学目标。就其具体措辞角度来看，每章节的教学目标实际上也就是由三大目标构成的，只是其表述更为具体，更能体现具体章节的内容特征罢了。

了解会计教学的目标结构，有助于会计教师在备课时旗帜鲜明地确定具体教学内容的教学目标。这个教学目标，确定得是否准确、具体、鲜明，并且是否具有可操作性，实际上是会计教师的教学能力是否过关的一个明显标志。

四、会计教学的基本目标

（一）会计专业教养目标

具体来说，会计专业教学的教养目标到底包括哪些知识与能力呢？我们可以分开来考察。

1. 知识

知识是符合文明方向的，是人类对物质世界以及精神世界探索的结果的总和。知识一词至今也没有一个统一而明确的界定。但是，知识的价值判断标准在于实用性，以能否让人类创造新物质、得到力量和权力等为考量。会计专业知识，是非常宽泛的。从整体上看，它属于会计的专业知识，具有区别于其他专业知识的完整体系，形成了一个相对完备的自足系统。展开来分析，会计的专业知识又是由会计的前提性知识、会计的基础性知识与会计的专门性知识三个部分构成的。

首先，会计的前提性知识指的是会计工作的环境因素能够对会计人员进行影响与制约而形成的静态知识，它通常以条规的形式与物化的形式出现。具体来说，它包括会计法规知识与会计主体（包括各类组织和企业）知识两大类。在会计法规方面，如颁布的会计法、企业会计制度与会计准则等，均属于会计法规知识。它们是每一个会计人员处理经济业务时必须了解的前提，具有强制性和权威性，必须牢牢掌握，所以属于会计人员从事会计工作所必须掌握的前提性知识。在会计主体方面，如政府与事业单位、工商企业，均有各自的特点与会计核算组织程序，对会计人员开展会计工作也有各自特殊的要求。它们也是会计人员处理经济业务的同时必须了解的前提，同样也属于前提性知识。这样的知识，渗透于会计专业课程的许多具体章节之中，因此会计教师有责任通过自己的教学，让大学生牢固掌握。

其次，会计的基础性知识指的是会计人员从事会计工作必须具备的与专业相关的原理性知识。它包括会计历史知识、经济管理知识、数理统计知识等。这些知识虽然不直接与会计专业能力相关联，却随时影响与制约着会计人员的素质与会计工作的质量，在会计专业课程的教学内容里，也随处渗透着这些方面的知识，所以从事会计专业课程教学的教师有义务让学生在教学中掌握这些知识。

最后，会计的专门性知识指的是与会计工作直接相关的知识，或者说是会计人员所必须掌握的职业知识。它包括会计知识与审计知识两大类，具体包含会计科目、会计账户与借贷记账法、会计凭证、会计账簿与账务处理程序、会计各要素的核算方法、成本核算方法、财务管理原理、审计基础知识、会计信息化知识等。这些知识是会计人员从事会计工作时必须具备的，也是与会计工作直接相关联的。会计专业课程的大部分内容都包含有这些专门性知识，而且不管大学生将来是从事会计工作还是审计工作，都不能不掌握这些知识。会计教师在教学之中，让大学生牢牢掌握这些知识，便成了一种核心的任务，也可以说是一种核心的目标。

2. 能力

能力是完成一项目标或者任务所体现出来的综合素质。人们在完成活动中表现出来的能力有所不同，能力是直接影响活动效率，并使活动顺利完成的个性心理特征。能力总是和人完成一定的实践联系在一起，离开了具体实践既不能表现人的能力，也不能发展人的能力。会计能力，即会计人员在处理会计事项时所表现出来的熟练程度与有效程度。应该说，会计能力是一个由多方面因素构成的综合体。

会计能力与会计知识不同，其需要的是训练与运用。也就是说，会计知识着眼了解、理解与巩固，强调熟知与记忆，而会计能力着眼的则是运用，强调反复训练与操作，注重的是熟练性与有效性。由于会计信息系统是对数据按一定程序进行加工、鉴别、传递、生成信息的系统，而实施这个系统必须要有三个步骤，即会计数据的记录与核算、会计数据的鉴别与使用、会计数据的归纳与分析。相应地，在处理会计信息的过程中，需要会计人员分别具备三大基本能力，才能胜任会计工作。这三大基本能力便是会计数据的记录与核算能力、会计数据的鉴别与使用能力和会计数据的归纳与分析能力。同时，这三大基本能力也是大学中会计专业课程教学所要培养的职业能力，属于我们所说的"教养目标"的具体成分。

首先，会计数据的记录与核算能力指的是在会计信息系统过程中输入经济业务数据并进行核算的能力。处理经济业务数据是会计部门的基本职责，也是会计人员必须具备的基本能力，主要包括会计核算基础能力和财务会计核算能力。

其次，会计数据的鉴别与使用能力，指的是对会计数据进行分类、排序、汇总、鉴证，并在管理过程中使用这些数据的能力。

最后，会计数据的归纳与分析能力，指的是在会计报表的基础上对会计数据进行汇总与分析，并生成会计信息的能力。

（二）会计人格教育目标

1. 会计人格教育目标所指

学校是培养人、改变人、塑造人的地方。一个学生，来到学校里，不仅可以通过学习知识获得能力取得长进，而且可以塑造心灵、修炼思想、健全人格、获得培养。如果把学校仅仅看成是传授知识与训练能力的地方，而全然不顾陶冶学生的灵魂，那么学校培养出来的便只能是一些以追求功利目的为己任的行尸走肉，从而使学校教育最终丧失其应有的育人意义。人之所以为人，是区别于行尸走肉的。人，有思想、有道德、有理想、有情操、有审美观、有价值观、有人生观、有世界观。所有这一切，并不是每个人一开始就有的，也不是在进入学校之前就已经具备的；每一个人只有在接受教育的过程中，才能逐渐具备。

同时，人又是群居与交际的动物，每一个人都离不开其他人，都必须与其他人打交道。人类的群居构成了社会分工，也构成了社会秩序。每个人在这个群居的社会里各司其职，共同遵守社会秩序，然后互相尊重，互相依赖，互相服务，形成一个紧密联系、丰富多彩的世界。每一个人，要想生活得更好，除了在竞争中努力之外，不能以破坏社会秩序和损害他人利益为代价。因此，对个人来说，教养是一回事，教育是另一回事，而教养与教育是不可分割的。任何一个人，通过形成教养，获得谋生的能力，而通过获得教育，则可以赢得他人的尊重，使自身成为一个健全的人。所以，任何学校，在帮助学生形成教养的同时，必须促使学生获得良好的教育。

就大学来说，培养的是人群中的高素质人员，所以更应该在培养大学生的专业知识与职业能力的同时，使大学生接受最优质的人格教育。会计专业所培养的大学生，将来都是直接参与经济管理工作的，并且与金钱和物质打交道的机会较多。如果为了使自身的生活更优裕而任由自己的贪欲膨胀，使自己成为金钱与物质的奴隶，那么就有可能贪赃枉法，沦为罪人。在市场经济时代，部门利益、单位利益与个人利益直接挂钩，却与国家利益、他人利益、其他部门和单位的利益客观上相冲突。如果会计人员把握不准，利用自己的职权与对业务的熟知，篡改账目、提供虚假信息、欺骗信息使用者、损害国家与他人利益，最终会为法律所不容。另外，在同一个处室工作，如果会计人员不能与其他人员良好相处，互相配合，为领导出谋划策，那么他应该发挥的才干和为单位应该做出的贡献，也难以体现出来。而这一切后果的产生，均与会计人员的专业教养无关，却直接与其人格教育相联系。可见，教育目标与教养目标同样重要，并且缺一不可。

教育人的任务是学校教育方面工作的共同任务，在专业课程教学过程中，同样也可以完成。大学的会计专业，所有课程的教学均需担此重任。不同的是，会计专业课程的教学更应该旗帜鲜明，当仁不让。并且，会计教师在传授会计知识与训练会计能力的过程中，应该随时随地关注对学生会计人格的教育问题。

2. 会计人格教育内涵分析

对于教育目标，教育界一向有不同看法。对于人的教育，从精神领域来说，中国古代注重的是伦理道德教育，近代加入了审美教育的内容，现代则又加入了政治教育的内容。所以，新中国成立后，在相当长的时期内，我们都把人的教育等同于伦理、政治与审美教育，所谓"德、智、体、美、劳全面发展"，其中的德育与美育就属于人的精神范畴。在美国，教育家布鲁姆的"教育目标分类学说"，将人的精神教育称为"情感教育"，并认为人的情感是由人的兴趣、态度、价值和性格等因素构成的。可见，我国注重的精神教育是建立在人与人的关系基础上的，而美国人注重的情感教育则是建立在个人的个体特征基础上的。

其实，所谓教育，就是对人的内心的改造。人的内心，从其指向上看，大体有三个方向：一是指向自我，二是指向他人，三是指向物质。这三个指向分别可以体现出人的一些内心品质。其中，指向自我，便形成人的人生观、理想、情操和性格；指向他人，便形成人的道德和情感；指向物质，便形成人的兴趣、审美观、价值观与世界观。这三者之和，可以用一个词来概括，就是人的品格，简称人格。所以，我们认为，所谓教育，指的就是人格教育。

人格是指个体在对人、对事、对己等方面的社会适应中行为上的内部倾向性和心理特征，表现为能力、气质、性格、需要、动机、兴趣、理想、价值观和体质等方面的整合，是具有动力一致性和连续性的自我，是个体在社会化过程中形成的独特的身心组织。人格大致包括一般人格与特殊人格两个部分。一般人格，是人人共有的，所以也可称为基础人格。在基础教育阶段，学校教育对学生的教育，实际上就是进行一般人格的教育。对个人来说，不管生活在什么家庭，生活在什么环境，都必须具备的，就是一般人格。比如，积极、乐观、向上的人生观，远大的人生理想，活泼、热情、友善的性格，对世界的根本正确的看法，等等，均属于人人必须具备的一般人格。特殊人格，是有着特殊身份从事特殊工作的人所必须具备的人格。比如，母亲的身份决定了她在子女面前的特殊人格，领袖的身份决定了他在大众面前的特殊人格，商店营业员的服务工作决定了她在顾客面前的特殊人格，教师的教学工作决定了他在学生面前的特殊人格。也就是说，每个人，由于其身份的不同和所从事工作的不同，便会要求他表现出独特的人格。大学教育是为培养具有特定身份和从事特定工作的人服务的，所以对学生人格的培养也主要表现在特定人格方面。因此，可以说，大学的教育目标，主要是培养大学生将来所从事的职业所需要具备的特殊人格，大学教育就是一种特定人格的教育。

会计专业的培养目标，是让大学生具备将来较好地从事会计、审计、财务管理及其他相关经济管理工作的具有一定专业技能的高素质人才。这个特定的职业教育目标，便要求会计专业要培养具备从事会计、审计、财务管理工作所需要的特殊人格的大学生。在这个问题上，会计专业课程的教学具有不可推卸的责任，会计专业的教师也应该在自己的教学过程中，在传授知识与训练能力的同时，有意识地培养这种特定人格。

3. 会计人格教育目标构成

具体来说，会计教学的人格教育目标到底包括哪些特殊因素？这可以从会计工作对会计人员所需具备的工作态度、职业道德与合作精神三方面分别进行阐述。

第一，任何工作都有其相应的工作态度。会计工作，由于其工作内容与性质的决定性影响，对会计人员的工作态度有特殊的要求。它要求会计人员既认真细致，又求真务实。所谓认真细致，就是要求会计人员对会计账目中的任何数据都认真对待，保证一切会计数据处理都没有丝毫差错，即从会计数据的记录核算，到鉴别使用，再到归纳分析，每一环节都准确无误。会计人员必须比其他职业的工作人员更细心，更冷静，更有条不紊。他写错一个数字，算错一个数据，记错一个数目，登错一个账目，都有可能造成重大损失，所以马虎不得。所谓求真务实，就是要求会计人员处理账目时不受外界因素的干扰，严格依规章制度办事，确保会计信息的真实性与客观性。会计人员在处理经济业务时，必须准确真实。例如，面对报销账目的人员，无论是顶头上司，还是普通职员，都应该一视同仁，实事求是，按原则办事。对会计人员来说，不认真细致，便可能做糊涂账；不求真务实，便可能做人情账。而无论哪种结果，对会计人员自身来说，最终都毫无益处，甚至会惹祸上身。为了强调这两大人格因素，我们的会计教师应该在自己的教学中随时加以引导。在会计专业课程教学中，教师既要正面强调认真细致与求真务实的必然性、必要性与好处，也要拿反面的事例来证明不认真细致与求真务实的坏处，并以此来潜移默化地影响大学生的心灵，使他们在成为正式会计人员之前就明确自己的职责，端正应有的工作态度，为将来做一个称职的会计人员奠定人格基础。

第二，任何职业都有其相应的职业道德，会计人员也不例外。从其工作性质角度考虑，会计人员的基本职业道德应该是既秉公敬业，又遵规守法。所谓秉公敬业，就是客观公正、爱岗敬业。会计工作关系着不同利益主体的责、权、利，国家、上级主管部门、单位三者之间都存在着利益分配，会计人员如果不能做到客观公正，而是做假账，设置账外账，便缺乏了基本的职业道德，也丧失了基本的人格。会计工作每天与枯燥的数字打交道，对会计人员来说，久而久之，可能觉得枯燥乏味，有时还会头昏脑涨，因而难免产生厌烦情绪甚至产生跳槽想法。所以，对会计人员来说，爱岗敬业，做到干一行，专一行，爱一行，也显得尤为重要。而这可作为其基本的职业人格，或者看作基本的职业道德。所谓遵规守法，就是依法理账，按规章制度办事。会计工作直接与经济管理相关，为了保证其客观、公正、准确、系统、完整,从国家,到行业,从部门,到单位,都制定了一系列的法规制度。这些法规制度都是经过充分讨论酝酿,广泛征求意见,权衡利弊得失,平衡国家、集体与个人之间的利益之后制定出来的,具有强制性和权威性,它们是会计人员处理会计数据的依据,也是会计人员应对各种违法行为的武器,同时是会计人员务必遵照执行的标准。当然,再完善的法律也会有漏洞可寻,再齐全的规章也会有空子可钻。如果会计人员专门寻找这些法规的漏洞,专门摸索这些法规的空当,投机取巧,贪污挪用,不仅会损害国家利益与部门利益,也会损害单位利益与个人利益。对会计人员来说,依法办事,做到法规面前人人平等,应该成为一种起码的职业道德,也应该成为一种基本的人格。为了培养会计专业大学生的职业道德,我们可以开设专门的会计职业道德课程,也可以在讲授其他课程时,尤其是在讲授会计专业课程中涉及相关法规时,有意识地对大学生进行会计职业道德教育。

第三,会计工作作为经济管理工作的一个环节,与其他管理环节密切相关,因而存在互相协作的问题。这种协作,只能通过相应的管理人员去进行。会计人员,作为经济管理人员之一,自然需要这种协作。搞好这种协作便需要会计人员具有良好的合作精神。这种合作精神,就是我们古人所说的"敬业乐群"中的"乐群"精神。对每一个会计人员而言,这种合作既包括同一处室的会计人员之间的合作,也包括与生产管理、销售管理、人事管理等其他部门之间的合作,还包括与银行、税务、工商部门之间的合作。概括地说,这种合作精神,实际上指的是会计人员的人际沟通意识与协调配合思想。如果没有好的人际沟通意识,而是封闭自我,"各人自扫门前雪,莫管他人瓦上霜",不仅不能与同事良好相处,也有损工作效率的提高。性格开朗,热情主动,替他人着想,予他人方便,不仅能赢得尊重,也有利于提高自身的管理能力与人际协调能力。没有协调配合思想,而是我行我素,便难以确保整盘棋局走活,也难以得到他人的配合,最终受损的还是自己。这样的人际沟通意识与协调配合思想,尽管在大学的会计专业课程的教学中难以得到培养,但是可以得到强调与影响。如果我们的会计教师在自己的教学中随时强调这样的合作精神,并在会计实践教学过程中有意识地锻炼大学生之间的合作精神,便能使我们的教学真正地成为既教书又育人的事业。

(三)个人智性发展目标

1.个人智性发展目标所指

在教育学与心理学的范畴中,所谓发展,指的是学校教育使学生在获得教养、受到教育的同时,还得到心理发展。心理发展包括两方面:一是智力因素的发展,二是非智力因素的发展。其中,智力是一个综合概念,指的是人类个体获得信息和处理信息的能力,也就是人类个体获得知识并运用知识解决实际问题的心理能力。它包括注意力、观察力、记忆力、联想力、想象力、思维力、学习力与创造力八个具体方面。思维力是智力的核心,学习力是智力的表现,创造力则是智力的最高表现形式。智力的衡量参数叫智商(IQ),

智商的高低决定了人类个体的聪明程度，也决定了人类个体的能力水平。非智力是一种个性因素，指的是人类个体的一些意识倾向与各种稳定而独特的心理特征的总和。它与认知无关，却直接与人类个体的行为方式相关。非智力主要包括动机、兴趣、习惯、情感、意志与性格等心理因素。动机与兴趣影响人类个体的行为态度，情感与意志影响人类个体的行为能力，习惯与性格则影响人类个体的行为效果。非智力的衡量参数叫情商（EQ），情商的高低决定了人类个体的行为能力，也决定了人类个体的成功程度。

　　传统教育理论一般把教学目标概括为教养和教育两方面，现代教育理论则还提出了把发展作为目标。这个发展，指的就是智商的发展与情商的发展，也就是我们经常说的开发智力、发展个性。在教学过程中，这个发展目标，实际指的就是让学生在既有智力与个性的基础上，在学习知识、形成能力、健全人格的同时，使其智力得到进一步开发、个性得到进一步发展。就学生个体来说，注意力是否集中、观察力是否敏锐、记忆力是否丰富、思维力是否深刻、学习力是否有效、创造力是否新颖，直接影响着其学习效果，也最终影响着其谋生能力与智慧才干。同样的，学生个体的动机是否强烈、兴趣是否高昂、习惯是否良好、情感是否热烈、意志是否坚强、性格是否正常，也直接影响着其学习效果，并最终影响着其成功程度与成才高度。在教学过程中，学生的智力因素得到开发，会促使其非智力因素得到进一步发展；反过来说，学生的非智力因素得到发展，又能促进其智力因素得到较好的开发。这样相互促进，共同发展，循环往复，螺旋式上升。所以，在强调开发学生智力的同时，必须强调发展学生的非智力因素。二者之间，应该互相协调，一致发展。

　　学校是陶冶人、磨炼人的地方，也是使人变得更加聪明能干的地方。学生来到学校，通过学习，使自身的意志得到磨炼、性格得到陶冶，然后在获得知识、习得能力与人格得到塑造的过程中，使自身的智商得到提高，从而让自己获得全面发展，这可以看成是学生学习的目的。相应的，学校在完成教学与教育的任务过程中，也应该切实地担负起促进学生全面发展的责任。这个任务，需要每一位教师在自己的一切教学与教育活动中加以明确，得到落实。大学的会计教育，照样需要完成这样的任务。对于大学会计专业的会计专业课程，在教学的时候，我们的会计教师也必须将这作为自己明确的工作任务。

2. 个人智性发展内涵分析

　　上文中我们在回答发展目标所指时，所提到的教育学与心理学范畴的看法，尽管其中智力与非智力概念的外延均比较丰富，但相对来说，仍然是一个抽象的说法。它既没有考虑学生的年龄特征，也没有考虑教学教育的层次，甚至没有考虑教学教育的内容。它针对的是人类个体的整体，也是人类个体的终身。意思是说，人类个体的学习，从整体上说，可以促使其智力得到开发、个性得到发展；从终身角度说，也是为了促使其智商提高、情商发展。

　　我们谈论大学的会计教学，至少要考虑到大学生的年龄特征，也要考虑到大学的职业教育性质，还要考虑到会计专业课程的教学内容。也就是说，我们要考虑的是，在大学会计专业课程的教学过程中，到底能够使大学生智力的哪些方面得到开发，并使其开发到应有的程度；到底能够使大学生个性的哪些方面得到发展，并使其发展到符合职业要求所需要的水平。要回答这一问题，就需要对智力与非智力因素进行区别与分析。

智力之中，注意力、观察力、记忆力、联想力与想象力这五大因素，对大学生来说属于基础智力。这五大因素，在基础教育阶段就应该并已经得到较好的开发。可以说，开发这五大智力因素，已经不再是大学教育的主要目标，尽管仍然能够使它们得到一定的开发。相比之下，思维力、学习力与创造力这三大智力因素，对大学生来说，则属于基本智力。它们应该在大学生的学习过程中得到加强与提高。对大学生而言，没有深广的思维力，便难以获得认识事物、分析事物与处理事物的能力，也难以判断是非、真假、善恶与美丑；没有独立的学习力，便难以获得自学的能力，也难以获得主动、积极、有效的探索能力与总结规律发现问题的能力；没有新颖的创造力，便难以获得创造性地处理实际问题的能力，也难以完成创造知识、提出见解的任务，并难以获得敢想敢干、开拓进取的智慧与闯劲。然而，无论是深广的思维力，还是强大的学习力，甚至是新颖的创造力，都是大学生毕业以后，走向工作岗位和继续深造不可或缺的智力因素。大学的会计教育，会计专业课程的教学，对大学生智力的开发也主要集中体现在这三大因素之上。

非智力之中，动机、兴趣与情感这三大因素，对大学生来说也属于基础性非智力。大学生一旦进入大学，并选定所学专业以后，这三大因素便已基本定型。他选择会计专业，动机明确、兴趣集中、情感鲜明。这三大因素，均指向他所选定的会计专业，以及将来所从事的会计工作。只要他不中途转换专业，打算一心一意地在会计领域里工作一辈子，这种动机、兴趣与情感便没有继续强化的紧迫性。尽管也需要在会计专业的教学教育中继续得到强化，但紧迫性并不突出。相比之下，非智力中的意志、习惯与性格这三大因素，对大学生来说，显得尤其重要。因为他将来要从事会计工作，面对纷繁杂乱的数据，没有坚韧顽强的意志不行，没有耐心细致的习惯不行，没有冷静理智的性格也不行。没有坚韧顽强的意志，他就可能知难而退，甚至会三心二意，从而丧失对会计工作的兴趣，也可能处理不好基本会计数据；没有耐心细致的习惯，他就可能内心烦躁，常出差错；没有冷静理智的性格，他就可能难以坚持原则，客观理账，而会产生一些原则性的错误。然而，无论是坚韧顽强的意志，还是耐心细致的习惯，甚至是冷静理智的性格，对会计专业的大学生而言，将来不管是从事财务管理工作，还是会计工作，或者是审计工作，都是不可或缺的。大学的会计教育，会计专业课程的教学，要发展大学生的个性，也主要体现在这三大因素上。

3. 个人智性发展目标构成

具体来说，在会计专业课程的教学过程中，到底能使大学生的哪些智力成分与非智力成分得到发展呢？可以从智力成分的开发与非智力个性成分的发展两方面来看。

其一，在智力成分的开发方面，我们提出对会计专业的大学生而言，会计教师的教学目标，应该是发展其深广的思维力、独立的学习力与新颖的创造力三大因素。展开来看，深广的思维力又是由职业判断能力与信息管理能力两方面表现出来的。职业判断能力，指的是会计人员对自己所从事的具体工作进行归类与判断的能力。会计工作的性质与职能，要求会计人员具有敏锐的职业判断能力。面对纷繁复杂的经济业务，是否能够准确地进行职业判断，并对数据准确进行归类，是衡量一个会计人员是否合格的重要标准。当然，敏锐的职业判断能力的最终形成，需要一个较长的实践过程，需要靠经验的不断积累，但是否为这种职业判断能力的形成打下良好的基础，则是衡量学校教育质量水平的一个重要尺度。要培养大学生的这种职业判断能力，需要在教学时尽可能多地让学生了解会计现状、接触会计实务，做到理论联系实际。为此，实行案例教学并加强会计实践训练是很有必要的。信息管理能力，指的是会计人员对会计信息的实际分析和决策能力。现代企业中，各项决策均离不开包括会计信息在内的各项经济信息。会计人员不仅是经济信息的提供者，也是经济信息的综合分析者，他要为企业决策提供综合性分析资料。企业的资金、成本、利润等预测分析，是会计工作的基本任务之一。因此，作为会计专业的大学生，理应具备较强的经济信息综合分析能力。会计专业课程的教学，可以对此进行专项训练。

  独立的学习力，是由吸收与运用新知识的能力与跨学科学习的能力两方面表现出来的。吸收与运用新知识的能力，指的是在学习与工作中不断学习新知识的能力，它是终身教育的组成部分，也是自我教育的组成因素。随着时代的变迁，社会的发展，会产生一系列新的知识，也会对会计人员提出新的挑战。只有勤于学习，积极果断地吸收与运用新知识，并把终身受训和不断学习作为自己生活的组成部分，才能跟上时代步伐。对会计专业的大学生而言，不仅要重视大学期间所获得的知识，更要重视在长期的工作实践中不断学习、积累、更新并运用新知识，从而积蓄进一步发展与成长的潜力。大学的会计教师，虽然不可能保证向学生传授的知识能够一劳永逸，却可以保证让学生学会学习，具备独自、主动、有效的学习能力。跨学科学习能力，指的是以专业知识的学习为核心的横跨相关学科知识的学习能力。会计人员，为了胜任会计管理工作，需要掌握一个共同的知识体系。这个知识体系，是会计人员终身教育所涉及的知识领域，范围较广。它不仅包括会计学专业的专业知识体系，也包括会计工作所需要的经济知识与管理知识，以及现代社会从事任何工作都需要的一般科学文化知识。同样的，这样庞大的知识体系，也是处在不断扩充、改进、更新、淘汰的过程之中的，同样需要会计专业大学生在学习专业课程的时候，培养出独立、自主、有效的学习能力。

  新颖的创造力，是由会计方法创新能力与会计业务拓展能力两方面表现出来的。会计方法创新能力，指的是在会计工作中，针对新情况，在遵守会计法规的前提下，创造性与艺术性地处理会计信息的能力。随着社会的发展，新经济领域不断涌现，新经济业务也不断出现，会计所面临的环境在不断变化，而教科书的说法往往落后于这样的实际。如果照搬教科书上学到的方法去处理会计事项，就有可能遇到难题。而经济业务是不能不处理的，怎么办？这就需要会计人员合理选择，进行会计方法的研究和会计制度的设计。会计教师虽然无法保证提供创新会计方法的具体经验，却可以在自己的教学中使学生受到启发，形成创新的意识。会计业务拓展能力，是指在法规、准则提供的会计基础操作方法的基础上，善于根据会计主体实际情况及时调整启用的会计科目体系、账务处理程序、采用的会计政策、凭证收集传递的程序与方法等事项，以使会计工作的开展更为科学、会计信息质量更有保障的能力。新的经济体系、新的经济交往方式与电子时代的资金运作方式，都向会计人员提出了挑战，需要会计人员创新进取、大胆改革，从而拓展业务、科学核算。这一点，大学教育本身难以做到让大学生一开始就具备这种能力，但可以让他们具备这样的头脑。所以，会计教师在教学中的启发与引导便有了价值。

其二，在非智力个性成分的方面，我们认为，对会计专业的大学生而言，会计专业课程的教学目标应该是锻炼大学生坚韧顽强的意志、培养大学生耐心细致的习惯、培养大学生冷静理智的性格三大因素。

展开来看，坚韧顽强的意志又是由迎难而上的精神与锲而不舍的意志两方面表现出来的。会计工作，环节多、程序多、数据多而且环环相扣，一步都不能出差错。会计人员整日埋头工作，头晕眼花是常事，一不留神，核算差错便会出现，而一旦出现差错便要重新核对与调整，相当麻烦。遇到这样的工作，没有迎难而上的精神，便会被困难吓倒，甚至败下阵来，成为会计工作的逃兵；没有锲而不舍的意志，便会困难重重，进展缓慢，甚至消沉气馁，成为会计工作的懦夫。在这方面，会计专业课程的教师，在自己的教学中有意加以强调与训练，应是一个基本的目标。

耐心细致的习惯，是由仔细核算的习惯与反复核对的习惯两方面表现出来的。会计工作，容易出现差错与漏洞的是记账与登账环节。为了确保这两大环节不出纰漏，需要会计人员仔细核算登录，反复核对，并且养成习惯。经验丰富的会计人员，一般都注重仔细核算与反复核对，并且随时保持清醒头脑，小心翼翼地处置任何一笔账目。说到底，这就是习惯。这种习惯一旦养成，便能减少差错，从而提高工作效率。可见，马虎潦草、心浮气躁，是干不好会计工作的。会计专业课程的教师，在教学时，既可以强调仔细核算与反复核对的重要性与必要性，又可以增加一些必要的训练，并让学生反复核算与核对，以正面与反面例子来影响大学生的心态。

冷静理智的性格，则是由坚持原则的性格与宽厚待人的性格两方面表现出来的。会计工作，无非是既对事又对人的工作。对事要处理往来账目，不管多少，也不管繁简，都应该坚持原则，依法规处置；对人，无论尊卑，也无论内外，都必须热情相待，宽厚相处。这既能够体现出会计人员的性格，也能够体现会计人员的素质。会计专业课程的教学，理当为完善大学生的性格，使其更趋成熟做贡献。这一点，会计教师可以通过强调的方式达到目的，也可以通过以身作则的方式示范性地达到目的。

第三节　会计教学的原则

一、会计教学原则的内涵及其本质

（一）会计教学原则的内涵

教学原则是根据教育教学目的，反映教学规律而制定的指导教学工作的基本要求。它既指教师的教，也指学生的学，应贯彻于教学过程的始终。教学原则反映了人们对教学活动本质性特点和内在规律性的认识，是指导教学工作有效进行的指导性原理和行为准则。教学原则在教学活动中的正确和灵活运用，对提高教学质量和教学效率发挥着重要的保障性作用。

因此，作为教学的指导思想，教学原则既要体现关于教学的观念、观点、认识与看法，又要体现教学的方向、途径、方式与方法。可见，教学原则是一个介于教学理论与教学实践之间的问题。它是教学的指导思想，也是对教学的基本要求。

会计教学原则指的则是各种形态、各个阶段、各门课程、各个环节的大学会计教学的原则。简单地说，大学会计教学的原则，既是会计教学整体的原则，又是会计教学具体操作过程的原则。它要求，一条教学原则一旦提出来，就必须具有全面、广泛的适应性。只适应整体的会计教学原则，或者只适应会计教学某些局部内容的教学原则，都是不能成立的。从这个角度来看，会计教学原则又从根本上制约着大学会计教学的理论与实践，这种制约作用贯穿大学会计教学的始终。所以，如果我们要给"会计教学原则"下一个定义，那么便是，会计教学原则是大学会计教学的原理与法则，也是大学会计教学的总的指导思想与基本要求。

（二）会计教学原则的本质

大学会计教学，为什么必须提出几条教学原则来制约会计教师的教学行为呢？把这个问题讲清楚了，会计教学原则的本质便揭示出来了。

为了把这个问题说得更明白一点，还是先打个比喻。一个人住在河西，要到河东去，过河的方式有游泳、乘船、过桥、坐缆车、驾飞行器、挖河底隧道等。他应采取哪种方式为好呢？粗略一想，可能是乘船或过桥，因为这既安全，又省事；既快捷，又节约。仔细一想，则每种方式都可取，只要前提条件具备且适合。如果这个人水性好，天气方面气温又高，而要办的事情又很紧急，他当然可以游泳过河，而不必四处去找船，或绕很远的路去过桥。同样的，如果他家的附近建有缆车、挖有河底隧道，或他自己有一架直升机或者一个热气球，他自然也可以坐缆车、过隧道甚至直接飞过河。那么，在这种种过河方式中，哪种方式更好呢？回答应该是，在特定的条件下，每种方式都可以成为最好的方式。但是，无论采取哪种方式过河都存在着一个共同的选择标准或衡量标准。这个标准，实际上就是这个人过河所必须遵循的原则。如上所述，我们可以从中抽象出的过河原则便是安全、快捷、节省、方便这四条。即无论何时何地，也不管选择哪种方式过河，这个人总是根据既安全又快捷，既节省又方便这四大过河原则来行动的。其实，在生活中，我们每个人都是有意识或者无意识地根据这四条原则来选择过河方式的。因为如果这四条原则中有任何一条没有得到遵循，就有可能费时、费钱、费力，甚至产生生命危险。

这个比喻或例子告诉我们，人类的任何实践活动，都渗透着类似的原则。而且，我们人类在从事这些实践活动时，总会有意识或者无意识地遵循这些原则，按这些原则办事。只不过有的实践活动比较简单，影响力也不是很大，所以我们不必专门探寻出它的办事原则了。

但是，复杂的实践活动、大规模人群参与的实践活动、影响力比较大的实践活动，则必须加以研究，找出其中的办事原则。比如，我国改革开放的经济建设活动，便属于这样一种典型、复杂、大规模、影响深广的实践活动，所以，我们专门总结出了"基本原则"，作为全国人民的行动指南。大学的会计教学，虽然没有改革开放的经济建设这种实践活动这么复杂、这么大规模、这么影响深广，但是肯定比过河这种实践活动要复杂得多、规模大得多、影响也深广得多。因此，要把大学的会计教学搞好，我们就必须从中抽象出几条相应的原则，并使之得到有意识的而不是无意识的遵循。也就是说，会计教学原则应该成为会计教师教学时必须自觉遵循的行动指南。

至此，我们可以把会计教学原则的本质揭示为，为了把会计教学工作做得更好、更有成效，从会计教学活动和现象的相应特点中抽象出来的，用以指导会计教学实践，而必须自始至终得到遵循的会计教学的指导思想与基本要求。

二、会计教学原则的构成

会计教学的原则到底是哪几条呢？需要指出的是，这里所提出的，大都是适应各类学校与各门学科教学的共同原则，如科学性和思想性统一的原则、理论联系实践的原则、直观性原则、启发性原则、循序渐进原则、巩固性原则、因材施教原则等。这里罗列的诸多教学原则，虽然有着面上的广泛适应性，是各级各类学校与各门学科教师在教学中所必须共同遵循的，但由于它们不足以体现每门学科自身的特点，也没有反映学生对象的年龄与身心特征，所以我们在谈论大学的会计教学原则时，不能简单地照搬这些条文，而应该把这些条文与会计教学的实际结合起来，与大学生的身心特征结合起来，再从中抽象出相应的具体的条文。

就会计学科来说，我们使用的"会计"概念，包括会计学专业系列课程，其内容非常专业、复杂和庞大。这使它既不同于基础教育阶段的任何一门学科，也不同于大学里其他专业所开课程所属的学科，甚至不同于会计专业里所有非专业课程所属的学科。会计学科的内容包括会计、财务管理、审计所属的方方面面，即存在会计、财务管理、审计人员所需的原理、知识与法规，也存在会计、财务管理、审计人员所需具备的技能、道德与心理，我们要提出的会计教学原则，必须体现这些因素。

大学会计学科的教学对象，都是一些 20 岁左右的大学生。作为成年人，他们的生理、心理与学习能力均与中学生不同，也不同于硕士生与博士生层次的成年人。他们的学习兴趣、学习目标与学习方法都体现出了与众不同的特点。他们对教师的依赖程度、在课堂上的表现方式，以及自学训练的水平也独具特色。正是这诸多因素，直接影响着大学会计教学原则的构成。

如果依据教育学与教学论里提出的共同教学原则，考虑会计学科的性质与特点，充分体现大学生学习的特征，并将这三方面的因素综合起来研究，我们可以为会计教学提出以下四条基本原则：会计能力培养与会计人格教育相结合的原则，会计原理阐释与会计案例分析相结合的原则，会计知识传授与会计法规传播相结合的原则，会计技能训练与会计心理锻炼相结合的原则。

（一）会计能力培养与会计人格教育相结合的原则

1. 原则的含义

在会计教学过程中，培养大学生的会计工作能力，并对其进行会计人格的教育，使他们既具备实践能力，又具备角色意识，形成会计人格，是大学会计教学的基本目标。在前面我们提出，培养会计能力属于教养目标，而进行会计人格教育则属于教育目标，并且认为教养目标是会计教学的第一目标，而教育目标则是会计教学的第二目标，实际上这两大目标，在教学过程中，是互相结合在一起，并且同时实现的。因此，所谓会计能力培养与会计人格教育相结合的原则，实际上就是会计教学的教养目标与教育目标相结合的原则。说到底，这条原则的含义是会计教学要在培养大学生会计能力的同时，使他们的会计人格受到教育，使会计教学达到一举两得的效果。在教育学与教学论中，这条原则称为科学性与思想性相统一原则，实际上是这条基本原则在大学会计教学中的具体化。

一条教学原则，一旦被提出来，就应该涵盖会计教学的所有内容与形态。会计教学，尽管也需要传授知识，但是知识是能力的基础，传授知识的目的在于促进能力的习得，所以其教育方面的核心目标还是培养能力。为了表达的方便，在这里我们并没有提到传授会计知识与培养会计人格相结合，但是由于会计知识包容在其会计能力之中，所以我们只需要提到会计能力培养与会计人格教育相结合就行了。当然，理解这条原则的时候，还是应该看到会计知识传授与会计人格教育相结合也包括在会计能力培养与会计人格教育相结合的原则中。

在会计教学过程中，这条原则要求会计教师，不管是教授哪一个专题，还是教授哪一个环节，不管是教其中的哪一门具体会计专业课程，还是教哪门具体会计专业课程之中的哪一个章节，都必须将会计知识的传授、会计能力的培养与会计人格的教育挂上钩，使其同步完成任务。也就是说，会计教师教的是会计知识，培养的是大学生的会计能力，但始终必须装着会计人格教育这根弦，并且不让它与会计知识传授和会计能力培养脱离开来。

2. 原则的确立依据

这一教学原则的提出，主要是基于下列依据：

第一，大学生培养目标的需要。会计专业的大学生，需要获得全面发展。其中，既包括获得专业知识与形成专业能力，也包括怡情养性、陶冶心灵、得到人格完善，当然也包括智力与个性的相应发展。人与动物的相同之处在于均需学会谋生的能力，人与动物的不同之处在于人还需要在获得谋生能力的同时使心灵得到塑造、人格得到完善。对会计专业的大学生而言，获得专业知识与形成专业能力就是学会谋生的能力，以便将来能找到工作，谋求生存。但是，他的谋生，只能在人类社会之中进行。他必须与人打交道，也必须与人良好合作，所以他只具备谋生能力还不行，还必须具备与人们良好相处的能力，也就是具备一种能赢得尊重与合作的人格。这表明，会计教学在完成培养大学生谋生能力的同时，必须完成塑造其健康人格的任务。

第二，会计学科的特点使然。会计学科的基本职能在于反映与监督经济活动，其中反映是客观的职能，而监督则带有明显的主观色彩，这说明会计具有二重性。一方面，它要真实反映经济业务的过程与结果，具有明显的工具性；另一方面，它又要监督与控制经济业务，为会计信息的使用者提供决策依据，具有明显的人文性。具备工具性的会计学科，要求会计从业人员掌握其基本技术，具有真实客观地提供会计信息的能力，也就是具有会计能力；而具备人文性的会计学科，则要求会计从业人员在真实地处理会计信息时，担负起监督调控者、决策者、管理者的任务，并使会计信息的处理更好地为国家、企事业单位或个人服务。简言之，会计从业人员既要与会计信息打交道，也要与人的决策相关联。会计从业人员能否在真实反映经济信息的同时，使自身提出的建议更合理、更具操作性，便显得尤为重要。所以，会计人员，也包括将来要成为会计人员的会计专业大学生，在学会真实客观处理经济信息本领的同时，必须使自己更具人性色彩，也就是使自己的人格更趋完善。

第三，会计教师的客观影响。会计教学是教师的教与学生的学相结合的共同实践。在教与学共同配合的实践过程中，教师除了通过教学内容影响大学生的心灵以外，他自身的一言一行、思想意识、态度主张、价值取向等均能产生对大学生心灵的影响力。教师在教学过程中，教的是会计知识，训练的是会计能力。但是同时，他自己的言行举止及其倾向性会不知不觉地影响学生的态度与意识，促使大学生的这些人格因素在潜移默化中得到改善。所以，会计教师完全可以在教学之中利用这些言传身教和以身作则的因素来影响学生的心灵与人格。

我们常说，一个人不能成为"思想的巨人，行动的矮子"。其实，反过来说，一个人不能成为"思想的矮子，行动的巨人"，也能成立。这说明，思想与行动必须匹配。这个观点移用于本条教学原则的阐述之中，换一个措辞，便成为人格与能力必须匹配。可见，会计教学必须同时担负起人格教育与能力培养的责任，并使大学生的人格与能力相匹配，是一个基本要求。

3. 原则的贯彻

会计教师如何在自己的教学中遵循与贯彻这一教学原则呢？这需要通过强调三方面的认识来落实。

首先，要全面理解人格教育的含义。人格与人格教育，是一个综合概念。单就人格而言，便包括个人心灵之中的一切因素，如政治意识、道德情操、思想品质、审美情趣、人生观点等。单独来看人格教育，指的就是这一切心灵因素总和的教育。人格教育，应该是各级各类学校的各门学科教学的共同任务，但是每个具体学科所实施的人格教育总会具有学科专业特征。所以，会计学科的教学在对大学生进行人格教育时，自然也具有会计专业色彩。我们可以说，会计教学所实施的人格教育，实际上只能称之为会计人格教育。我们在谈会计教学的基本目标时，就已经认定，它包括对大学生的工作态度、职业道德、合作精神三方面的人格进行突出性的教育，因此这里所提到的"人格教育"，仍然与这一说法相一致。会计教师的教学，也只能从这三方面来影响大学生的人格。

其次，要以渗透作为途径。渗透，即渗入与浸透的意思。一块白布上滴几滴墨水，这块白布上会出现几个大的黑点。这几个黑点的面积一定大于滴上去时墨水的面积。墨水滴上白布，慢慢弥漫开来，这不叫作渗透。我们所提出的在会计教学中对学生进行人格教育，不是这种白布上滴墨水的方式。一块白布浸在水中，然后将黑色染料滴入水中，然后将水加热，使颜色慢慢浸入白布之中，最后拿出来的白布变成了黑布。这个过程，就叫作渗透。它是黑色染料渗入与浸透到了整块白布之中。我们所提出的在会计教学中培养大学生的人格，就需要将人格教育的理念这样渗透到会计教学的能力培养之中。所谓"随风潜入夜，润物细无声"，指的就是这种渗透。这个渗透的意思是，人格教育相当于黑色染料，而能力培养相当于整块白布，我们要将人格教育的染料渗透到能力培养的白布之中，并最终使能力培养这块白布带上人格教育这种染料的色彩。换句话说，就是要把会计人格教育理想附着在会计能力的训练过程中，使大学生最终获得的会计能力中包含有会计人格的成分。为此，会计教师在教学时，必须眼中瞄准会计能力培养，而心中却装着会计人格教育，并随时随地恰到好处地使二者结合起来。

最后，以不脱节作为规范。脱节，指的是会计能力培养与会计人格教育相脱节。贯彻这一原则，最应该避免的便是将二者脱离开来的形而上学的做法。如果不顾会计能力培养的实际，为了进行会计人格教育而牵强附会，或者强行加上会计人格教育的成分，都属于脱节的做法。本条原则需要的做法是，在完成会计能力培养这个任务的过程中，相应地渗入会计人格教育的内容。也就是说，会计教学在培养大学生的会计能力的时候，只有需要的时候和能够渗入的时候，才能加进会计人格教育的因素。脱离会计能力的培养，单独进行会计人格教育，或者只一味地培养会计能力，却不考虑同时进行会计人格教育，都是脱节的表现，是不行的。换言之，没有会计能力培养的会计人格教育，和没有会计人格教育的会计能力培养，都是不正确的教学操作。

（二）会计原理与会计案例分析相结合的原则

1. 原则的含义

会计，作为一个信息系统，具有一系列自成体系的规则与原理，形成了相对完备的知识体系。会计、财务管理、审计人员，必须掌握这些规则与原理，才能从事相应的工作，并具备相应的工作能力。所以，打算从事会计、财务管理和审计工作的人员，均需学习会计的基本原理，并加以掌握。高等学校中的会计专业，就是专门培养会计人员的，因而必须开设会计专业课程，以向大学生传授这些规则与原理。对会计专业课程的教师而言，在自己的教学中，向大学生介绍与阐释这一系列的会计规则与原理，便成了教学的一个基本任务。

但是，会计的规则也好，原理也好，都是比较抽象的概念体系。规则与规则之间，原理与原理之间，尽管存在着一定的逻辑关联与先后联系，但是理解起来仍然是比较艰难的。帮助大学生解决理解上的难题，最有效的教学方法便是举实例，用一系列生动的实例来加以说明，以达到深入浅出、形象生动的目的。案例教学便是举实例的最好表现。

同时，会计的规则与原理，都是为会计工作的实践而设的，其最终指向的还是会计人员的实际操作。对会计专业的大学生讲授会计的规则与原理，实际上也是为了使最终他们具备实际操作的能力。然而，规则与原理属于知识，实际操作则属于能力，在知识与能力的转化中，如果没有一座桥梁，也难以达到目的。这座桥梁当然可以依靠会计的模拟实习或者实践锻炼去架设，但是在理论教学过程中只能依靠案例分析来架设。如果没有案例分析，会计的原理得不到理解与巩固，原理的阐释便会成为纸上谈兵。可见，将案例分析与原理阐释结合起来，也是培养会计能力的需要。

所谓会计原理阐释与案例分析相结合，实际上就是借助企业会计实务中的案例来完成帮助学生理解与掌握会计知识的任务，将抽象的概念与生动具体的例子结合起来。这一原则实际上是教学论中所说的"理论与实践相结合原则"的具体化，也包含了启发性原则、直观性原则与巩固性原则的因素。如果把会计的原理看成是理论，而把会计的案例分析看成是实践，这便是典型的"理论与实践相结合"。同时，教师之所以采用案例教学，主要是为了启发学生，以形象具体的例子帮助学生理解。近年来，案例教学大行其道，实际上也是这一教学原则得到体现与落实的标志。

2. 原则的确立依据

案例教学已经成为会计专业课程教学的时尚，将会计原理的阐释与会计案例的分析结合起来的依据有以下三方面。

第一，人才市场的需要。大学毕业生带着满脑子的专业知识来到工作岗位，这些知识必须转化为操作能力才能发挥作用。上大学时，知识很重要；到了工作岗位，知识便必须退居二线，隐藏到能力背后，而由知识到能力的转化需要一个过程。在计划经济时代，各个用人单位都允许新上岗的会计人员有一段"磨合期"，甚至有的单位还特意安排师傅传帮带，以老带新，以使大学毕业生逐渐适应工作需要。进入市场经济时代，会计人员已经成了人才市场的商品，用人单位要求所选用的会计人员必须立即进入角色，独当一面。这样，一向以没有实践经验自居的大学毕业生，在就业的时候便遇到了难题，难以找到自己理想的工作。怎么解决这一难题？最好的办法是在大学专业课程教学过程中，便让会计专业的大学生锻炼这种实践能力。而案例分析教学方法正好可以担此重任。

第二，会计学科教学的需求。会计学科的应用性与实践性极强，与现实的经济生活也息息相关。这个特征要求会计学科的教学密切联系经济现实，体现会计应用性，为培养应用型人才服务。现实的经济生活在向会计学科提出挑战的同时，也向会计教学提出了挑战，并且为会计的教学提供了丰富多彩的案例。教师将这些案例移用到会计教学的课堂，能够使枯燥的概念变成生动的故事，使呆板的报表变成迷人的图案。所以，案例分析与原理阐释相结合能够鲜明地体现出会计专业课程的应用性特征，并且有利于培养大学生的实际操作能力。

第三，教师追求良好教学效果的需要。如何使自己的教学富于吸引力，表现生动形象的特征，并能帮助大学生获得最佳的学习效果，这是每一位教师关注的问题，也是其追求的目标。要达到这个目标，便需要对教学内容与教学方法进行改革，使之更适合课堂教学操作。采用案例教学，将案例分析与原理阐释结合起来，其实就是教学内容与教学方法改革的具体表现。借助案例分析，以生动活泼的实际背景来证实抽象的定义、定理、规则与原理，以形象思维来映衬内在逻辑，既能说明原理的客观性和可操作性，又能启发与引导大学生对原理的理解与掌握，并能使大学生从中学到具体的操作规程与解决问题的方法，可谓一举多得。我们常说，事半功倍，并以此作为提高效率的标准。其实，大学会计教师的教学，通过采用案例教学的方式，恰好可以达到事半功倍的效果。

3. 原则的贯彻

会计原理阐释与会计案例分析相结合的原则在教学过程中得到遵循与贯彻，需要会计教师牢固树立几个基本观念。

第一，树立理论联系实际的观念。会计原理阐释实际上是理论阐释，会计案例分析实际上是实际分析，这两者的结合就是理论与实际的结合，体现的就是理论联系实际的观念。其实，会计原理是在一系列会计实际活动中总结出来的规律，必然适应于任意一个具体的案例，它们之间的关系就是一般与个别的关系、抽象与具体的关系、规律与实证的关系。会计的案例分析中必然蕴藏着会计的原理阐释，会计的原理阐释也必然需要会计的案例分析来说明、检验与印证。两者之间互相关联，不可脱节。为此，会计教师应该在教学时随时关注两者的联系，始终将两者结合起来。

第二，树立一种互动的观念。所谓互动，指的是会计教学过程中会计原理阐释与会计案例分析之间的互动。这种互动既是一种互相依赖，也是一种互相带动。互相依赖说的是两者之间不可分离的关系，即会计原理的阐释必然借助会计案例的分析来佐证，会计案例的分析也必然借助会计原理的阐释来实施，两者你中有我，我中有你，互不分离。互相带动说的是两者之间互为先后的关系，即教学时，既可以先阐释会计原理然后用会计案例的分析来印证，也可以先分析会计案例然后从中抽象出会计原理并加以阐释，两者谁先谁后，并无固定程式。

第三，树立一种研究性教学的观念。教学有几种程式？依教材顺序阐释理论与原理，教师讲学生听，教师考学生背，始终围绕原理做文章，这是第一种。依实践操作顺序手把手传授技术，教师示范学生模仿，教师指点学生训练，始终关注学生的动手能力，这是另一种。依教材顺序阐释原理，同时依据相应实践操作顺序手把手传授技术，将两者结合起来，教师既讲授又示范，学生既动脑又动手，始终关注知识与能力的同步发展，这是第三种。将会计原理阐释与会计案例分析结合起来的教学就是第三种程式。这种程式对教师来说，不是单一的宣讲；对学生来说，也不是单一被动地接受。它实际上是一种研究，是教师带领学生进行研究，让学生重新探讨会计原理建立的过程，体会研究的乐趣。所以，这一原则的贯彻实际上是要求实施一种研究性教学。研究性教学对大学教育来说，是一种行之有效的教学方式，也是必然采用的一种教学方式。对会计教师而言，树立一种研究性教学的观念，让学生带着研究的心态与眼光参与学习，既能有助于丰富其会计理论的修养，又能有助于提高其会计实际操作的能力。

（三）会计知识传授与会计法规传播相结合的原则

1. 原则的含义

会计教学的目标在于为社会培养合格的会计专业人才。经济活动中的会计、财务管理与审计渗透着一系列客观存在的规律、程序与规则。这些规律、程序与规则被总结与抽象出来，便成了会计学科的知识体系。对会计人员而言，这样的知识体系必须牢牢掌握。否则，不了解会计工作的规律、程序与规则，便会出现差错，难以胜任工作。以培养会计、财务管理与审计人员为己任的会计教学，理所当然要担负起传授这个知识体系的责任，使会计专业的大学生将来能根据实践过程的规律、程序与规则来处理会计事务，胜任工作。所以，会计教学必须做好传授会计知识的工作。

经济活动中，会计、财务管理与审计工作的进行还受一系列外围因素的制约。这些外围因素既包括与之相关的经济法律，也包括国家经济管理部门制定的会计法规、会计制度，甚至包括一些行业会计制度与规定。它们虽然不是会计工作中客观存在的规律、程序与规则，但同样对会计工作具有强制的制约性。会计人员在处理经济业务时，必须依照这些法律、法规与制度办事。可以说，国家也好，行业也好，部门也好，制定这些法律、法规与制度的目的无非是规范操作的程序,建立一个约束的机制,创设一种监管的手段,以便实施宏观调控与管理。这些法律与法规一旦颁布实施,便具有客观制约性。所以,对会计人员而言,这些法律、法规与制度(概称为法规)同样需要牢牢掌握。如果会计人员掌握不好,理解不透,便难以胜任工作。大学的会计教学,在传授书本上的会计知识时,应该同时向学生介绍与传播这些会计法规。

当然,会计知识具有广泛的适应性,而会计法规的适应性则要受到行业、部门甚至地域的影响,不如会计知识的适应面广。所以,会计专业课程的教科书主要涵盖的是具有广泛适应性的会计知识,而少有会计法规的专题介绍。既然会计知识与会计法规对会计人员的工作同样不可缺少,那么在依据教科书传授会计知识的同时,必然要随时渗透会计法规。这就需要会计教师适时补充、扩展教材内容,将会计法规的介绍与会计知识的传授结合起来,同步完成。因此,所谓会计知识传授与会计法规传播相结合的原则实际上指的是,在会计教学中,会计教师向学生传授会计知识的时候,随时向学生补充性地介绍一些会计法规,目的在于让学生既学到会计知识,又了解会计法规,使之能够得心应手地从事会计工作。

2. 原则的确立依据

这条原则的提出主要基于以下几方面的客观事实。

首先,会计知识与法规对会计业务的同时制约。会计知识是会计工作的规律总结。它来源于会计实务,又回过头帮助会计人员有效地处理会计实务。会计知识存在于会计实务之中,从业人员只有掌握了才能处理好会计实务。会计知识是从业人员处理会计实务的内在需要,从实质上制约着从业人员的操作规程。会计法规则不同,它是必须遵守的,因此它从外在要求上制约着从业人员的操作规程。可以说,会计知识与会计法规相生相伴,相辅相成,属于两类不同的知识,从内在与外在两个角度同时约束从业人员的一切行为。可见,对准备从事会计工作的会计专业大学生而言,两种知识都必须掌握。

其次,会计知识与法规动静相随。一般情况下,会计知识属于静态知识,一旦形成,便具有相对的稳定性;而会计法规则属于动态知识,会随着经济体制、政策方向与企业发展业务的变化而随时变化。但是,像经济体制的改革、政策方向的调整、经济业务的改变这样的大前提,对会计知识与会计法规的影响力是等同的。一旦大前提改变,会计法规便会相应调整,最终会导致会计知识进行改进与更新。所以,会计法规的变化也会导致会计知识相应发生变化。比如,从计划经济体制到市场经济体制的转变、从国税制到国税与地税并行制的变化等,都会导致会计法规的变化,事实上也最终导致了会计知识的变化。这样来说,会计教师应根据大前提的改变状况,适时向学生介绍新的会计法规,同时调整会计知识的传授内容。

最后,会计知识与法规刚柔相济。会计知识作为静态知识,属于刚性知识、硬知识;会计法规作为动态知识,则属于柔性知识、软知识,但其时效性比较鲜明,变化的频率较快,灵活性特征较强,特别是会计准则与税务政策变动比较频繁,因而需要随时调整,不断更新。不过，无论如何，在处理会计业务时，从业人员都必须将两类知识同时调动起来，实现刚柔相济。比如，差旅费的报销，核算的方法与程序是固定不变的，也就是说这方面的会计知识是不变的，但是差旅人员的补助标准则是因人因地因时因单位而异的，从业人员必须根据相应的法规确定具体差旅人员的补助标准，按固定不变的核算方法与程序处理，办理报销手续。这实际上就体现了会计知识与会计法规之间刚柔相济的特征。差旅费报销的核算方法与程序方面的知识属于刚性知识，而补助标准则属于柔性知识，只有将两类知识结合起来，才能处理好相应账目。

3.原则的贯彻

会计知识传授与会计法规传播相结合的原则在教学过程中得到遵循与贯彻，需要强化以下几个基本观点。

第一，将会计法规看成是知识。如前所述，会计法规属于动态知识。它跟教科书里的专业知识尽管有别，却是互相配套，并同样发挥作用的。我们在进行会计教学的时候，如果只关注教科书里的知识传授，却不顾现实中会计法规的传播，就会使大学生的知识结构产生断层。会计知识与会计法规缺一不可。为此，需要教师将会计法规看成知识，并且伺机行事随时补充，在传授书本知识的同时，向大学生多加介绍。那种只讲书本知识，而不顾及相关知识的观念是目光短浅的表现。我们常说，教师要将课内与课外两个空间联系起来，让学生既学到课内的书本知识，也学到课外的现实知识。其实，会计法规知识便是一种课外的现实知识，它应该引起会计教师足够的重视。

第二，将两类知识与会计操作挂钩。会计法规也好，会计知识也好，这两类知识实际上都是既来自会计实际业务，又用来指导会计实际业务的。知识的教学只有与实践的操作相结合，才能有助于学生更好地理解知识、消化知识、运用知识，也才能有助于学生牢固地记住知识。所以，我们在强调两类知识的传授相结合时，要同时强调将两类知识的传授渗透在会计实践的操作之中。纯粹地传授知识，为了传授知识而传授知识，无助于灵活运用能力的增强，也无助于提高学生学习知识的兴趣，是不可取的。为此，在传授两类知识的同时，会计教师要多多地举例，并让学生做相应的练习，使之在练习之中消化与运用知识。

第三，将两类知识与其他知识相联结。会计知识与会计法规这两类知识，在从业人员那里其实是与其他专门知识共生的。比如，外贸企业的会计人员在处理账务时，既需要掌握会计知识与会计法规，又要了解外贸结算制度、出口退税机制等方面的知识，同时需要掌握商品等级知识与物价知识。这样看来，会计人员的知识面应该是越广越好，至少是需要掌握的相关知识都应该具备。可见，我们在从事会计教学时，有责任，也有义务让学生在学到两类知识的同时，学到其他相关知识，并使这些知识产生联想，形成整体，转化为实践操作的能力。会计教师在传授会计知识与会计法规时，还必须介绍其他相关的知识，这无疑向教师提出了挑战，但这个挑战又是非迎接不可的。

（四）会计技能训练与会计心理锻炼相结合的原则

1. 原则的含义

如果说会计知识教学是会计教学的基础。那么，会计技能训练便是会计教学的核心。对大学生进行会计技能训练，既是教学的最终目标之所在，也是教学的难点之所在。我们说，职业能力就是一种技能。财务、会计、审计这些职业所需的能力，我们统称为会计技能。会计教学的主要任务便是在教学过程中训练大学生的这种会计技能。

具体来说，会计技能涵盖会计信息的记录技能、鉴别技能、归纳技能、分析技能、使用技能等方面，其外在表现由会计操作的准确性、速度与熟练程度等因素体现。这些技能的获得离不开反复训练。所谓"熟能生巧"，指的便是技能训练。没有反复训练，谈不上熟练程度，也谈不上速度；没有仔细训练，谈不上准确程度。所以，会计教学需要在技能训练上多花时间，多费心思。

会计心理与会计技能相伴相随。我们认为，高超的会计技能必然有良好的会计心理作为背景。我们提出，会计工作从业人员必须既认真细致又求真务实，既有耐心又有诚心，既不怕苦又不畏难，指的就是这种会计心理。这样的会计心理既与人的意志相关，也与人的习惯相连，还与人的性格相应，也就是与从业人员的个性相符。所以，所谓会计心理锻炼实际也就是会计个性培养。

这里提出的会计技能训练与会计心理锻炼相结合的原则是指会计教学要在完成对大学生的会计技能训练的同时，使大学生的会计心理同步得到锻炼，从而为养成其特有的会计个性服务。相比之下，会计技能训练是外显的，而会计心理锻炼是内隐的。不过，它们之间的关系就好比是一张纸的正面与反面，我们看到的是正面，但实际上隐藏在正面后面的反面总会同时出现在这张纸上，只是我们表面上没有看到罢了。会计教学中，我们的直接目标是对大学生进行会计技能的训练，但在训练其会计技能时，又总是同时在对其个性心理进行锻炼。比如，记录技能的训练，要让学生经过反复训练，达到既快又准的程度，便需要同时培养大学生耐心细致与自信稳重的性格，锻炼他们的职业心理。可以这样说，我们表面上在对大学生进行会计技能的训练，而实际上又同时对大学生的意志、习惯与性格进行了磨炼，使他们逐渐地具备了财务、会计与审计工作所需要具备的特殊个性。既然如此，我们在教学中，就应该将其作为一个明确的指导思想，有意识地加强对大学生会计心理的锻炼。

2. 原则的确立依据

会计技能训练与会计心理锻炼相结合原则的提出主要基于下列依据。

首先，技能是心理的体现与反映。任何技能，背后都隐藏着一定的心态。司机的驾车技能体现与反映的是胆大心细，教师的教学技能体现与反映的是自信热忱，体操运动员的运动技能体现与反映的是沉稳协调，点钞员的点钞技能体现与反映的是专注细心。可以说，任何技能的习得过程都是相应的心理状态的锻炼过程，没有心态的训练，技能的训练也会落空。许多运动员的技能非常熟练，但是比赛的时候因为场所或紧张的心理而导致动作差错,实际上也说明了技能与心理同步训练的重要性。会计技能需要稳重自信、耐心细致、求真务实等心理状态相伴随。会计技能的熟练程度与准确程度同时体现与反映的便是会计人员的自信稳重程度、耐心细致程度、求真务实程度。正因为这样,会计专业的会计教学,在培养大学生的会计技能、进行相应的技能训练的同时,需要锻炼其相应的心理。

其次,心理能够配合与促进技能的表现。良好的心理状态反过来能够配合技能的表现,也能够促进技能的提高。心浮气躁、粗心大意是干不好会计工作的。在常人那里,不管从事何种工作,也不管发挥何种技能,心态好的时候便会得心应手,心态不好的时候则会容易出现错误。这个现实便说明了心理与技能的配合关系。离开了良好的心理状态,再熟练的技能,其准确性也会大打折扣。而会计工作最关注的便是准确性。没有沉稳细致的心理状态,没有求真务实的个性特征,这种准确程度便难以保证。更为重要的是,良好的心理状态能够促使技能得到更有效地发挥,所谓"越战越勇、越勇越战",说的就是这种良好心态对技能的促进作用。由此可见,我们在训练会计技能时,务必同时锻炼会计心理,并使之在大学生的身上结合起来,同步协调发展。

最后,技能与心理可以在训练之中合二为一同步发展。机械重复的技能训练锻炼的是受训者的耐心与诚心;加大难度的技能训练锻炼的是受训者的信心与进取心;变换条件的技能训练锻炼的是受训者的灵活性与适应性,即随机应变心态。不同的技能训练锻炼的是不同的心理状态。然而,这些技能也好,心态也好,对从事技能性工作的人员而言,都是需要具备的。既然心理与技能的训练总是内外配合、协调同步的,我们在会计教学中对大学生进行会计技能的训练时,也必须与心理训练结合起来。为此,我们可以有意识地变换训练方式、要求、程序与难度,将分项训练与综合训练结合起来,同时完成对大学生的会计技能与会计心理的训练。

3. 原则的贯彻

在会计教学中,遵循与贯彻会计技能训练与会计心理锻炼相结合原则,主要应该关注心理锻炼这一内容,不要只顾表面的技能训练,而忽略了内在的心理锻炼。为了保证这一原则得到落实,会计教师需要形成以下三个认知。

第一,坚持以人为本的观点。教育的目标在于塑造人,教学的目标也在于培养人。这个"人"应该是全面发展的人。技能与心理的关系实际也就是部分与部分的关系、外表与内核的关系。我们的教学,如果带着培养人的观念来操作,便会富于人情味。如果只看到知识与技能这些因素,却忽略心灵与个性这些因素,我们的教学便会成为功利主义的牺牲品,丧失人文主义的色彩。人之所以区别于动物,就是因为人类有复杂的心灵与个性。坚持以人为本的观点,始终全面发展人的各项素质,理应成为各门学科教学的共同追求。大学的会计教学在训练大学生的会计技能时,适当注意锻炼其会计心理,实际上就是这一追求的具体体现。

第二，注重综合素质的锻炼意识。我们提倡素质教育，关注的是对学生综合素质的锻炼。这个综合素质既包括知识与技能，也包括体魄与心灵，还包括个性与心理。将技能的训练与心理的锻炼挂钩，实际上也就是落实素质教育中锻炼学生的综合素质的观念。财务、会计、审计人员的综合素质包含会计技能，也包含会计心理。其会计技能是一种职业技能，其会计心理也是一种职业心理。所以，锻炼会计专业大学生的会计技能与会计心理，实际上是锻炼其会计职业的综合素质。比如，我们在训练学生的会计信息鉴别技能时，故意让他们去查错与纠错，或者故意让他们犯错后复核，都是在锻炼他们的会计心理，也是对他们的综合素质进行锻炼。

第三，树立心育观念。心育，即心理教育。这是近年来提出的教育主张。以前教育界只提德、智、体、美、劳五方面的教育，最近大家还提出并接受了第六方面的教育主张，就是心育。意思是说，在教育教学过程中，我们的教师能够做到，也应该做到对学生的心理进行教育。我们提出会计技能训练与会计心理锻炼相结合，便是这种心育主张的具体落实。其实，心理教育与其他五方面的教育相比较，是一种最能影响人的素质的教育，也是一种最彻底的教育。大学的会计教学是能够为落实对大学生进行心理教育服务的。

技能的训练可以在短时期内完成，并且可以不断精进，日臻完善；心理的锻炼则需要一辈子不间断，在职业生涯里不断调适，实现与技能的更有效配合。大学里的会计教学可以在短期内完成对学生会计技能的训练，同时对他们进行会计心理的锻炼，并使他们具备基本的职业心理，以便更好地投身会计职业之中。

第四节　会计教学的手段与方法

一、会计教学的手段

（一）讲授的手段

1. 讲授手段的含义与方式

讲授是指教师通过口头语言向学生描绘情境、叙述事实、解释概念、论证原理和阐明规律的教学手段。它是教师使用最早的、应用最广的教学手段，可用于传授新知识，也可用于巩固旧知识。讲授有多种具体方式：

（1）讲述

讲述侧重生动形象地描绘某些事物现象，叙述事件发生、发展的过程，使学生形成鲜明的表象和概念，并从情绪上得到感染。叙述某一问题的历史情况以及某一发明、发现的过程或人物传记材料时，常采用这种方法。在低年级，由于儿童思维的形象性、注意力不易持久集中，在各门学科的教学中，也多采用讲述的方法。

（2）讲解

讲解主要是对一些较复杂的问题、概念、定理和原则等，进行较系统而严密的解释和论证。讲解在文、理科教学中都广泛应用，在理科教学中应用尤多。当演示和讲述不足以说明事物内部结构或联系的时候，就需要进行讲解。在教学中，讲解和讲述经常是结合运用的。

（3）讲演

讲演是指教师就教材中的某一专题进行有理有据、首尾连贯的论说，中间不插入或很少插入其他的活动。这种方法主要用于中学的高年级和高等学校。

（4）提问

提问是指教师以质疑、问难的方式所进行的讲授或说话。提问一般采用疑问的语气，有时又带有祈使的语气。它的功能在于启发与诱导，在于调动与促进，是教师发挥教学职能并约束学生学习的有效手段。提问可以引发思考，可以引发讨论，甚至可以引发研究的兴趣。提问的目的在于开启学生的思维，提高学生的热情，或者摸清学生的底细，同时落实对学生的训练。会计教学中的提问可以是有疑而问，可以是无疑而问，也可以是自问自答，因此提问的方式有疑问、反问与设问三种。从方法上说，还可以有追问、直问、曲问、趣问等问法。教师所提的问题应该具有问题价值，对学生的学习掌握确有帮助，不能为了提问而提问，搞表面热闹而内心无动于真的形式主义。提问的措辞宜多问"是什么""怎么样""为什么"之类的问题，尤其是多问"为什么不"之类的问题，而少问或不问"是不是""对不对""好不好""要不要"之类的问题。教学过程中，会计教师向学生提出一些问题可以起到深化教学的作用，可以起到调动气氛的作用，可以起到穿插过渡、承上启下的作用，也可以起到开掘引申、言有尽而意无穷的作用。大学的会计教师应该既乐于提问，又勤于提问，还要善于提问，实现以问代讲、以问带讲的目的。

（5）答疑

答疑是指教师回答疑问、解答疑惑的讲授方式或说话方式。回答疑问指教师回答自己的提问；解答疑惑，指教师回应学生的求教。课堂上，教师提问以后，学生回答了，但到底对不对，究竟怎么回答，最终还需要教师来总结或回答。至于教师的自问自答，更需要回答。课堂上，学生也会举手发问，请求教师解答疑惑，大学生甚至会因为对教学内容表示怀疑而提问。答疑时，一般以说明与议论的表达方式来说话，采用的是陈述的语气。当然，也可以以问代答，以启发取代回答，把思路留给学生，让他们自己找到答案。还可以答一半，留一半，或者只回答一部分，而要求学生自己回答另一部分。这都是比较巧妙的答疑方法。答疑，要求教师灵活机智，也要求教师谦恭诚实，还要求教师讲究技巧，引而不发，开而不达，点到为止。

（6）评价

评价是指教师对教学内容或学生表现进行评析、贬而进行的讲授方式或说话方式。评析，针对教学内容或教材内容；贬，针对学生的表现，包括对其答问、练习、演算、操作等情况的表扬或批评。大学教师应具有学术勇气与独立见解,对于教学内容或教材内容,对于使用的会计案例,都可以进行点评,发表自己独到的看法。对于大学生在学习过程中的参与与表现,教师也有责任给予适时、恰当、中肯的评价,指出他的不足,肯定他的优势。这样的评价一般采用陈述语气与感叹语气相结合的方式,而且情理相生的色彩较为鲜明。评价要求中肯恰当、切中要害,要求一分为二,鼓励为主,也要求公平公正、客观冷静。评价学生时,教师需要控制情感,也需要实事求是,不偏不倚。因此,评价对教师的人格要求较高。

2. 讲授手段的特点

(1) 信息量大

信息量大能使学生通过教师的说明、分析、论证、描述、设疑、解疑等教学语言,短时间内获得大量的系统科学知识,因此适用于传授新知识和阐明学习目的、教会学习方法和进行思想教育等。

(2) 灵活性大

灵活性大,适应性强。无论在课内教学还是课外教学,也无论是地理感性知识还是理性知识,讲授手段都可运用。它使学生通过感知、理解、应用而达到巩固掌握的目的,在教学过程中便于调控,且随时可与组织教学等环节结合。

(3) 有利于教师主导作用的发挥

教师在教学过程中要完成传授知识、培养能力、进行思想教育三项职能,同时要通过说明目的、激发兴趣、教会方法、启发自觉学习等调动学生的积极性,这些都适合通过讲授方法体现自己的意图,表达自己的思想。讲授手段也易于反映教师的知识水平、教学能力、人格修养、对学生的态度等,这些又对学生的成长和发展起着不可估量的作用。

讲授手段缺乏学生直接实践和及时做出反馈的机会,有时会影响学生积极性的发挥。

(二) 演示手段

1. 演示手段的含义与方式

演示是指通过一些方式和工具,将信息传达给他人,是一种信息传达的行为方式,即利用实验或实物、工具把事物的过程显示出来的过程。

演示有多种具体方式:

(1) 演算

演算是指按照一定的原理或公式计算。会计教学过程中,有不少内容需要演算给学生看,是一种教师对会计教学中的资料核算内容,利用黑板、算盘或计算器、模拟仿真系统等工具进行运算,以给学生提供运算示范的教学方式。财务、会计与审计工作离不开数学运算,会计教学中的数学运算也不少。对会计专业的大学生来说,尤其需要学会这些数学运算。一般来说,数学运算大致可采用心算、手算、珠算、电算四种方式。这四种方式,会计教师均应在课堂上演算给学生看,所以演算的手段是会计教学不可缺少的一种基本教学手段。四种运算方式当中,心算与笔算的运算需要使用黑板与粉笔,珠算的演算需要使用算盘,电算的演算需要使用计算器或模拟仿真系统,总之,都需要使用特定的教学设备。因此,显而易见,演算的手段照样是一种辅助教学手段。它的使用目的在于让会计专业大学生学会心算,提高笔算的准确性,熟练地使用算盘与计算器,训练会计运算的技能,掌握一种硬性的职业本领。会计教师的演算实际上是一种示范,既是技能的示范,也是技巧的示范。它的功能在于让学生边看边学,边学边会,边会边巧,有助于极大地提高大学生的学习兴趣。

(2)操演

操演指教师在教学活动中利用实验设备、教学机器及其相关材料组织教学,并通过操作演示这些设备、机器与材料来传达信息,直观展示教学内容,完成教学任务而采用的教学方式。会计教学中的操演主要指操演一些常规的电化教学设备及其相关材料。在会计类课程的教学中,借助计算机系统及其外部信息输入输出设备对操作性的教学内容进行操作演示,效果要强于教师的讲授,既能产生对会计教学内容的形象展示作用,也能产生对会计教学信息的综合传达作用,既能产生对教师教学的辅助替代作用,也能产生对学生学习的激发促进作用,更能产生节省教学时间、提高教学效率的作用。可见,操演的方式应该大力提倡,广泛使用。

(3)展示

展示指的是教师在教学活动中,根据教学的需要,向学生展示有关教学内容的照片、图片、实物、标本、模型等教具而采用的教学方式。展示的方式可以是实物展示,也可以是信息化资源的展示。实物展示可以让学生看到较为真实的展示内容,便于场景模拟,提高学生的感知能力。信息化资源的展示需要借助计算机系统进行展示,信息化资源可以以多种形式进行展示,如图片、动画、视频等。信息化资源还可以与相应的应用软件相结合,对展示的内容进行多方面的辅助展示,从而让展示过程更直观、方便、快捷。会计教学中,展示手段的运用主要是出示图片与实物两种情况。流程图、分析图、会计原始凭证和实物等都可以在课堂上展示出来。通过展示这些东西,有助于教师的直观讲授,有助于学生的形象理解,当然也有助于教学效率的提高。

(4)示范

会计领域的学习最终要落实到业务的操作之上。大学生从未接触过会计业务,从学习到操作需要一个过程。这个过程便是教师的操作示范。所以,示范是教师在教学过程中对实际操作业务的一种演示,通过这种演示让学生模仿学习,并最终学会操作而采用的一种教学方式。会计教学过程中,会计凭证的填制、会计账簿的登记、会计报表的编制、会计档案的装订、数据表格的填列与分析、相关软件的操作、项目分析与判断、制度与流程的设计、业务报告的撰写等都属于业务操作。教这些内容的目的在于让学生能够学会操作。

而学生的操作只能从模仿开始，因此少不了会计教师的操作示范。由于这种示范要么需要借助黑板与粉笔，要么需要借助计算机多媒体系统，因此它仍然是一种辅助教学手段。课堂上，让学生学习业务操作时，教师与大学生的关系便变成了教练与运动员的关系。教练要给运动员讲动作要领，也要示范与纠正运动员的差错，会计教师要给大学生讲会计业务的具体操作，也要示范，供大学生模仿，然后再纠正大学生的差错，最终让他们学会操作。从这个角度来看，说会计教师应该是处理会计实务的行家里手，是不为过的。这种示范具有手把手的教育功能，也具有直观展示的教学功能，能够直接、具体地帮助大学生学会各种会计业务的操作技能，有助于他们将会计知识转化为会计能力，所以需要大力提倡。当然，这种示范也可以与案例分析结合起来进行。

2.演示手段的原则

演示是信息传递过程中的桥梁。一般来说，演示的标准主要有两条：忠实和简化。

忠实是指忠实于所要传递的信息，也就是说，把原信息完整而准确地表达出来，使他人得到的信息与原信息大致相同。

简化是指简明扼要、明白易懂、重点突出，没有文理不通、结构混乱、逻辑不清的现象。

（三）多媒体手段

1.多媒体手段的含义与优势

多媒体手段是指在教学过程中，根据教学目标和教学对象的特点，通过教学设计，合理选择和运用现代教学媒体，并与传统教学手段有机组合，共同参与教学全过程，以多种媒体信息作用于学生，形成合理的教学过程结构，达到最优化的教学效果。

在会计教学中采用多媒体手段，与传统教学手段比较起来，具有非常明显的优势。传统教学条件下，教师靠一支粉笔、一张嘴来操作会计教学，难以达到应有的效果。教学中，一些会计理论、会计实务需要使用大量的篇幅和大量的数据资料加以解释说明，在传统教学条件下，教师往往因为技术条件以及课时时数的限制，只好对这些会计理论与实务粗略、简单地一带而过，有时甚至只好舍弃一部分内容，因而造成学生难以全面理解与掌握的现状。而且，有的教师即便试图将这部分理论和实务解释清楚也不得不投入大量的时间与精力，耗费不少课时，又降低了教学效率。

会计教学采用多媒体手段，既可用于原理的讲授，也可用于实务的操作，并可用于案例的分析。多媒体手段一旦被采用，对教师的教与学生的学均能产生积极的作用。首先，它有利于会计教学的规范化与标准化，有利于及时补充教科书的不足；其次，它有利于改变传统单调的语言叙述方式，有利于引导与启发学生的积极思考，有利于激发学生的学习兴趣，有利于提高学生的学习成效；最后，它也有利于减少教师的重复劳动，使教师在课堂上得到解放，更有利于改变教师的教学观念，使他们树立一种为追求教学效率而进行教学的思想意识。

2. 多媒体手段的特点

多媒体计算机辅助教学是指利用多媒体计算机，综合处理和控制符号、语言、文字、声音、图形、图像、影像等多种媒体信息，把多媒体的各个要素按教学要求，进行有机组合并通过屏幕或投影机投影显示出来，同时按需要加上声音的配合以及使用者与计算机之间的人机交互操作，完成教学或训练。

所以，多媒体手段通常指的是计算机多媒体手段，是通过计算机实现的多种媒体组合，具有交互性、集成性、可控性等特点，它只是多种媒体中的一种。

它利用计算机技术、网络技术、通信技术以及科学规范的管理对学习、教学、科研、管理和生活服务有关的所有信息资源进行整合、集成和全面的数字化，以构成统一的用户管理、统一的资源管理和统一的权限控制。多媒体手段侧重于学生可随时通过 Wi-Fi 接入校园网及互联网，方便地获取学习资源，教师可利用无线网络随时随地查看学生的学习情况、完成备课及进行科研工作。其核心在于无纸化教学的实施以及校园内无线网络的延伸。

二、会计教学的方法

（一）教学方法的概念与内在本质特点

教学方法包括教师教的方法（教授法）和学生学的方法（学习法）两大方面，是教授法与学习法的统一。教授法必须依据学习法，否则便会因缺乏针对性和可行性而不能有效地达到预期的目的。但由于教师在教学过程中处于主导地位，所以在教法与学法中，教法处于主导地位。

由于时代、社会背景、文化氛围的不同以及研究者研究问题的角度和侧面的差异，中外不同时期的教学理论研究者对"教学方法"概念的界说自然不尽相同。教学方法不同界定之间的共性主要有三点：第一，教学方法要服务于教学目的和教学任务的要求；第二，教学方法是师生双方共同完成教学活动内容的手段；第三，教学方法是教学活动中师生双方行为的体系。

教学方法是教学过程中教师与学生为实现教学目的和教学任务要求，在教学活动中所采取的行为方式的总称。教学方法的内在本质特点如下：教学方法体现了特定的教育和教学的价值观念，它指向实现特定的教学目标要求；教学方法受到特定的教学内容的制约；教学方法要受到具体的教学组织形式的影响和制约。

（二）会计教学的基本方法

讨论会计教学的方法，我们是站在会计教师的角度思考的。会计教师为了完成教学任务，追求最佳教学效果，势必组织并带领学生理解与训练，通过理解让学生获取会计知识，通过训练让学生获取会计能力。这样，我们确定会计教学基本方法的思路就只能以帮助学生理解与组织学生训练为起点。帮助学生理解，会计教师在课堂上，要么自己讲授，要么组织学生讨论，采用的教学方法相应就是讲授法与讨论法；组织学生训练，在课堂上，会计教师要么让学生做一些消化性的练习，要么让学生做一些模仿性的操作，采用的方法相应就是练习法与实习法。因此，会计教学的基本方法包括讲授法、讨论法、练习法与实习法四种。

至于自学辅导法、分组研讨法、茶馆式教学法、网络教学法之类的现代教学方法，都是由这几种最基本的教学方法派生出来的。

1. 讲授法

会计教学的课堂上，教师要向学生讲述概念、阐释原理、分析报表、演示分录、演算账目、介绍案例，均离不开讲授法。当然，不同内容的讲授，具体的讲授方法也会有所不同。这里我们将会计教学中讲授法的运用按六种不同的讲授方法来分别加以介绍：

（1）逻辑推论法

逻辑推论法是一种严密论证的方法。会计教学中，会计原理的阐释筹资与投资管理的阐述，应收与预付账款之间关系的说明，收入、成本和利润的测算，资产与负债比例的论述，都需要采用逻辑推论的方法加以讲授。它的特点在于，讲授的思路严密，讲授的条理分明，讲授的态度严谨，讲授的节奏鲜明，环环相扣，逻辑分明。它的优势在于，启发学生思考，引导学生探索，帮助学生理解，并能引发学生的研究兴趣。列宁说，雄辩的逻辑力量是不可战胜的。逻辑推理法的运用恰好能帮助会计教师拥有这种说服力来说服与征服学生。

（2）平铺直叙法

平铺直叙法是一种冷静述说的方法。会计教学中，概念含义的表述、会计历史知识的介绍、会计法规的述说、经济环境的引述、案例的引入都需要采用平铺直叙的方法加以讲授。它的特点在于，讲授的情绪冷静客观，讲授的内容通俗易懂，讲授的条理清晰可辨，讲授的语言简明平易。之所以会这样，主要是因为这些讲授的内容对学生来说一听便明白，并不难以理解。教师平铺直叙时，简明扼要避免啰唆，态度从容避免急躁，语气平和避免生硬，语速平稳避免夸张，语音洪亮避免模糊，便成为基本要求。

（3）直观辅助法

直观辅助法是一种形象生动的方法。在会计教学课堂上，教师一边讲授一边调动表情与手势来描绘与模拟，或者一边讲授一边在黑板上勾画图示，有时也一边讲授一边出示投影片、原始凭证或教学挂图让学生看，这都是在采用直观辅助法。它的特点在于，依靠直观辅助的手段来补充口头讲授的不足，形象展示口头讲授的内容，吸引学生的注意力。这种方法的优势在于，通过直观展示而达到形象生动、引人入胜的境界，并有助于节省教师的讲授时间，实现精讲，还有助于教学效率的提高，有助于学生的理解与接受。会计教学中，几乎所有内容的教学都可以采用这种讲授方法。当然，在阐释会计原理与演练会计实务时，它的运用价值更为突出。

（4）举例说明法

举例说明法是一种演绎论证的方法。讲授抽象的会计概念与原理时，或者讲授会计实务与会计应用时，先从一般的原理与方法讲起，再拿具体的事例来说明，是一种由深入浅的讲授方法，也是一种由抽象到具体的讲授方法。它的功能在于，通过举例，靠生动形象的实例来佐证与阐释一般的原理与规律，有助于学生迅速地理解与掌握，也有助于学生学习与模仿。会计教学中，经济业务对会计恒等式的影响问题、合并报表的编制问题、审计准则与审计依据的关系问题等，学生都难以理解与运用，一旦举出实例，加以说明，学生便可豁然开朗。所以，对会计教师而言，举例说明法不失为一种有效的讲授方式。

（5）比喻说明法

比喻说明法是一种形象生动的方法。再抽象的原理，通过打恰当的比喻，都可以让学生获得迅速的理解。大学课堂上，打比喻的讲授方法具有广泛使用空间。会计教学中，可打的比喻也不少。比如，一个小家庭，要维持日常生活，要搞家庭基本建设，要储蓄，要投资，要兼职创收，要借贷，如何运作才更好，夫妻俩进行规划与预算，这便是财务管理；把每一笔收入与支出登记在册，定期统计出来，这便是会计；回过头来逐笔分析，看哪些钱该花不该花，哪些收入可调节，这便是审计。我们教学时，便可用这个比喻来讲清楚财务、会计与审计三者之间的关系。小到家庭大至企业，甚至国家，都可用这种比喻。其实，只要比喻贴切，它的效果远远胜过千言万语的讲授。所以，比喻说明法也是一种事半功倍的讲授方法。

（6）幽默激趣法

幽默激趣法是一种富于魅力的方法。现代人都追求幽默风趣，大学生尤其喜欢幽默风趣的讲授方法。幽默是智慧的体现，也是信心的体现。会计教师如果能在教学中运用幽默风趣的方法来讲授，便不仅能显示自己开朗自信的个性，也能展示自己从容机智的智慧，还能让学生在会心的笑声中受到启发。如果一堂课能让学生情不自禁地发出几次笑声，这样的课堂便充满了生机，而这样的教师也会受到学生广泛的欢迎。当然，幽默风趣是一种个人风格，也是一种讲授技巧。会计教师尽管不必刻意为之，但是也可适当地加以考虑与运用。其实，会计教学中一切内容的教学都可以采用幽默风趣的方法来讲授。需要指出的是，它只能作为教学的一种点缀，而不能整堂课都采用。

讲授法不是注入式的代名词，讲授不得法容易变成注入式，但是讲授的法则是可以富于启发性的。不过，在各种基本的教学方法中，讲授法容易成为通向注入式的桥梁，所以应特别注意在运用讲授法时避免注入式；同时，因为讲授法至今仍是最基本、最重要的教学方法，所以在运用讲授法时注重启发式又具有积极的普遍的意义。

2. 讨论法

讨论法也称为问答法。会计教学中，许多内容都具有讨论的价值，需要会计教师引起重视。比如，就财务运作来说，是会计利润更重要，还是现金流量更重要；就企业融资方式来说，是发行股票好，还是发行债券好；就固定资产来说，是租赁好，还是购买好；就审计主体来说，是政府审计好，还是民间审计好；就审计时间来说，是事前审计好，还是事后审计好；就审核方式来说，是顺查法好，还是逆查法好；就固定资产折旧率来说，是高一点好，还是低一点好；就企业投资来说，是短期投资好，还是长期投资好；就提高企业职工待遇来说，是涨工资好，还是发奖金好；等等。这些问题在具体章节的教学过程中，教师都可以拿出来让学生讨论。当然，能够用来组织讨论的问题应该具有讨论的价值，能够便于学生打开思路，站在不同的角度思考。问题没有讨论价值，学生难以发表不同见解，讨论的气氛出不来，也就毫无意义。所以，会计教师不能为了讨论而组织讨论，而必须在需要讨论的时候，或者在具有讨论价值的问题上进行组织。

教师运用讨论法教学的关键在于做好提问的工作。这里所说的提问既包括提出讨论问题时所进行的提问，也包括引导学生思考时所进行的提问，还包括对学生的答问进行评点时所进行的提问。提问的功夫到了家，会计教师的讨论教学法便能运用得相当有效。这里，我们将提问的方法概括为五种，做简要的介绍：

（1）直问法

直问法即直接提问法。它的特点是想问什么便问什么，不绕弯子。比如，股份公司向股东分配股利，有派发现金股利与派发股票股利两种方式，如果想让学生考虑哪种方式更利于公司发展，或者更受股东欢迎，直接提问的方法便是问：股份公司的股东分配股利，站在公司的立场上，是派发现金股利好，还是派发股票股利好？或者问：股份公司向股东分配利润，派发现金股利与派发股票股利两种方式，哪种方式更受股东欢迎？这样的提问方法直来直去、清晰可辨，有利于学生理解所提问题的含义，而且措辞简明扼要，不至于打乱学生的思路。

（2）曲问法

曲问法即曲折提问法。它的特点是想问什么不直接问什么，而是绕一个弯子提问题。比如，上面的例子，如果用曲问法提问，具体的问法如下：如果你是股份公司的总经理，你是愿意给股东派发现金股利，还是派发股票股利？或者如果你是股东，你是希望得到现金股利，还是希望得到股票股利？这样的提问方法表面上问"此"而实际上问"彼"，借助通俗的"此"而问抽象的"彼"，能够把抽象的问题通俗化，有利于由浅入深，打开学生的思路，同时学生在回答"此"问题时，实际上也回答了想要学生回答的"彼"问题，显得较为巧妙。

（3）趣问法

趣问法即趣味提问法。它的特点是用幽默风趣的提问内容来掩饰客观抽象的问题实质，也属于想问什么而不问什么，故意绕弯子来问问题。比如，上面的例子，如果用趣问法提问，具体的问法如下：如果你是股份公司的董事长，你想给股东派发股票股利，而你的副职却想给股东派发现金股利，你打算怎么说服他（她）？或者问：如果你是股份公司的股东，去领红利时，一个信封里装的是送股凭证，一个信封里装的是派股钞票，你会领走哪一个信封？这样的提问方法将一个客观抽象的问题掩藏在所提问题的后面，显得很生动，很有趣，能极大地激发学生的讨论兴趣。并且由于它提供了一个假想的情境，学生思考和回答问题时更具有了明确的针对性，有利于在笑声中揭示问题的本质，也是一种巧妙的问法。

（4）反问法

反问法是一种在学生讨论的过程中所进行的提问方法。课堂讨论时，某一学生持自己的观点做了明确的回答，而教师为了启发他的辩证思维，故意用反问的方法提问，以此来开启学生的思路，促使他继续思考与回答。比如，上面的讨论题，在讨论时，某学生明确支持给股东派发股票股利的主张，却反对派发现金股利的主张。会计教师此时插话，如果用反问的方法提问，即给股东送股要分摊股份，将来这些送股又要参与分红，不是更加重了公司的负担吗？或者问：作为股东，得到送股却难以变现，而你又要买房子，拿到现金不是更能派上用场吗？这样的提问方法既能启发学生向纵深层次思考，又能引导学生联系各个因素来衡量，并且以反问代替评点，以反问推进讨论，具有明显的优势。

（5）追问法

追问法也是在学生讨论的过程中进行提问的方法。学生答问时，有时只答出了一个方面或者一个层次的内容要点，却对其他方面或者其他层次内容要点不予理睬，有时又答非所问，或者答而不对，这时会计教师便可采用追问的方法，继续向他发问。通过追问来促使他回答其他方面与层面的内容要点，来帮助他认清所提问题的真实含义，以让他回答完整，回答准确，甚至把问题引向纵深。比如，上面的例子中，如果学生答问时，有人认为派发股票股利与派发现金股利各有利，但就是不表明到底支持何种方式的主张，此时教师可以用追问的方法提问：既然两种方式各有利，那么你到底是支持派发现金股利还是支持派发股票股利呢？或者问：如果你是一个股东，从税负的角度来看，你是愿意公司派发股票股利还是派发现金股利？从股权稀释的角度看，你是愿意公司采用哪种方式呢？这样的问法有利于学生提高决策能力，并有利于推进学生深入、仔细、全面思考，而且具有挑战性，能吸引全体学生的注意力，并引发更热烈的讨论。

讨论法的采用既需要技术，也需要技巧。可见，会计教师组织讨论并不是简单地提出问题让学生去说便是了。我们认为，教学本应是师生之间的双边活动，讨论法的使用使这种双边性体现得最充分，同时它的使用使教学远离了注入式而充分体现了启发式，教师的主导作用与学生的主体作用也能从中得到最大限度的发挥。

3. 练习法

练习法是指学生在教师的指导下，依靠自觉的控制和校正，反复地完成一定动作或活动方式，借以形成技能、技巧或行为习惯的教学方法。从生理机制上说，通过练习使学生在神经系统中形成一定的动力定型，以便顺利、成功地完成某种活动。练习法对巩固知识，引导学生把知识应用于实际，发展学生的能力以及形成学生的道德品质等方面具有重要的作用。

对大学生而言，会计教学中的课堂练习立足于让他们"弄懂"教材内容，而课外练习则立足于让他们"驾驭"教材内容，并"会"进行技能操作。这样看来，课堂练习与课外作业都不可偏废，它们之间构成一种相辅相成的互补关系。

4. 实习法

实习法又称实习作业法。学生在教师的组织和指导下，从事一定的实际工作，借以掌握一定的技能和有关的直接知识，验证间接知识，或综合运用知识与实践的教学方法。通常实习是以理论知识为基础，并在理论的指导下进行的。运用实习法，一般要求：实习开始，教师提出明确的目的和要求，并根据实习的场所和工作情况做好组织工作；实习进行中对学生进行具体的指导；实习结束时对实习活动进行评定和小结，事后评阅实习作业报告。

会计专业课程的教学尽管需要向大学生传授相关知识，但最主要的以及最终的目标是让大学生获得相关技能，具备解决会计、财务与审计工作中具体问题的能力。要实现这个目的，加强实践教学环节，运用实习法教学，让学生在实践中学习会计类工作的各项技能，便成为现实需要。为了配合这样的教学目的的实现，不少高校的会计系都建立起了专门的会计模拟实验室。这样，我们的会计教学便既可以在普通教室里进行，也可以在会计模拟实验室里进行。

在会计专业课程教学的课堂上所进行的实习带有课堂练习的色彩。它通常针对会计、财务与审计工作的某一环节而进行，训练点到为止，不涉及其他环节。比如，编制会计凭证时的借与贷问题，初学者难以分清，教师尽管讲得很清楚仔细，也举了不少实例，甚至让学生做了一些课堂练习，但有的学生仍然搞不太清，即便搞清楚了的学生底气也不太足，似乎没有把握各种不同业务的会计凭证的编制。在这种情况下，会计教师便可以采用实习法，向学生提供一些原始的材料，并向学生分发一些仿真的凭证，让学生以会计人员的身份来操作，编制一些仿真的会计凭证。这样做有利于向学生提供一个真实的会计环境，并有利于培养学生的角色意识，使他们增强责任感，同时能让学生留下牢固的记忆。在审计课的教学中，教师也可以让学生分别扮演会计员和审计员，让扮演会计员的学生按照正确与不正确的方法分别处理不同账务，故意为难扮演审计员的学生，并要求扮演审计员的学生对正确与不正确的账务进行审核，找出不正确的地方，并分析错误发生的原因。这样的实习法具有挑战性，也具有趣味性，能够在竞赛中培养学生的实战能力。类似的做法也可以在财务管理的教学中采用。

当然，不管在会计专业课程的哪一具体课程教学中，采用实习法组织教学，都必须给学生创设一个真实的环境。这个真实指的是素材的真实、数字的真实与凭证的真实，也包括要求的真实、程序的真实与结果的真实。有了这个真实的环境，学生便能迅速进入角色，引起足够的重视，并能慎重地加以操作，效果也显著得多。

第五节　我国会计教学的现状

一、会计教育教学的环境

经济全球化使经济活动超越国界，把整个世界作为一个整体来进行运作。跨国企业大量进入中国进行本土化经营，将大大增加对熟悉国际规则的管理人才的需求。因此，经济全球化必然要求会计核算和监督的国际化，进而要求对会计教育内容进行调整。

同时，以计算机、通信和网络技术为核心的现代信息技术发展使整个社会经济的运行方式发生了根本性的变化。基于现代信息技术的会计信息系统使会计信息作为管理资源，可以通过自动化的获取、加工、传输、应用等处理，为企业提供充足、实时、全方位的信息。信息技术发展要求传统的会计工作与智能化的信息管理系统相融合，在业务核算、账务处理等方面发挥作用，这种变化必然要求信息技术及其应用成为会计教育的重要内容。

二、我国会计教育中存在的问题

（一）会计教育目标定位较为模糊

一种普遍的教育现象是会计专业的学生毕业后找不到合适的工作，主要原因在于会计专业的培养目标定位不明确。会计教育界关于本科会计教育的培养目标存在以下三方面的争议：一是大学应该培养应用型人才还是研究型人才；二是高等教育应该实行精英教育还是大众教育；三是教师应向学生传授知识还是培养技能。如果这些问题都无法解决，就会造成培养目标模糊，无法保证后续环节的顺利进行。

（二）教学方式单一

目前，我国会计教育所采用的教学手段比较简单，仍是以教师在教堂上教授、学生听讲和记笔记的传统授课方式为主。教师在授课过程中习惯性地把课程的重点和难点主动总结归纳给学生，学生的参与度很小，因此学生在学习过程中总是被动的，学习效率低下，缺乏独立思考和归纳拓展的能力，尤其是影响了学生的会计专业能力的培养。虽然多媒体教学已经比较普及，案例教学也有应用，但是互动式、小组性的教学手段尚未完全发挥作用，忽视了会计学生辩证性思维和创新能力的应用。"互联网+"的教学模式在会计类课程的教学中的应用还处于初级阶段，应用效果还没有完全有效地体现出来。单一的教学模式和手段显然不能与目前的教育环境相适应，不能完成培养目标。

(三) 师资力量薄弱

教师是教育的灵魂，会计教育创新的基础是教师素质的提高。在信息技术快速发展的今天，教育信息化是对教师综合教学能力的一大考验，对信息技术的掌握与应用已逐渐成为现代教师的必修技能。然而非计算机专业的会计教师其计算机技术水平的有限成了教育信息化发展的一大瓶颈，也是现代会计教师队伍力量薄弱的主要体现。除此之外，政策、法规、准则、制度的频繁更新，经济管理理念的不断创新，新业务的层出不穷，都对会计教师知识的更新与研究提出了更高的要求。

(四) 考试评价机制不健全

我国目前在考核学生时，大部分是以学校为主导，但学校对成绩的考查仅限于必修的分数，忽略了实践技能的培养。学生对课程的掌握仅凭期末考试来定夺的培养方式造成了高分低能，使会计专业的学生无法满足用人单位的需求。

三、我国会计教育的对策分析

(一) 明确会计教育目标

在经营权与所有权两权分离的情况下，现代会计是由财务会计和管理会计组成的，财务会计解决委托代理的问题，管理会计师控制企业经营活动。随着知识经济时代的到来，会计人员需要具备较强的成本控制、资本预算、战略投资、跨国投资等综合能力。同时，基于现代信息技术的会计信息系统，会计人员的主要职能从传统的核算和监督转移到预测和控制。

因此，我国会计教育的目标应以培养学生综合能力为主，提高学生专业素养，使学生的能力得到全方位的发展。通过会计专业的学习，学生在毕业之后可选择成为管理人才、财务经理、财务会计师、管理会计师、公共会计师及经理人，可进入各类大型企业、咨询公司、跨国公司、金融机构、私人企业或政府部门工作。

(二) 推动教学方式改革

国外大学一些先进的教学方式值得我们分析借鉴，可以更好地促进我国教学方式的改革，加强会计教育的先进性和重要性。

一是广泛运用现代信息技术，开展信息化教学。各高校应该积极建设信息化教学资源，应用信息化教学平台，进行课前、课中、课后的全方位辅助教学。信息技术的应用可以使教学时间与空间得到很大程度的延伸，线上线下的多层次互动、系统的大数据智能分析与评价考核使教师的教、学生的学都更有方向性和针对性，能极大地提高教学效率。

二是建立校内外实训基地，为学生创造实训条件。会计是一门应用型学科，在注重理论知识的前提下应尽量加大实践性课时的比重，增强学生的实际动手能力，加深学生对专业理论的理解与掌握，提高会计教学质量。除了工业企业外，还可加入商业企业、外贸企业、房地产等多种经济类型的企业，有助于学生毕业后能适应各行业、各层次的社会需求。

（三）加强教师队伍建设

会计教育质量的提高关键在于培养高素质的教师团队。

各院校应针对教师团队信息化技术水平不高的现状，进行有针对性的专业培训，同时应该将基于新技术所能实现的新型教学方式与教学理念列入培训内容，从而全面提升会计专业课程教师信息技术的应用水平。

首先，要提高教师的理论水平，改善教师队伍参差不齐的情况。专业的会计教师应该熟悉管理学、经济学、金融和税收等知识体系，引导学生全方位地理解和思考。其次，加强教学的培训，提高教学效果。有些教授知识丰富，却不知道如何把知识传授给学生，如何引导学生，有些甚至没有学过教育心理学、教学法等方面的知识。最后，学校应该采用更科学的方法来考核教师的工作业绩，加入激励机制，奖励那些在教学工作中做出突出贡献的教师。

（四）建立学生评价制度

在对学生的评价方法方面，我国应将学校主导型转变为市场需求为导向，主要有以下建议：一是增加考试方式多样性。例如，可以将笔试、口试、实操相结合，综合考核学生的理论、表达、实践能力。二是减少期末考试的比重。改变现行的期末考试的重要性，增加平时的考核，如课堂的自由讨论、案例分析、小组作业等方式。三是奖励具有创新和突破的学生。对于一些在行业内有特殊贡献的学生，给予一定的激励措施，鼓励学生的全面发展。

（五）强调终身教育

在知识经济和信息技术不断发展的时代，一个人的专业知识和工作技能必须时时更新。在会计职业界，会计准则和实务操作都在不断更新，如我国的《企业会计准则》《政府会计准则》在近年来都陆续进行了多项具体准则的修订。因此，会计教育应该是个系统工程，不仅要求学生在校学习，还要培养他们独立的自学能力，加强会计人员的继续教育。

在全球化和信息时代的大背景下，我国的会计教育面临着机遇和挑战，针对我国会计教育存在的问题，我们应明确教育目标、推动教学方式改革、加强师资队伍建设、完善学生评价系统、强调终身教育，培养出适合市场需求和时代发展的会计人才。

第二章 会计教学改革的新出路

第一节 会计教学改革的影响因素

一、互联网时代会计专业课程体系设置的影响

近年来,互联网的概念越来越被人们理解和接受,其对各行各业都产生了巨大的影响,会计行业也不可避免地受到网络信息化的影响,不断得到发展。但是由于我国会计行业自身就存在着一些问题和不足,在互联网的背景下出现了很多新的挑战,挑战与机遇并存,这就需要会计从业人员不断地学习新知识,改变观念,提高自己的整体素质,更好地适应互联网时代会计行业的发展。

通过对我国会计学专业课程体系现状研究的文献进行检索分析,以及通过对各个高校会计学专业培养方案及其课程体系和课程设置进行查阅统计,我们至少能发现以下几个问题。

(一)缺乏专门的会计课程体系研究

经我们查阅发现,专门研究会计学课程体系的文献非常少,涉及该问题的研究大多是在专业培养模式、学科建设或质量工程建设等问题研究之中,顺带研究课程体系问题,这说明大多数相关领导、教育学者及教师不是太重视课程体系的专门研究。可能的原因,一是前面提到的,领导不熟悉具体教学课程体系而多关注培养目标、模式等导向性问题,教师关注具体课程教学研究也不关注整个课程体系的研究;二是相关研究者大多认为课程体系是和培养目标、培养模式有着密切联系的问题,从属于上述问题,并且课程体系是培养模式的直接实现方案——专业培养方案(或计划)的重要组成部分,不宜或不必要单独研究。

其实这个认识是有偏差的。首先,课程体系是实现培养目标、贯彻培养模式导向的具体实施体系,它不是简单地从形式上去迎合培养目标,也不仅仅是按培养模式及课程设置模块去随意把各类课程拼凑在一起,课程体系应该是一个培养目标贯穿始终,在培养模式的导向和模式化要求下,把各类课程联系在一起,形成一个前后衔接,基础课和专业课、理论课与实践课程相互融合,必修课与选修课相互配合,课内学分要求与课外实践活动学

分要求相互支持的一个有机体系，所以说一个好的课程体系是有生命力的体系。其次，课程体系一般随着培养方案的修订会相应进行修订，大多高校是四年或三年一个周期进行这项工作。在专业教学方案修订的期间，四年或三年内一般是不会改变课程体系具体设置的。但社会环境在变，学生在变，最重要的是会计学的专业环境在不断变化并且知识更新的速度越来越快，如果课程体系的具体内容及其实施期间完全不变，其实是违反教学规律的。课程体系并不仅仅是一个实现培养目标、履行培养模式的机器，而应该是一个"有呼吸"的有机体，在大方向和主要核心内容不改变的情况下，在一个修订周期内应该根据环境变化的要求，出陈纳新，以适应形势的变化而培养更符合社会需要的会计人才。

所以，在现在这种除了几所著名高校在课程体系建设上有自己独特和适合本校发展的体系外，其他高校基本都是还在摸索，而且对课程体系普遍共性问题的研究也缺乏的情况下，对课程体系进行独立研究不是不必要或不适宜，而是非常必要和非常急迫的。应使课程体系研究成为大家广泛认可的一个独立研究方向，其研究不仅是必要的，而且是非常重要的。

（二）课程体系的优劣缺乏评价标准

课程体系研究作为一项重要的内容，已经形成了几种典型的体系，各个高校在建设课程体系上也根据自己的特点和条件做了很多努力，都形成了自己的风格，并且在培养合格会计人才上取得了不少有价值的经验，也或多或少取得了应有的效果。但也应该看到，这种特点和风格更多是表现在形式上和某些功能上，课程体系的实施效果或好或不好，缺乏一个合理的评价标准和机制，更缺少调研分析及实证检验的过程，做得好或不好，大部分评价基本靠感觉或几个大家认同的指标，如课程模块的结构形式是否合理，课程配置、衔接形式是否合理，具体课程的教学效果、就业率等。在课程体系的知识整体作用、各类课程相互支持和融合、理论实践课程融合方面，这些需要通过课程体系的实施重点关注的基础问题，倒是没有多少研究。只有专门开展课程体系研究，才能解决这些关键问题，使课程体系真正成为实现培养目标和完成培养模式的重要工具。

（三）课程体系的研究流于形式

仅有的一些专门进行课程体系研究的成果，大多也是就事论事，关注于课程体系中课程模块的比重问题、实践课程模块的比例是否合理、专门对理论体系模块研究或专门关注实践课程体系结构，很少能意识到课程模块及其比例构成仅仅只是课程体系的形式，而课程模块之间的有机联系，以及课程体系实施后对学生知识结构及能力结构的影响才是课程体系研究的本质问题、关键问题。

二、会计专业教材建设的影响

会计专业人才培养目标具有多元化和动态性的特点，社会对职业人才的综合素质的要求不断提高，教育教学改革的实施对职教教材的标准也在日益提升。因此，教材的建设要能满足会计专业人才培养目标，但我国现阶段会计专业教材建设还略显不足。所以，在互联网时代，会计教材也要进一步创新。

（一）教师运用多媒体教学，将会计专业所学课程加以修改、整合，让学生得到这一专业的完整知识体系

会计教学中的每一学科都自成体系，分得非常清楚并由不同的教师分别授课，学生把每一学科学好都不容易，就更不能奢望将这些学科融会贯通形成一个体系了。多媒体技术具有表现力丰富，教学中常遇到仅能用语言和板书分析但难以揭示其本质的情况，而运用课件加实例讲解，这个问题就迎刃而解了。

传统的课堂教学要讲授完基础会计、财务会计、成本会计、审计学、管理会计、财务管理等科目大约需要500学时，还不能使学生学懂弄通，更没有办法让学生将这些知识有机结合起来。利用多媒体制作课件进行教学，采用精讲加实践的办法，用300学时，学生就能够掌握怎样对企业发生的经济业务进行账务处理，怎样处理得到的会计信息是真实的；怎样进行会计处理得到的会计信息是虚假的；什么是成本计算、怎样进行成本计算；审计什么、审计的目的是什么、怎样审计；财务管理要管理什么，怎样进行管理等，通过课件演示和实际动手操作，就能够将会计专业知识有机地联系起来，形成一个整体，达到事半功倍的效果。

（二）在用课件制作时尽量给学生提供一个"仿真"的环境

运用多媒体制作课件时，尽量将一个企业的全貌展现给学生，给学生提供一个"仿真"的学习环境。要让学生了解资金是怎样进入企业的，怎样在企业内部循环和周转，尤其是产品是怎样被制造完成的，企业由哪些部门组成，会计部门的具体作用是什么，会计主体之外的其他企业、银行、税务等与企业有什么关系。让学生找到做会计的感觉。这样就会使学生马上进入角色，顿时精神抖擞，激发学生浓厚的学习兴趣。

（三）加强专业教师的培养，使其适应课件加实践的教学模式

将会计学专业的全部专业课用课件去教学并取得良好的教学效果，并不是一件易事，首先，要求教师有过硬的专业理论知识和实践能力：将教材有机地整合，使专业知识系统化，并能用课件的形式体现出来，这需要下大力气加强对专业教师的系统培养。其次，要求全部专业教师进行配合，在理论和实践方面以老带新，在多媒体运用上以新帮老，集体教研、集体备课、发挥全体教师的智慧，并进行合理的分工，最终共同完成一个教学目标。最后，专业教师必须了解授课对象，并给学生制订明确的计划（如哪学期考会计从业人员上岗证、哪学期考助理会计师、哪学期考会计师），配合班主任最大限度地调动学生的积极性、主动性，使之与教师共同完成教学目标。

三、综合实践能力培养中产生的影响

（一）实践教学的内容和范围狭窄，实践教学方式与内容脱离实际

目前高校开设的实践课程大多是基础会计、中级财务会计、成本会计等，而涉及财务管理、审计、税收等课程的实习项目很少。即便是针对操作层面，也多以虚拟的企业为主，其涵盖面及难度远低于现实企业，所以学生在校期间掌握会计的学科理论是重点，但获得丰富的操作经验或职业判断能力几乎是盲点。

目前高校会计实践教学主要仍以模拟为主，大致可分为：单项模拟和综合模拟。单项模拟主要是在相关课程如基础会计、财务会计、成本会计学完之后进行模拟实训；综合模拟一般是在学生毕业前根据企业一个生产经营周期的基本业务以及前期的有关资料为基础，通过模拟企业会计实务处理的教学形式。近年来，随着会计新准则的颁布实施、现代信息技术在会计中的应用，会计实践内容也在不断发展变化，但由于渠道不畅、政策不力等多方面的原因，造成实践教学内容总是滞后于社会实践。

（二）会计实训项目单一，实践内容缺乏全面性

财会专业的实践教学是理论与实践相结合的重要环节。由于当前财会专业招生人数较多、实习经费短缺、固定的校外实习基地太少等原因，财会专业的实践教学环节往往得不到保证，导致学生的实践能力在学校内得不到锻炼与提高；而校外的大部分生产企业出于对商业机密的安全性，财会工作的阶段性、时间性，接纳学生实习能力的有限性等因素考虑，不愿意让实习生更多接触生产、经营和管理事务。即便是给学生安排工作，也只是做一些辅助工作，因而学生的实际操作能力得不到锻炼，实习收效不大。因此，上述因素致使财会学生实践技能欠缺，工作适应期长，经常发生用人单位不满意的情况。财会实训大多只能在财会模拟实验室完成，高校财会专业学生不仅体会不到财会部门与其他业务部门的联系，更体会不到财会工作的协作性，无法真正提高实践能力。如大多数高校会开设会计模拟综合实训课程，往往开设在第七学期，时间相对集中，这样会导致理论知识与实际操作脱节，起不到理论指导实践并运用于实践的作用，同时很多高校安排实践性教学课时偏少，实践性效果降低。实践教学主要以集中式的手工记账为主，而且仍在采用传统的教学方法，即先由教师讲解或演示再由学生实际操作，实践内容所涉及的凭证、账簿种类有限，业务范围狭窄。

（三）实践过程缺乏仿真性，财会岗位设置不够明确，实践环节缺乏技能性

财会模拟实验的层次较低。目前的财会模拟实验仅能完成从凭证填制、账簿登记、成本计算、报表编制的过程，而且缺乏复杂业务和对不确定环境的判断。这样就只能培养学生一定程度的账务处理能力，但在培养学生分析和解决实际问题的能力方面明显不足。

距离通过仿真财会实训达到"上岗即能工作"的培养目标，还有一定的距离。原因是仿真财会实训难于创设不同企业实际财会业务流程与企业经营管理相结合的工作情景。而且工商、税务登记业务的办理；纳税申报与筹划；银行存贷款业务和结算业务的办理，特别是与这些部门的业务往来及协调配合等会计接口协调处理，以及不同企业会计政策、会计处理方法、内部控制制度的选用等财会实践操作能力难以在仿真财会实训中解决。

就财会学专业教学而言，虽然很多高校建立了财会手工实验室，进行"会计凭证—会计账簿—财务报表"全方位的仿真模拟，但实验在一定程度上受规模小、时间短的限制。随着我国经济的改革与发展，社会对财会专业人才的要求越来越高，学生也不断走入社会，信息反馈逐步增加，社会需求逐渐明确。通过对用人单位领导的调查，认为财会毕业生最应具备的素质和技能是日常财会操作；对财会在职人员的调查发现，目前本科毕业生最欠缺的是业务操作能力。

财会是一门对职业判断能力要求很高的学科，要求从业人员具备对不确定事项有判断和财会估计能力。而在财会实验中，会计政策与方法是既定的，即方法是唯一的、答案是确定的，最终要求所有学生得到一致的报表数据，不注重财会职业判断能力的培养。

实践教学所引用的资料大多是虚拟的或打印的黑白样式，尤其是原始凭证，高校财会专业学生很难得到填制真实凭证的机会，因此他们对部分凭证的填制较为生疏。财会工作岗位的适应性不强。据调查，在每年财经类毕业生中，分配在企事业单位从事财会工作的占很大的比例。因此，大批学生亟待解决的是实践能力问题，而不是理论知识问题。通俗点说，就是到了企事业单位后如何以最快的速度、最短的时间适应具体财务及会计工作。虽然市场需要很大一部分财会专业毕业生从事财会实际工作，但目前，我们的课程设置、教学内容和教学方法无法适应这一要求。为了使学生一毕业就能胜任实际工作，缩小理论与实际的距离，在学习期间注意培养学生的实践能力是完全必要的。通过财会实验教学，能够使毕业生走上工作岗位后很快适应各行业财会工作的需要，满足用人单位的要求，这是因为财会模拟实验教学的内容，就是企事业单位具有代表性行业的经济业务。财会岗位设置不够明确，不利于他们熟练掌握各个岗位的业务内容，也不利于强化他们对整个会计核算组织程序的理解。在财会实践教学中往往忽视了一些基本技能的训练，如点钞、装订凭证、装订账簿等，使得他们毕业后并不能立即走向岗位、胜任工作，因此就形成了"高等教育供给"与"市场需求"相背离的就业状况。

（四）基本采用"封闭型""报账型"的验证性实验教学模式

即把学生关在各自的实验室里按实验教程要求的资料、方法和步骤进行分岗协作或个人独立完成实验，验证性地观察、记录实验过程和结果。实验后要求学生对实验结果进行综合分析并写出实验报告。通过实验使学生对实验过程获得一些感性认识或理性经验，着重于帮助学生深化对理论课程的理解。实验对学生要求不高，学生开始都有一种新鲜感和积极性，但一段时间后，由于实验资料单一，实验方式单调，要求和层次也只停留于能够正确地填制凭证、登记账簿、计算成本和编制会计报表等基本技能的训练上,且实验内容千篇一律,在很大程度上限制了学生能力的培养和发挥。

(五)缺乏具有较强实践能力和丰富实际工作经验的师资力量

大部分高校缺乏专门的财会实践教学教师队伍,专业教师既担负财会理论教学任务,又担负财会实践教学任务。由于高校财会专业教师大部分直接来自高校毕业生,没有参加过会计工作的实践,教学内容仅局限于教材知识,无法结合会计工作的实际案例来生动地讲授,造成学生动手能力不强,在实习、实训中只能靠自己的知识和能力来想象。另外,由于各种原因,很多高校都没有把教师参加社会实践纳入教学管理计划或形成制度,在时间、组织和经费上都没有相应的安排和保证,不可避免地出现教师脱离实践的现象。由于他们缺乏操作真实经济活动的经历,使得教师在实践教学上缺少举一反三、灵活应用、列举实例的能力,对会计适应社会经济发展,特别是现代信息技术对会计领域的深刻影响把握不够,从而严重影响了实践教学质量。

(六)强调培养学生会计核算能力,忽视培养其管理能力

目前的财会实践教学主要强调对学生会计核算能力的培养,如实践教学的主要形式——会计模拟实验,它是将账务处理作为教学重点,着力培养学生对会计信息的处理、反应能力。但随着市场经济的发展,企业间竞争日益激烈,企业对财会工作的要求也发生了变化,财会工作对企业管理者和企业会计信息使用者来说,其决策、支持等管理方面的职能越来越重要。如果现今的实践教学环节依然停留在核算型账务处理方面,即使学生在学校中很好地完成了财会课程的实践学习,其实际能力还是远远不能满足社会的需求。因此,现阶段这种单一层次的财会实践教学在人才培养中并没有起到应有的作用。

(七)开发技术或平台落后,校内实验与校外实习没有实现有机结合

由于财会软件规模相对要小些,加上早期的开发者大多是非计算机专业人士,所以一般都选择大众化的开发工具。目前尽管部分财会软件已从 DOS 转到了 WINDOWS 平台,但大多数软件的开发工具仍然摆脱不了 DBF 的文件体系,缺乏 ORACLE 之类大型数据库管理系统在功能、性能、安全等方面的有力支持。学生仅限于实验室进行模拟操作,没有深入实际工作中,不便于增强学生对财会部门内部信息及与其他部门业务信息联系的直观感受和消除模拟实验可能存在的不真实感。

四、会计信息化人才培养现状的影响

(一)会计信息化理论缺乏

我国目前现有的财务理论、方法等是在传统财务手工的模式下形成的,会计信息化理论匮乏。即使会计信息化的知识体系也仅仅是技术方法的汇集,对会计信息化的指导性不足。理论的缺失导致政策落后,进而使相关的法律法规等发展滞后,致使企业在推行会计

信息化有所顾虑，制约了会计信息化发展。比如，信息作为资产应如何计量。网络经济下，信息的增值能力正在逐步超过资本的增值能力，伴随着资产从有形到无形的过程，一项新的信息资产"域名"也开始引起人们的关注。一个网址即代表一个企业，无论是"虚拟企业"还是"实体企业"，只有通过域名网址，企业方可在网上进行国内国际交流，从事跨国经营。如何计量这项资产众说纷纭。一种观点认为，域名应作为与企业的专利、商标、专有技术、商誉性质相同的又一项重要无形资产，采用无形资产的计量方式；还有一种观点认为，由于这项资产主要是建立网址所发生的费用，因而应视为企业的一项递延资产。这只是会计信息化理论缺乏的一个缩影。

（二）会计信息化人才缺乏社会化和专业化

面对快速变化的经济环境，会计职业者要不断提高自身素质，培养和增强自身的经营观察力、职业判断力和有效决策力，财务人员可以不拘泥于固定的办公场所，同时有更多的自由时间向其他会计领域转变，部分会计人员将逐步脱离具体单位的具体岗位，实现会计人员的社会化，成为专业化的专业人员。

（三）利用网络技术熟练进行业务处理的能力较弱

会计信息化模式下，财会人员既是会计信息系统的使用者，也是系统的维护者。会计信息系统是一个人机对话系统，人居于主导地位。因此，会计信息系统的运行需要高素质的财务人员。所以，必须提高财会管理人员的素质，让财会管理人员具备与会计信息系统相适应的思想观念和熟练的计算机操作技能以及数据仓库、网络技术及计算机软件设计、操作等一系列新技术和新知识。现有财会人员利用网络技术熟练进行业务处理的能力较弱，必须学会软件工程并掌握其设计方法，为会计信息化软件的设计打下基础。

（四）达不到会计信息化人才的培养要求

我国会计信息化人才的培养要求是高层次会计人才和创新型现代会计人才。

所谓高层次人才，一是指既懂外语，又熟悉计算机操作、有实际工作能力及组织才能，善于攻关的人才；二是指懂得经营管理、能运用会计信息协助企业管理者进行筹划决策的开拓性人才。建立完善我国高层次会计人才体系，既要在国家层面推进国家级高层次会计人才队伍建设，又应在各省、自治区、直辖市层面广泛开展省级高层次会计人才的培养，有条件的地级市和地区也应当从本地区实际出发，培养一批为本地经济社会发展服务的高层次会计人才，从而使我国高层次会计人才队伍建设得到层层落实，具有群众基础和后备力量。除了要加强纵向高层次会计人才队伍的建设外，还要重视横向高层次会计人才队伍的培养。要大力培养造就一批企业系列、注会系列、学术系列、事业单位系列、政府机关系列、农村系列等各种不同领域的高层次会计人才，以满足经济社会发展和全面建设小康社会对高层次会计人才的多样化需求。

目前教育界普遍认为，衡量创新型人才的基本特征有以下四点。

（1）是否有较宽的知识面和较深的理论知识；（2）是否富于想象，并具有灵活性和全面性的思维方式；（3）是否具有好奇性与开拓性的探索精神和严谨务实的工作作风；（4）是否有强烈的创新意识。改革开放后，我国经济社会快速发展，对外开放水平不断提高，许多新的行业、新的经济形态不断涌现，并产生了许多新的会计业务，会计信息化人才就属于创新型现代会计人才。

在实行会计信息化的企业中，财务人员的知识结构必须从传统的财务转向会计信息化。而现在大多数财务人员底子较薄、新知识接受能力较差，限制了会计信息化在我国发展的前景以及会计信息系统在企业的普及和有效利用。在会计信息系统下，企业的财务人员利用计算机程序和数据库来编制外部用户所需要的财务报告，仍是他们负责的独特任务。更重要的是，财务人员应更善于解析和拓展系统输出的信息并用于重要的决策，提供对基层经理和职员的业绩控制有用的信息。

五、会计诚信与职业道德教育中存在的问题

目前，我国高等教育对会计专业学生，普遍存在对专业知识教育非常重视，忽视会计诚信与职业道德教育的问题，无论是在课程设置上，还是在教材内容上以及教学过程中等方面，都普遍存在着许多问题；或者即使有高等教育开设了会计职业道德教育的，也基本上流于形式，并未取得实质性效果。具体体现在如下几方面：

（一）会计诚信与职业道德教育课程设置大部分空白

随着我国社会主义市场经济的不断发展，会计专业作为有很大社会需求的专业得到了较大的发展，许多高校纷纷新增会计专业或者扩大会计专业的招生规模。在此背景下，高校会计类专业的教学计划反映了突出专业课程、提高专业素质的主导思想，而在职业道德教育课程设置上则普遍存在着空白。目前我国大多数高校都没有专门的会计诚信教育课程，而会计专业领域在很多方面都需要会计人员做出自己的职业判断，就更需要会计人员有坚定的道德信仰、严格遵守职业道德。

会计职业道德教育的内容主要表现为相关法律、法规的学习，高等院校对会计类专业学生的诚信与职业道德教育从形式上看应该由三部分组成，即公共基础课的思想道德和法律基础、专业基础课和专业课中的部分章节和学生管理部门的检查与指导，对学生三种形式道德教育具有相对的独立性。我国多数高等教育会计专业仅在低年级的专业基础课中对会计职业道德规范和会计法律规范略有涉及。例如，一些学者调研发现，在广州十余所开设会计专业的高校中，大部分专业培养计划中没有设置系统的会计职业道德、法律法规方面的课程，有些院校虽然设置了商业伦理与会计职业道德或会计法规与会计职业道德课程，但只作为选修课程，且缺乏系统性，教与学的效果也不太理想。另有些院校在学生毕业前会安排其参与职前教育，但通常时间很短，系统性差，没有真正与学生的专业学习和今后

的职业生涯相结合，效果不尽如人意，而大多数院校甚至没有安排职前教育。自会计从业资格实行考试制度以来，不少高校会计专业都已设置与会计职业道德教育相关的课程，如财经法规与会计职业道德、会计法规等，试图对会计专业学生强化其职业道德素质，但其实质效果却并不理想。显然，这种教育对学生职业道德观念的培养、会计违法的危机意识的树立均不能起到应有的作用。当学生毕业后遭遇职业道德问题时，由于从未受到有针对性的应对措施教育而会感到茫然，且在没有固有教育基础及现有利益诱惑的情况下，极易走向反面。最终的结果使培养出的学生缺乏坚韧的职业道德的"铠甲"，走上社会后，在从事本专业工作时，难免由于缺乏职业道德的系统知识、由于意志薄弱而制造虚假的财务信息，伤害使用会计报表的国家、单位和个人，同时使自己受到伤害。

（二）专门的会计诚信与职业道德教材缺乏

目前我国有关会计职业道德方面的教材为数不多，尽管随着我国高等教育事业的不断发展，会计学专业的教材建设取得了丰硕的成果，但适合高校课堂教学的会计职业道德教育的教材并不多。表现在我国各大院校的会计教材体系中各教材中都很少涉及会计职业道德教育，而专门的会计职业道德教育教材更是少之又少，这和改革开放以来道德教育受到忽视以及其效果受到广泛诘难相对应，会计专业的职业道德教育也没有受到应有的重视。会计学专业和其他文科专业以及其他经管类专业相比，专业性较强、自成体系，所以无论是学校还是家长或者学生，更加关注会计专业理论知识的学习和掌握。而会计诚信与职业道德教育，则认为是毕业工作以后的事情了，或者无暇顾及该方面。与此相对应，在高等教育会计专业的教材建设和教材内容上普遍存在着会计职业道德教育的缺乏。

（三）营造培养会计诚信与职业道德的氛围不够

目前，我国的伦理学理论对道德的认识存在一个根本性的误差，占统治地位的伦理学理论认为道德是约束人们行为规范的总和，而没有认识到道德不仅是约束人们行为的规范，也是个人自我实现的手段和完善人格不可或缺的组成部分，对道德本质的认识偏差直接影响着道德教育的形式与内容。职业道德水平直接受个人道德水平和价值观的影响，它们是职业道德教育的基础。在大学基础教育中应通过有关基础教育，反复诱导、灌输社会道德和规范，以对学生品德起到潜移默化的作用。价值观是后天形成的，是通过社会化培养起来的，家庭、学校等群体对个人价值观的形成起着关键的作用。目前，在我国各大院校会计专业的课程安排上，虽然在公共课程中均普遍开设了相关的伦理道德课程，如思想道德、法律基础课程，但实际上在教和学两方面都流于形式，其实际效果并不尽如人意。

总体而言，大部分高等院校没有营造一个良好的培养会计诚信与职业道德的氛围，其现有的会计职业道德教育在一定程度上只突出了道德的规范约束作用，只重视告诉学生应该怎么样和不应该怎样，但是忽视了会计职业道德不仅是对会计从业人员的约束和限制，也是对从业人员的肯定。其主要方面体现在学校忽视对学生会计职业道德素质的考评，各高等院校在对学生的考核和评价过程中，主要是以各门专业课程成绩是否合格作为能否毕业的基本依据。学生专业课程成绩既是评价学生在校期间表现状况的基本指标，也是学生评定奖助学金、评优、入党的基本条件，还是用人单位聘用毕业生关注的主要内容。由于过分强调学生各门专业课程的考试和考核成绩，从而忽视对学生综合素质的考核和评价，使得学生在校学习过程中过分看重专业课程考试成绩，忽视会计职业道德及综合素质的培养。这对培养学生的会计职业道德观念不利，最终使学生对会计职业道德没有具体的概念，更难以让学生树立职业道德观念。

（四）会计学生缺乏顶岗实习的社会实践机会

一直以来，因为会计与财务资料的重要性使得许多单位不愿意给学生提供实训的机会。尽管大部分高校给会计专业学生开设了社会实践课程，但因为该专业的特殊性，很多单位难以接受较多的学生实践与实习，从而使这种校内的会计社会实践课程有点流于形式，导致学生在高校读书期间缺乏"真刀实枪"的实践机会。而高校大部分会计专业教师或许有着精深的学术知识，却普遍缺少相应的社会实践经验，其本身对会计职业道德的认识和理解就不够深刻。导致会计专业的学生难以将书本上学到的理论知识，结合实践具体运用，缺乏对专业的"感性认识"和对会计职业风险性和多样性的深度理解，从而使学生埋下遵守职业道德自觉性不够高的隐患。因此，高校难以很好地履行对学生进行会计职业道德建设的责任，而把这些责任推向社会，极有可能让学生将来违反会计职业道德等。

（五）专业教师和学生的会计职业道德意识不够

道德教育是一个循序渐进的过程，专业教师在教学过程中贯穿职业道德教育内容是一种非常重要的方式。目前，高校会计专业教师教学结构的缺陷主要是缺少专门讲授会计职业道德、会计法规课程的教师，而且会计专业教师本身这方面的知识也存在缺陷。具体表现在以下方面。

1. 专业教师本身缺乏强烈的会计职业道德意识

在当前大学生就业形势严峻而会计准则体系又遭遇全面更新的情况下，会计教学的任务十分繁重。因此，会计教学的主要任务就着重于学生专业素质和专业能力的培养，而忽视了会计职业道德教育。同时由于受市场经济大潮的冲击和当前普遍存在的信仰危机的影响，专业教师本身缺乏强烈的会计职业道德意识，也就没有将会计职业道德教育的内容自觉融入教学过程中。或者从教师角度来看，即使开了会计职业道德方面的课程，也是为了应付完成培养目标，基本将概念、特点等条条框框解释说明完毕就算完成了教学任务，其教学方法单一。

2. 学生会计职业道德意识的缺乏

由于高校专业教育中对会计诚信与职业道德教育的忽视，导致学生会计职业道德意识的缺乏。大多数会计专业学生注重对专业技术知识的掌握，将大量的时间用于专业课程学习或获取各级各类财务资格证书,在一些开设了会计职业道德教育相关课程的高校,不少学生只是采取死记硬背的方式对付期末考试或会计从业资格考试,难以有深刻的职业道德意识。这将对会计专业学生从业后的职业判断能力和职业分析能力的形成和提高产生不利影响,从而无益于我国会计信息失真问题的解决和市场经济秩序的好转。

所以,在互联网时代,还要加强网络信息的安全性。现在,会计从业人员大多使用计算机进行工作,必须加强计算机技术,确保计算机内的信息安全,增强计算机的保护意识。

第二节 对会计教学改革的机遇

一、互联网时代高等教育发展的机遇

传统高等教育最大的特点是以教师为中心的灌输式学习,学生所获得的知识仅限于教材;学习模式和教学要求均在课堂上执行。这种模式受时间及空间影响较大,已无法满足学生对知识的渴求及探索。互联网的出现,催生了新的教育模式,即"互联网+高等教育"的教育模式,给高等教育带来了新的机遇。

(一)搭建优质教学平台,催生海量教学资源

网络平台的开放性使得只要接入互联网,海量的优质教学资源,国内外名校的公开课程或各地专家的研究成果,都以开放的形式向广大受教育者敞开。他们不再依赖固定的教学方式,不再局限于课堂资源,可以充分利用互联网平台,根据个人兴趣,选择学习内容,分享学习经验,促进相互之间更好的学习。

互联网模式下,学生不仅可以学习到国内各大高校的名师课程,更能学到国外许多著名大学的课程。比如,慕课平台 Coursera、edX。Coursera 是由美国斯坦福大学创办,同世界顶尖大学合作,在线提供免费的网络公开课程;edX 是由哈佛大学和麻省理工学院联合创建的免费在线课程项目,由世界顶尖高校联合,共享教育平台,分享教育资源。这些网络平台使学习者可以足不出户,自由安排时间学习国内外优质课程,享受海量在线资源。

(二)降低教学资源的生产与使用成本

一方面,生产成本降低。制作课程时获取素材更加低廉、便捷,在线课程开发制作后,可重复利用,其使用、传播的边际成本将无限降低。并且随着课程参与人数的增加,长期平均成本将随着选课人数的增多而降低。另一方面,使用成本降低。学习者根据自己的实际情况,选择适合的免费课程和付费课程,可供学习者不限时地学习,降低了学习者的使用成本。

（三）拓展新型学习模式，提高学习效率

传统模式下，学习者遇到学习难题，需要花费大量的时间和精力查阅资料、书籍，既费时又费力。而在"互联网+"时代下，学习知识、共享资源的速度更快。学习者遇到学习难题可以求助在线专家及教授，或者跟其他人共同讨论研究来解决问题。

传统课堂上，学生在同一时间、同一地点、听同一老师讲解相同的内容，然而每个人的学习效率不同，对同一知识点的掌握进度不同，在这种学习环境下，被迫跟随老师的节奏，很难扩展自己的思维。"互联网+"模式下的教育，使学生可以自由掌握学习时间和内容，可以把课堂上的一节课分为多个零散点，在零散时间自由学习，也可以暂停在不懂的地方记录并思考，使学习成为人人可学、处处可学和时时可学的活动，大大激发学生的学习兴趣。

在"互联网+"模式下，学习者不断融入各类新的学习模式：交互式学习、自主性学习等。不仅充分利用多媒体技术和网络技术，借助网上资源，由学习者自主进行的双向交流学习，还可以自主确立学习目标，选择适合的学习方法，自觉调控学习状态。"互联网+"时代为学生的学习提供了平台及资源，拓展了新的学习模式。

二、互联网时代会计行业的机遇

（一）一般性会计工作与时俱进

作为经济管理的基础组成部分的会计工作在互联网时代，更应充分发挥在处理信息、核算数据、评价管理等方面的优势，利用好丰富的互联网资源，借助"大数据""云平台"等网络资源的力量，实现会计部门的政务公开、电子政务、网上交流等，促进会计工作的与时俱进，更好地服务于经济社会的发展。

（二）推动会计服务模式升级

互联网时代推进了分工社会化以及新型会计服务体系的构建，同时促进了会计服务模式的升级打破地区地域的限制，将线下业务逐渐转变为线上业务，实现了实时记账和财务咨询，为客户提供更多、更高效、更便捷的会计服务。这不仅能够把财务信息提供给传统的企业所有者，还可以借助新兴的网络技术，使会计信息处理更全面、及时、动态，从而使会计核算更规范、高效、集中，为管理者的决策提供更大的帮助。同时，互联网的发展也为会计管理部门的政务公开、电子政务、网上交流等服务提供了有效平台，促进了会计管理部门管理服务模式的进一步转变。

（三）促进会计管理职能的转变

传统会计工作的基本职能是计量、核算和监督，而在依托"大数据""云平台"等信息技术的"互联网+"时代，会计工作在具备基本职能的同时，能够在绩效管理、预测分析、管理决策上发挥作用推进会计工作由传统的财务会计的静态模式向新型的管理会计的动态

模式转变，更好地发挥会计的预测、计划、决策、控制、分析、监督等职能，促进会计工作的升级和职能的转型。

（四）催生会计领域的新发展

互联网时代的会计行业在其自身不断融合发展的同时，促进了会计相关领域的发展。在经营方面，互联网记账公司、网络会计师事务所等产业接连出现，他们依托第三方B2B平台，与客户进行线上线下互通交流，受到了不少客户的青睐。在教学方面，网络会计培训学校如雨后春笋般涌现。教师在网上授课，学生在网上学习，信息在网上流通，成为众多人学习方式的首选。

三、互联网时代会计教学的机遇

（一）互联网时代会计教学形式的改革

传统的会计教学方式知识的传递是以课堂教师讲授为导向的，课堂上以教师讲为主体，利用粉笔和书本让学生被动地接受知识。随着信息技术的广泛应用，课堂要求教师用多种形式组合优化进行课堂内容，形成多种信息互相传递的互动课堂。充分发挥学生的主动性、积极性。会计教学不仅要注重会计知识的传授，更应注重会计思维的传授，在教学过程中应充分体现学生的自主思维。也就是说，互联网时代的会计教学组织方式应从传统的"以教师为中心"教学模式向"以学生为中心"的方式转变，利用互联网时代教学组织充分发挥学生学习的主观能动性，不仅要求学生"学会"，还教会学生"会学"，教学形式发生了变革。例如，"基础会计"课程中装订记账凭证操作内容，传统课堂教学教师只能单纯地课堂讲授，实践操作只能在实训环节进行演示。但在信息化课堂下，教师通过多媒体课件播放视频方式就可以完成，既丰富了课堂的教学形式，又增强了学生的学习兴趣，调动了学生的主动性。

（二）互联网时代会计课堂教学媒介改革

信息技术的发展不断产生多种媒体并进入教学领域。例如，微信平台、QQ工具、微课、网络平台、多媒体会计教学系统平台等，短短几年之间媒体的发展经历了从简单直观的PPT到复杂多元的媒体变化，由传统的直观性教学媒体发展到基于视听技术和计算机网络技术的多媒体智能教学系统。教学课堂的数字化、智能化、网络化发展，使其课堂功能和作用不断增强与扩大。这些新媒介的出现就成为会计教学信息的媒介和辅助手段，而且已成为人们的认知工具和学习资源，不断改变着教学环境的组成元素。比如，会计教学课堂中教师点名环节就有了新方式，采取微信课堂点名功能，学生到课前极大缩短了点名时间，增加了讲课效率。当然课堂中信息化的使用是多种多样的，如何在会计教学中利用现代教育技术和多媒体教育资源的优势促进教与学的反馈提高，成为教师不可回避的问题和探究的领域。

(三)信息化会计教学资源改革

会计专业是一个实践性很强的专业,要求学生不仅要掌握扎实的理论基础,还要求学生通过实践技能学习,掌握会计基本技能,信息时代技术助力课堂教学,为教学提供信息化教学环境和支持。利用多样化教学资源进行实践教学。会计的教学资源是教学实施的基础,创建开放性教学资源,利用现代资源优势、教师之间协同作用,在传统的会计教材体系上创建信息化教学资源体系,建成基于课程知识结构的多样化、集约化教学资源,为会计教学的多元互动奠定资源基础。例如,在"基础会计"课程中,教师可以利用信息化网络收集实践技能教学资料,丰富理论课堂在逐步建设中建设精品课程通过信息技术与课程的整合,创设情境化教学环境和数字化学习支持条件,重视信息化学习工具的搜索与利用,可在微信公众平台开展基于课程的学习结果分享。

第三节 对会计教学改革的挑战

一、互联网时代对传统会计行业的挑战

在互联网的影响下,会计的内涵与本质都发生了很大的改变,也使其产生了一定的延伸;与此同时对会计产生了很多新的挑战,出现了一些前所未有的问题。

(一)老旧会计思维对会计从业者的挑战

在步入互联网时代以前,会计从业者长期处于惯性思维中,虽然对数字的变化十分敏感,但是在逻辑思维方面还有所欠缺。在互联网时代,会计信息的传输都是通过互联网得以实现。换句话说,就是会计信息的传输已实现自动化,不但使会计从业者的工作负担有所减轻,还提高了会计工作的效率。对会计从业者来说,这种改变是思维方式上的改变,但思维方式具有顽固性,很难发生改变,这就对会计从业者造成了挑战。网络技术的不断发展和日渐完善加快了会计信息化的进程,如果会计从业者不改变自己的老旧会计思维,将很有可能被行业所淘汰。

(二)会计从业者人才方面的挑战

在互联网时代来临之前,会计从业者的工作内容只是对账务进行入账和核算、审查等,工作比较单一,和其他业务方面很少有关联,因此对工作的能力要求并不高。但是随着互联网的高速发展,会计工作的环境发生了改变,工作的内容和形式都产生了变化,不再是单一地对账务进行处理,而很多工作都需要在网络环境下完成,和互联网的关系密不可分。这就对会计从业者的能力方面造成了挑战,需要会计从业者不断学习和会计有关的网络知

识,提高相关的处理能力,只有这样才能保证企业运作的效率。同时,互联网时代滋生了订单式经济的发展,一系列无库存产业兴起。相对于过去,会计从业者在会计知识学习方面发生了改变,不但要对会计专业知识熟练掌握,还需要了解和企业有关的产业知识。当前,一些和知识产权及商业信誉等相关的无形资产方面的经济纠纷众多,这就使会计从业者不得不面对和法律相关的知识了解的挑战,以及在创新能力上的挑战。

(三)会计信息资料安全性受到挑战

相对于之前的会计信息资料的安全性来说,在互联网时代,会计信息数据大多存留在互联网上,数据的表现形式以电子符号为主,通过硬盘将数据进行记载,不再像过去一样,记录在纸张上面。但是互联网具有资源共享的功能,而且其拥有无限的延展性,这样就很容易使企业的会计信息资料的安全性受到挑战,遭受威胁。首先,网络资源具有共享性,会计信息在储存和传输环节都极有可能遭到非法攻击或者恶意修改及信息盗取,不但会破坏原有的会计信息,使原有的信息失去作用,还有可能因为会计信息被企业的竞争对手了解和掌握,给企业造成不可弥补的损失。其次,在互联网时代,原始凭证信息有可能被伪造。在会计工作中,原始凭证是信息来源的根本,对以后的会计信息尤为重要。但是进入网络时代后,会计进行入账工作时,原始凭证很有可能被有关人员修改,而且修改的痕迹无迹可寻,这种会计凭证的伪造,使得整体会计过程失效,不再具有任何价值。

(四)相关的会计法规滞后带来的挑战

在互联网时代,会计的工作方式呈现多样化,但是和会计相关的法律法规却相对比较落后,这就使得对会计系统的监管变得不易。首先,伴随互联网的飞速发展,市场上涌现出了大量的会计信息处理软件,其中不乏盗版制品,这些盗版制品有可能会对公司的财务管理造成很大的负面影响,使得会计信息的安全性与真实性难以得到确保。国家在这方面的法律法规缺失,如对正版制品的知识产权的保护不够,造成盗版风行,在会计行业对会计信息进行监管方面产生了不利影响。其次,互联网的发展和普及,促成了很多电子商务企业的产生,我国的法律法规在这方面还不太健全,很难对这些企业进行全面监管。由于缺少网络会计方面的法律法规,导致会计管理质量不高。同时,正因为监管不足,使网络会计存在一定的风险,也就对会计系统的安全性无法维护。

(五)会计面临国际化发展的挑战

互联网的逐渐普及和电子商务的不断发展,使得人与人、企业与企业之间的联系更为密切,不再受时间和空间的限制。随着全球经济一体化的发展,电子商务的发展范围更加宽泛,公众可以通过互联网和千里之外的客户形成业务往来,所用的时间极短,成交额数目巨大。可以说,全球一体化正日渐形成。这也意味着企业之间的竞争已波及全球范围,竞争程度更加激烈。企业若想得到长足发展,就必须不断加强自身的竞争力,其中在会计方面必须对国外通行的会计核算办法、会计制度和财务报告的相关制度加以了解并熟悉，找出符合当前我国国情、适合自己并且在国际上通用的会计制度和会计程序，以应对国际化发展对会计的挑战。

二、互联网时代对会计教学的挑战

（一）互联网时代，国家的高等教育面临格局重构和生态重塑的严峻挑战

互联网时代打破了传统高等教育的市场壁垒，使高等教育资源的跨国界流动和高等教育市场的跨国际拓展成为可能。以 MOOC 为代表的在线开放课程不仅代表了一种新的教学模式，更将催生新的教育生态，由此引爆高等教育市场格局的重构和教育生态的重塑。国外优质教学资源的输入，带来的不仅是国内高校的生存压力，也将引发国家的文化安全威胁。虽然科学无国界，但其传播中不可避免含有西方资本主义价值观和意识形态的渗透。当今世界，文化软实力已成为国际竞争的重要组成部分。外来文化渗透不仅威胁国家文化安全，也会影响国家的文化软实力。

因此，必须站在全球战略高度审视高等教育的变革。高校学生是社会的精英、祖国的未来，如果我们不能打造自己的优质教育资源去占领教育阵地，去赢得广大青年学生，而让他们为外国教育资源所影响和渗透，后果将不堪设想。

（二）互联网时代，高等教育面临着教学模式冲击以及教育理念更新的挑战

现有的高等教育教学方式仍然是以固定课堂为主，而兴起的慕课、翻转课堂等，打破了原有的教学方式，将固定教学转化成了以互联网为载体的新型教育模式，课堂主角从教师变为学生，学生自主学习，学习地点也不再局限于教室。随着移动学习终端的迅速发展，在线学习成为日常生活必不可少的内容。如果冲破学历制度上的政策壁垒和社会用人制度，"互联网"必将冲击高校的传统教学方式。高校的教育理念是以培养知识型人才为主，而高校学生大多是被动接受学校安排，以顺利毕业，找到工作为目标。因此，高校的教育理念必然要重塑，否则将会在越来越激烈的竞争中被淘汰。

（三）互联网时代，高校教师面临自身角色转变和信息技术应用能力的新挑战

高校教师要适应互联网教育模式下自身角色的转变，即从信息的展示者向辅导者、解惑者的转变。翻转课堂的模式下，教师先录制好视频，学生课下根据实际情况观看视频，自主学习，课上教师按照学生的问题提供专业的反馈，课堂的主角从教师变成了学生。互联网教育模式下的高等教育对教师提出了更高的要求，要加速适应新型教学模式，掌握过硬的信息技术教育能力，提升信息技术教学技能。这在一定程度上冲击了教师传统的教学理念，尤其是中西部地区的部分教师。虽然国家提倡教育公平，鼓励中西部地区的教育发展并提供了信息化设备，但仍有很多教师故步自封，采用传统的教学方法，没有实质性的改变与进步。因此要转变观念，加速适应以互联网为平台的新型教育模式。

（四）互联网时代，学生面临更高的挑战

在互联网覆盖的今天，学习资源具有开放性和丰富性，但良莠不齐，学生要学会在资源中筛选有效信息并理解消化，真正掌握知识。互联网教育模式下，学生自由选择学习时间及内容，但可能呈现无序性、重复性，因此要有效利用零碎时间将分散的知识点系统化，构筑知识网，过滤无用信息，掌握核心知识。网络的开放性必然会导致出现更多与学习无关的内容来干扰学生的注意力，从而起到反作用，降低学习效率。因此互联网模式下，对学生的学习能力、自觉性等提出了更高的要求。

第四节 会计教学改革的可行性

如今高新科学技术对经济发展产生的影响越来越大，科技成果转化为生产力的周期也一直在变短，知识更新正在进一步加快。高质量的科技成果以及它向生产力转化的程度也越来越依赖于不同学科、不同领域的相互交叉和融合。经济的全球化已经形成气候，以电脑技术为代表的信息技术已经渗透于会计教学和实务的各方面，所以我国会计教学的信息化和国际化是必然要求。于玉林教授就将21世纪会计教育指导思想的内涵形象化为应当实施专业教育、道德教育、外语教育、计算机教育、信息教育和创造性教育六大体系为主体的基本原则。

一、信息化建设为会计教学改革奠定了基础

在会计教育的信息化方面，除了在实验教学里对于实验信息平台在远程教学和模拟实习平台上的应用，目前国外已经开始普及使用可扩展商业报告语言作为财务报告的主要形式，我国有必要将这一革命性的最新应用扩展到会计教学和科研的各方面。可扩展商业报告语言，是以统一的计算机语言形式和财务信息分类标准为基础的，使财务信息可以跨平台、跨语言，甚至跨会计准则，进行即时的、电脑自动化上报、搜集和分析的一项信息技术。目前此技术只应用于我国上市公司在上交所和深交所两个证券交易所的网站上，其他各方面的应用较国外（如美国的强制Edgar-online财务报告系统和英国的强制性税务报告形式等）还是比较落后的。我国的会计信息化教育，可以以此为着重点，抓住当前的机遇，满足时代的要求。

二、国际化为会计教学改革提供了方向

互联网时代，信息沟通顺畅，经济更加趋于多元化和全球化，所以要不断发展会计教育的国际化。在会计教育的国际化方面，除了教育形式和培养目标的国际化（英美目前的

中低级层次的复合型人才和高级层次的专业型人才趋势），目前国际化的关键点在双语教学方面（或全英文）。会计的双语教学主要包括教材的国际化、授课和考试主要使用英文、师资的国际化三部分，这三大方面也是我国目前面临的三大主要问题。在英文原版教材的选取上，很多高校存在版本过旧问题，未能及时根据国际变动而更新。在授课方式上，没有完全将外语形式的专业教育与外语语言教育区分开来。最后，师资上面过于依赖有限的本校双语教师，而未能发挥外教作用。其实适量以外聘或同国外大学合作的形式引进国外会计专业教师授课，可能会达到更好的效果。

三、专业化和实用性为会计教育改革提供了途径

随着社会竞争的逐渐加强，高等学校学生在就业方面与研究生或更高级别的研究者相比，在理论知识的掌握上并不具有优势，而高校对学生的培养方向上也更倾向于对学生专业技术能力的培养，使学生能够具备较高的实践能力，依靠娴熟的业务素质来达到胜任工作岗位的目的。从这个角度来看，无论是社会发展的大方向还是用人单位的实际要求都对会计专业的学生在专业性方面提出了越来越高的要求，为了满足社会对会计专业学生的用人需要，会计专业在发展的过程中也就自然出现了专业性发展趋势逐渐加强的特征。

高等院校对学生的培养方向是针对某一社会岗位和用人单位的需求而定的，这也就是为什么高职院校在教育教学过程中都会尽最大可能为学生提供实践和模拟的机会。毕竟纸上谈兵式的会计教学是没有太多意义和价值的。从现实条件来看，通常用人单位也并不愿意利用大量的人力与物力去为会计专业学生本应在高等院校获得的能力进行买单。因此，从高等院校的发展方向，尤其是高职院校会计专业的发展方向上来看，会计专业的教育教学越来越具有实用性倾向。

四、合理性发展为教育会计教育改革确立了目标

高等院校在对会计专业学生进行培养的过程中，也开始意识到对学生进行综合性能力培养的重要性。对会计专业这一特殊职业来说，仅仅从对会计专业学生进行理论知识培养、实务操作能力培养是远远不够的，对会计专业学生进行会计法规、经济法规、职业道德、终身教育意识等内容的培养是不可或缺的。因此可以说，现阶段高等会计专业学生的培养，其综合性也正处于不断加强的趋势。

第五节 会计教学的目标与理念

一、会计专业人才培养的目标

根据企业和劳动力市场对会计人才的需求，以服务经济建设为宗旨，坚持以就业为导向、以能力为本位的教育理念，建立多样性与选择性相统一的教学机制，通过综合、具体的职业实践活动，帮助学习者积累实际工作经验，突出会计专业教育特色，全面提高学生的职业道德、全面素质和综合职业能力。

根据我国会计发展的客观要求及劳动力市场的特点，考虑我国经济领域各行业发展水平，不同地区经济、技术、社会以及职业教育的发展水平和区域特点，着力提高学生的操作技能和综合职业能力。会计专业人才培养应体现以下原则。

（一）根据市场需求，明确人才培养定位

以会计领域的分析、人才市场的分析为前提，以生源分析和办学条件分析为基点，以用人单位对毕业生的满意度和学生的可持续发展为重要检验标准，按照适应与超前相结合的原则，培养各行业和各企业有关市场营销岗位需要的、能胜任相关职业岗位群工作的、技能型应用型中高级专门人才。

（二）以全面素质为基础，提高学生的综合职业能力

技能型人才的培养，应加大行业分析、职业分析、职业岗位能力分析的力度，构建以技术应用能力或面向工作过程能力为支撑的专业培养方案，加强实践性教学环节，以提高综合职业能力为着眼点，以致力于人格的完善为目标，使受教育者具有高尚的职业道德、严明的职业纪律、宽广的职业知识和熟练的职业技能，成为企业生产服务第一线迫切需要的、具备较高职业素质的现代人和职业人。

（三）以社会和企业需求为基本依据，坚持以就业为导向的指导思想

将满足社会和企业的岗位需求作为课程开发的出发点，提高五年制高等职业教育的针对性和适应性，探索和建立根据社会和企业用人要求进行教育的机制，根据社会和企业用人需求，调整专业方向，确定培养规模，开发、设计产学结合、突出实践能力培养的课程方案。职业学校应密切与相关行业、企业的联系，在确定市场需求、人才规格、知识技能结构、课程设置、教学内容和学习成果评估方面发挥企业的主导作用。

（四）适应行业技术发展，体现教学内容的先进性和开放性

会计专业应广泛关注行业新知识、新技术、新方法的发展动向，通过校企合作等形式，及时更新课程设置和教学内容，克服专业教学存在的内容陈旧、更新缓慢、片面强调学科体系完整、不能适应行业发展需要的弊端，实现专业教学基础性与先进性的统一。此外，在课程中还应融入如何去学习专业知识、寻找获取专业相关信息的途径与方法等思维训练及方法训练的内容，在学习与掌握职业知识过程中强化学习方法与创新意识，培养现代社会从业人员所必须具有的方法能力与社会能力，使学生通过学习能适应时代发展的需要。

（五）以学生为主体，体现教学组织的科学性和灵活性

充分考虑学生的认知水平和已有知识、技能、经验和兴趣，为每个学生提供劳动力市场需要和有职业发展前景的模块化的学习资源。力求在学习内容、教学组织、教学评价等方面给教师和学生提供选择和创新的空间，构建开放式的课程体系，适应学生个性化发展的需要。采用大专业、小专门化的课程教学模式，用本专业职业能力结构中通用部分构筑能力平台，用灵活的模块化课程结构和学分制管理制度满足学生就业的不同需要，增强学生的就业竞争力。

二、信息化时代下会计信息化人才的培养目标

（一）会计人员信息化

移动互联网时代的到来，推动着云计算、信息录入系统等高科技的应用，原有的会计系统也将转化为以互联网为基础，由专业的服务终端提供的系统，且其中包含会计核算、财务管理等功能。同时表明，计算机等高科技数码终端将会成为会计工作的主要工具。因此，需要会计人才在具备扎实的专业能力的同时，还要了解计算机及局域网络应用方面知识，能够轻松运用网络平台进行工作。此外，会计人员还要掌握相关网络管理技能，确保计算工作在一个安全、稳定的环境中进行。

（二）会计人员管理化

会计管理工作是企业管理中的重点工作项目，而在互联网时代中，开放性、交互性的网络特点为管理工作带来了很大的挑战。因此，需要会计人员具备优秀的管理能力，利用财务会计知识，提升企业管理水平，从而促进企业发展。此外，会计行业为了适应互联网的环境，逐步推进管理体系以提高服务水平，企业对会计工作的理解也逐渐由基础的账目核算转化为使企业利润最大化的决策工作。因此，也需要会计人员擅长财务核算及管理技能。

（三）会计人员国际化

互联网时代的到来，对传统来了一次颠覆，一成不变、中规中矩不再是自全之道，特别是对会计而言，计算机系统的"野心昭彰"已初显端倪，如果再以不变应万变，恐怕最

后的结果只能是淘汰。所以，随着世界经济的密切联系，这也要求会计从业人员开阔眼界，学习多种语言。

涉外会计人员在企业的发展中占据着重要的位置，关系着企业的发展，因此成为企业急需的应用型人才。而目前我国涉外会计人员数目较少，供不应求，而相关专业毕业生无法胜任国际化企业会计一职，不仅浪费了国内优秀会计人才，还制约着我国企业国际化发展。因此，会计人员需要精通一门外语及相关国际会计规则，并能将其应用到经济管理之中，成为一名国际化会计人员，加强国内外企业交流沟通。

三、互联网时代会计教学的理念

（一）建立专业的师资队伍

专业的师资队伍是保障学生专业化发展的一大基础，因此需要建立多元化教师队伍，提升教师专业素质。首先，队伍中需要包含专业的会计核算教师、财务管理教师、会计评定教师、计算机专业教师、外语教师等。其次，对教师定期进行培训，使其专业能力能够达到社会发展的需求，也要针对会计专业信息实践教学的培训，使其具备真正的实践经验，并能将经验应用于教学中，切实提高学生实践能力。此外，制定教师考核、评价制度，当考核结果未达标准时，可进行淘汰或继续培训的方法提升其专业能力。

会计专业传统教学模式主张理论、实践教学单元单独布置拓展，其中理论教师注重理论知识讲解，实习教师注重实际操作，再加上课程进度不一，理论教学与实习教学严重脱节，不但给学生的学习造成了很大困难，也造成了重复教学和资源浪费，更影响了教学质量的提高和应用性、技能型人才的培养。为适应市场需求，现代教育呼唤新的教学模式，"专业基础理论与技能实践一体化"，线上教育和线下交流同步展开，如今此类教学引导模式正在实践与探索行列之中。

（二）创新教学方法

正确的教学方法是学生提高专业能力的基础。传统的教学方法理论度过高，学生接受度不强，且学生无法真正感受到互联网时代的特点。因此，需要教师创新教学方法，加强学生的互联网意识。首先，教师需要与学生转换位置，将学生作为课堂的主体，教师仅起到引导的作用。其次，教学手段将传统的"一言堂"形式转变为师生共同学习的方法。教师可将重点内容提前告知学生，并根据学生学习特点分成小组，使其提前预习，在课堂上进行讲解，教师随后进行点评与指正，这样的方法能够加深学生对知识的印象，并加强教师与学生的交流次数。最后，教师可利用互联网的优势进行教学，如应用新媒体、计算机等数码设备进行授课，可将理论度较强的知识转化为直观的图像或影音，使学生在课堂上便可理解知识的来源与发展。

此外，教师可利用问题引导课堂的走向，可将互联网时代的特点融入问题之中，引导学生思考，教师亦可将其他相关课程添加入网络授课之中，使学生在课余时间便可观看到教学视频，学生可自己掌握及控制学习进度，实现自主化学习。但网络授课需要教师进行有效的管理，教师需要在网络平台上与学生多加交流，加强学生对教师的信任度，提升学生的学习兴趣，并能了解更多会计知识。而且，教师可以利用互联网技术创建网络班级、云课程等交互式教学设备。学生可以感受到网络的特点，也能享受丰富的网络资源。

（三）调整课程设置，增加实践课程

调整课程设置前教师需要设定正确的教学目标，根据当前互联网时代的需求，教学目标需要以学生具备优秀的会计、管理、评估能力为主。然后，教师需要根据此目标设置相关教学课程，其中理论课程需要包含会计核算学、会计管理学、财务管理学、外语等相关课程，课程比例应以核算学、管理学为主。而实践教学设置比例需与理论课程相同，以加强学生的实践操作能力。为此，教师可利用建立实习基地、创建实训模型等方法进行实践教学。首先，高等院校可与会计师事务所进行合作，给予学生实践的机会及场地。使学生加强财务管理方面的实践能力，学生也能因此接触到真实的账目，从而理解互联网时代会计工作的真实情况。此外，教师可利用沙盘模拟等方法，使学生在校内也能感受到真实的经营环境，使其在几天的时间便可模拟到企业多年的经营情况，了解企业在互联网环境中的发展趋势，并能明确会计工作所要具备的条件。

（四）丰富教学资源

传统的教学方法中，课堂资源皆以课本、讲义为主，学生接触到的知识过少，无法满足社会的需求。因此，教师需要将书本与网络资源进行整合，使得会计教学能够立体化发展。为此，教师可将互联网中可用的教学资源推荐给学生，学校也可与其进行长期的深入合作。保障学生能够享有丰富的学习资源，如学校可与论文网站深入合作。如中国知网等权威论文网站，使学生能够随时阅读会计专业相关论文，了解会计行业最新动态。此外，教师需要根据学生特点，筛选出其可用的课程资源，针对资源设置相关问题，并对教材及习题资源进行有效地改进，从而使学生更多了解互联网时代的大数据特征。

第三章　会计教学改革的新思维

第一节　会计教学改革的运行机制

多媒体、互联网等现代信息科技的发展对社会产生了全方位的影响,无论对教育观念、教学思想、培养目标,还是教学模式、教学方法、教学组织形式等都产生了重大影响,从而促使高等学校的教学过程发生深刻的变革。

一、互联网时代背景下会计教学运行机制

(一)教学目标的改革

网络会计环境下,会计人才不仅要懂得会计理论知识、会计核算业务以及财务管理知识,还必须知道如何应用会计软件来实际操作这些业务及如何优化企业的网络会计环境来实施网络会计。唯有如此,学生才能实际胜任会计工作岗位。这时的会计人才显然是既要懂会计知识,又要懂计算机应用,还要懂企业管理的复合型人才,高等教育现行的教学目标定位没有重视网络会计方面的需要,已经开始对毕业生的就业前景产生了负面影响。近两年来,高校会计专业的毕业生,由于会计电算化方面的技术达不到一定的水平,在北京、广东、上海一带失去了更多更好的就业机会。可以肯定,如果这个问题不加以解决,今后的毕业生的就业就不会有什么市场。所以,我们的教学目标要改革,要兼顾学生会计业务能力和会计软件的实施及操作能力的培养。树立复合型人才教育目标,用前瞻性的眼光突出和加强网络会计的地位。

(二)教学理念的改革

网络会计的出现,使会计学科体系扩充了新的内容。加入了会计软件、电子商务等方面的内容,而且这些课程之间具有纵向上的层次递进关系,在横向上又具有内容方面的关联和关系。其中,电算化类课程的部分内容更新还比较快。所以,在新的形势下,会计专业教学理念要转变,要用更宽的视野和发展的眼光来看待专业教学,使专业的包容性更宽,而不应为了迎合市场上的某种需要去设置过细的方向。在会计专业中再设"注册会计师""会计电算化""会计学"等方向,因为,就会计专业来说它是定位于培养基础性专业人才,

显然，会计理论基础知识、会计业务技能、电算化技术应用能力都是他们所必需的，没有必要在这些方面厚此薄彼。如果确实要对学生在会计学理论方面或会计电算化方面进行进一步的专门培养，那是研究生阶段的事情，到研究生阶段再去设一些较细的方向，同时由于学生从在校学习到毕业后在单位从事会计工作有一个时间差，这样学生所学知识能为日后所用是十分重要的。一般来说，学校教学内容是相对静态的，在一个时期内变动较少，而会计工作实务却是相对动态的。随着国家的会计制度或有关政策的变化，会计核算方法也会发生变化。随着会计电算化技术的不断发展，会计核算手段也会不断出新。因此，会计教学要有前瞻观念，在市场经济条件下，有关会计制度和会计准则方面的变化趋势问题要在教学中加以体现，对已经出现但尚未在企业广泛推广的较先进的会计软件要加以介绍等，以保持教学内容能符合会计实务的实际和发展趋势。

（三）教学方式的改革

封闭式教学使学校和社会之间有"一墙之隔"，不利于学生接触实际，不利于理论联系实际。今天的高等教育不仅是要向学生传授书本知识，还要注重培养学生获取知识的能力、动手能力和创新能力，而这就需要在教学中向学生提供较为丰富的教学形式，包括情景教学、案例教学和专题讨论等，这样一系列的教学方式需要的素材资源是十分丰富的。一般来说，学校内部不可能提供这些素材的全部，学校提供的教学条件是有限的。这样，向校外寻求教育资源补充是很有必要的，实行开放式教学就有利于利用校外各种教育资源。组织学生"走出去"学习，可以利用校外企业的网络会计设施实行现场模拟教学，以弥补学校实验设施不足而无法进行的一些实验。学生通过在校外接触企业会计实际，可以发现一些学校教学中没有触及的一些实际问题，通过请校外有关专家进行专题讲学，可以弥补校内教师某些教学方法的不足，有利于学生拓宽视野、定期接触到学科方面新的动态；同时，实践教学也要进一步加强。这里要抓好两方面，一是要多上一些实验课，除了课时安排实验课外，还应增加一些开放的实验课，为那些需要进一步加强练习的学生和有兴趣有潜力在电算化技术方面进行进一步探讨的学生提供更多的实验机会；二是对现行的实习环节要做些改革，目前学校大多只安排有毕业前实习，以准备毕业论文，由于这个时期学生大多忙于工作或考研，可能没有太多的心思用于实习，所以实习效果并不太好。面对新的情况，学校可考虑增加学年实习，以便学生在学习中有机会接触实际，从而更好地领会和消化阶段性学习内容，也可安排学生在假期进行一些专题实习。

（四）课程体系的改革

当前，高等教育会计专业课程体系设置是按必修课和选修课两方面来进行的，从其布局来看，是和传统会计下的专业教学要求相适应的。具有一定的重理论，轻实践；重讲授，轻操作；重实务介绍，轻手段培训的倾向。从另一个侧面看，涉及电算化手段内容的课程仅2～3门，由于电算化教学内容涉及软件设计原理、会计软件应用、电子商务、网络会计环境建设、数据库知识等多方面内容，要将这些内容压缩在 1～2 门课程中，显然是达不到应有教学效果的，因此，现行课程体系有待进一步改革、一是要增加网络财务方面的课程，正常来讲，应该有 4～5 门课程，其中还应该设有主干课程，以突出其主要地位，尤其是网络会计实施方面的内容要增设，这在目前的教学中基本上属于空白点。同时，在课程体系中应适当增加实验课程，以利于学生在会计和会计软件应用，帮助学生向企业会计员的角色转换。当前，在毕业生就业市场上，有不少招聘单位都要求所招人员有一定的工作经验。所以，在加强理论知识的同时要提高学生的实践能力。

二、基于慕课（MOOC）的实践教学运行机制

（一）设计理念

首先，按照会计专业实践教学过程实践性、开放性和职业性的要求，根据职业岗位层次、职业能力要求分门别类设置网络模块。其次，在调查现有 MOOC 基础上，分类已有在线课程，以现有实践教学体系为支撑，配套网络实践环境、软件，构建基于 MOOC 的实践教学平台。

（二）功能设计

在线教学平台是实施基于 MOOC 的会计专业实践教学基础，应满足学生实践的要求，可用性的需求，并提高其学习持续性，功能设计应简洁易用，教学资源应呈现多元化，其基本功能应包括基于数据库的大规模学期教学管理、学生注册、课程链接及课程上线、兼容浏览器。运营一定时间后，进一步还应逐步实现手机、平板电脑等访问终端，提供在线课程的即时测试，建立课程论坛，进行课后测试和平时作业，记录课程资源利用情况，提供在线问题研讨厅，配以实时在线辅导答疑，并提供成绩综合评定系统，为校内导师和企业教师，提供综合评价平台。

（三）实施与保障

为了调动学生的兴趣和参与性，其核心是教师。在线教学平台的众多教学活动设计与组织机制，教学内容和资源间关系的碎片化，设置教学情境，组织教学内容，构建独立、可以为学生自主预习提供结构完整的短视频、阅读材料，课中的反馈与答疑，设计课程实践情境、完善评价方式等，都需要保障团队来进行，也对保障团队提出了要求。

会计专业实践教学体系的顺利实施需要专兼职教师团队，除校内专职教师外，团队中还需要网络技术专家、视频录制与制作专家和会计行业专家。网络的设计和视频的录制与制作可以外包由专业公司来完成。但优秀的会计人力资源，则需要校企合作逐渐开发，进而保持稳定。

（四）实践课程评价机制

会计专业融合了导学、实践教学及学习环境一体化的网络平台，能够充分调动现行资源，如企业案例资料、各类财务软件、教考平台等，建立学生课内和课外与教师沟通交流的有效媒介。除在线模拟课程的学与自身工作项目的做之外，还应建立起实践导师导学、定期见面答疑和常态化网络答疑机制，改变在线课程以往的"视频＋答疑"的简单学习与评价模式，形成学生自评、小组评分及计算机客观评分、实践指导教师评分等结合的实践评价机制。会计专业实践教学按照岗位课程的内容，将职业工作内容项目化，配套的课程评价机制则以项目评价为主。评价过程中做到既要检测学生对实践课程相关知识的理解、掌握程度，又能考查学生岗位技能的运用及模拟项目的完成情况，并附带评价学生通过课程的学习，在综合分析能力、表达能力、团队合作、道德素养方面达到的水平，进而全面提高学生的岗位适应能力。

成绩评定以过程考核方式为主导。在实践课程学习过程中，对各岗位工作内容设置具体工作任务，完成阶段性工作任务，并根据提交的任务单，填写项目评价表。采用学生自评、小组评价，结合阶段性的课程配套软件成果统计的计算机评分；采用多元化的过程评价方法，教师指导过程参与各个成绩构成，起到有效的督促和指导作用；并且在岗位任务结束时给予总结性评分，综合性评定成绩。具体操作中，学生自评采用定期评价，让学生参照由课程标准提供的任务单元和工作任务评价标准，对自己完成及成果情况评定成绩，学生自评容易出现"估分过高"的情况，因而在总成绩中所占比重不宜过大。小组评价体现了学生自我的监督机制，根据项目情况组成的模拟公司小组，每个小组成员承担一定的工作任务，小组内部建立相互监督和制约机制，发挥学生的自我管理，确定项目组长，由组长监督和考察，并定期评定本组成绩。同时，汇总学生自评成绩以计算机软件为主要操作媒介的实践项目，将软件自动评分作为成绩构成内容计入小组评分表。阶段性工作任务结束时，由教师进行检查和统一指导，并将阶段性评分评语记录于过程考核表单及小组评分表中，实践项目总体结束后，汇总各评分要素，最终确定综合成绩。

"多元"评价方式能够潜移默化地提升学生的语言表达能力，增强学生自主管理、自主学习意识，提升学生自信心；引导学生不断进行自我反思，增强集体责任感，并加强学生间团结协作。学业成绩的多方面综合评定方式，显得更加人性化，做到了公平、公正、全面。

第二节 会计教学改革的主体分析

一、互联网时代会计师资队伍的建设

（一）会计专业教师课堂内部角色特性的重新定义

随着新课改方针的大面积覆盖落实，有关高校内部会计专业开始大力提倡项目教学法，希望师生之间以此合作，渲染课堂积极探究互动等愉悦氛围，使得学生能够在课后不断借助网络、图书馆渠道收集广泛课题信息，同时主动渗透到对应岗位领域中积累实践经验，至此不断完善自身经济分析实力。透过上述现象观察，教师全程角色地位几乎发生着本质性的变化结果，涉及以往知识填鸭式硬性灌输行为弊端得以适度遏制，并且其懂得朝向教学情境多元化设计、学生自主学习意识激发和会计专业技能科学评估等方向过渡，规避学生今后就业竞技过程中滋生任何不必要的限制因素。

（二）教师会计专业思维创新和团队协作意识的全面激活

具体就是遵循会计行业专家科学指示，自主将会计一体化教学岗位实践工作内容，视为自我专业技能和职业道德素质重整的关键性机遇条件，积极推广宣传和系统化落实项目教学理论。毕竟，借由上述渠道开发延展出的教学项目内容独特性显著，作为新时代专业化会计课程讲解教师，应该敢于跨越不同学科束缚，在团队合作单元中完善自身各项学科知识、技能结构机理，这样才能尽量在合理时间范围内，将今后工作任务过渡转化为项目教学策略并进行细致化灌输。

（三）不断提升会计专业教师团队整体现代化教学理念的培训研习效率

为了快速辅助会计专业教师进行岗位意识转变，相关高校领导可以考虑定期邀请会计分析专家前来开展专题报告工作，确保校本培训工作内容的大范围延展结果；再就是鼓舞相关专业教师明确掌握会计专业课程改革的现实意义，愿意投身到不同规模职教学会、教研分析活动之中，或是参观教学改革成就突出的校园，及时更新自身教学规范理念，避免和时代发展诉求的脱离危机。

（四）有机强化校园、企业的经济辅助支撑、人才供应等事务协作交流力度

为了尽量确保会计专业教学课程能够同步迎合企业、学生诉求，高校领导联合以下细节因素进行综合调试。首先，定期组织教师深入会计师事务所等单位进行实践体验，快速汲取各类创新知识养分并完善自身动手操作能力，为后期与学生精确探讨会计行业发展趋势奠定和谐适应基础。其次，邀请金融机构专家参与到校内经济类专业建设事宜之中，针

对既有师资团队素质和技能优势进行挖掘引导；同时成立行业专家指导委员会，督促相关指导教师透过课堂收集的问题进行汇报咨询，听取其意见并进行校本教材内容革新并确定阶段化教学改造指标。最后，及时跟踪验证财会专业毕业群体就业发展实况，结合学校既有会计专业课程设计形式进行对比验证，为今后后续毕业生职业生涯发展前景稳固提供丰富样式的预测疏导线索。

（五）借助校内各类科研项目成就带动会计专业教师教学质量协调控制力度

高校内部会计类专业课程系统化灌输落实的显著特征，就是集中一切技术、经济手段稳定学生实践操作能力完善成果。结合以往实证经验进行综合校验解析，在校内建立起合理规模的科研项目和财会专业实训基地，稳定不同实验设备更新力度，能够为学生今后经济类职业发展前景细致绽放，提供更为广阔的支撑动力。所以说，有关院校应该尽心竭力建立和完善一体化教室，配备各种会计模拟教学工具及设备；同时开放沿用不同类型高水平的现代化的财经实习教室，并全部进行教学联网，专门用于系统的财会电算化培训和学校的电算化教学。

二、师生进入移动自主学习角色

随着现代信息技术的迅猛发展，网络技术在教育中的应用日益广泛和深入，特别是互联网与校园网的接轨，为学校教育提供了丰富的资源，使网络教学真正成为现实，为有效实施素质教育搭建了平台，有力推进了新课程改革。现代信息技术的发展为创新人才培养提出挑战的同时也提供了机遇，通过大力推进现代信息技术在教育过程中的普遍应用，促进现代信息技术与学科课程的整合。而运用现代信息技术教学具有"多信息、高密度、快节奏、大容量"的特点，其所提供的数字化学习环境，是一种非常有前途的个性化教育组织形式，可以超越时间和空间的限制，使教学变得灵活、多变和有效。处在教育第一线的我们，必须加强对现代化教育技术前沿问题的研究，努力探究如何运用现代信息技术，尤其是在课堂上将基于现代信息技术条件下的多媒体、计算机网络与学科课程整合，创新教学模式、教学方法，更好地激发学生的学习兴趣，调动积极性，使课堂教学活动多样化、趣味化、生动活泼、轻松愉快，提高教学效率。

课堂教学改革是实施新课标的重要基点。现代社会要求青年一代要具有较强适应社会的能力，并从多种渠道获得稳定与不稳定、静止与变化的各种知识。传统的教学模式是教师在课堂上讲课，学生在下面接受知识；而新型课堂教学模式是学生在教师指导下，通过积极参与教学实践活动，学生自主完成知识的学习，课堂变成了师生之间和学生之间互动的场所。面对常规的每一节课，面对基础不一的每一个学生，面对每一个新的知识点和每一个学生不同的需求，打造"翻转教学模式"下以学生为中心的高效课堂教学就显得十分重要。

（一）学生角色

学生进入移动自主学堂后会看到自己未完成的任务，其中包括老师发布的考试、作业和学习资源；自己制订的学习任务，如查看学习资源和错题练习等；系统根据学习曲线算法在适当的时间布置给学生的相应学习任务，如学生长时间没有复习和练习某个知识点时，系统会将相应的学习资源和练习推送给学生进行复习和练习。学生可以查看自己最近一段时间的学习记录，及时了解自己的学习情况。学习记录中包括最近学习了哪些资源以及学习每一种资源所用的时间、测试情况的反馈，包括每一个知识点测试题目的数量、正确率等信息。平时考试、做作业会产生错题，利用好这些错题可以有效提高学习效率。移动自主课堂考试、作业功能可以根据学生的学习记录自动剔除学生已经牢牢掌握的试题，从而缩短学习时间，提高效率。学生可自主在题库中随机（由系统根据算法进行预筛选）或指定筛选条件等多种方式抽取试题学习，以及根据学生的特点推送与学生掌握不好的知识点相关的试题供学生进行练习（缩短学习时间）。同时，系统根据高分学生的学习记录，推送这部分学生的学习资源和练习题供当前登录的学生进行练习，并根据练习题的测试情况调整推送参数，以探索最适合该学生的学习模式。针对每个学生的不同学习特点，系统对学习资源进行有效分类。系统将知识点和学习资源建立网络结构，并根据教师指定的难度和实际测试过程中形成的难度数据建立分层结构（海量资源分类）。学生可选取知识点的学习资源，系统自动记录学生学习每个资源所用的时间，以 t 表示。每个学习资源在入库时由系统自动根据资源内容设置学习时间，以 t_0 表示。当 $t>t_0 \times 1.5$ 时，t 取 1.5 倍的 t_0，其意义是如果学生学习某个资源耗时过长，可以认为仅学习了 1.5 倍的标准时间。这样可以排除一些人为的操作，避免产生影响统计分析的结果。针对每个学习资源，学生可在学完资源后进行即时练习，趁热打铁。

（二）教师角色

教师可利用平板电脑或其他方式出题，同时指定试题的属性，如关联的知识点、体现的能力和难度系数等。对于试题的难度系数，系统可以根据学生答题的情况计算出来，自动将错误率较高的题目推送给教师并给出建议，如题目太难、讲解不够等，从而优化题库。为了提高教学效率及资源利用率，系统可以统计每个资源的使用情况，包括学习次数和时间等，并针对使用过于频繁或者过少的资源推送通知。教师可以通过考试系统发布随堂练习，及时查看学生学习掌握程度，以便当堂解决学生本节课学习中存在的问题。考试系统根据历史数据，对试题库中的试题进行预筛选，剔除正确率非常高、近期出现频率过高的试题，同时将错误率过高、近期很少出现的试题前置显示，为教师提供更多的建议，从而提高出题质量，实现因材施教。在体现个性化教学方面，系统中的学生学习情况查询功能可以使教师了解学生的整体情况，包括错误率较高的知识点和题目。同时，将查询到的数据与相应学生学习资源的时间投入情况进行对应，以协助教师分析学生失分的原因。还可以针对指定学生，了解其最近的学习档案和考试、练习情况，包括其薄弱知识点、资源学习的盲区等，以便针对个体给出个性化的学习建议。

三、营造师生及生生互动的学习空间

（一）师生、生生互动

移动自主学堂采用先学、精讲、后测、再学，并有教师参与的教学模式。在移动自主学堂中，教师根据学科类型、知识特点、学生特点、教学目标与教学内容等，可采用灵活多样的教学方式，并且系统可自动记录学生行为和教师行为数据。学生之间可以针对某知识点的学习进行竞争学习，教师和学生之间可针对某知识点发起话题讨论等，在课堂教学中实现师生、生生互动。更重要的是，这样可采集到用于学生分析和管理的真实数据。

（二）个性化学习

在课堂教学中，虽然学生是在教师的安排下有序学习，但课上时间主要集中在教师对疑难问题的解答或教学内容精讲上。而那些课上没学会或缺课的学生，则可以在课外登录"移动自主学堂"，自主学习课堂教学中的相同内容。在课外，系统根据每个学生的学习路径和近期学习情况，针对教学过程中的重难点和每个学生的错误点进行个性化推荐。根据系统记录的学生错误试题的数据，教师也可以进行个性化指导。

信息化环境下移动课堂教学模式探究以"移动自主学堂"为核心，我们还设计了"四课型"渐进式自主学习方式。其基本模式是先学—精讲—后测—再学，即教师提前通过学生学习支持服务系统向每个学生发送资源包，包括导学案、课件、测试题及有关学习资源（包括微视频等）；学生参考资源包，依据课本进行预习自学，并记录问题或疑问；学生通过平板电脑或其他媒介展示反馈学习成果，或通过学生学习支持服务系统进行前测，通过测试展示学习成果或问题。对重难点内容由学生或教师进行点拨，在充分质疑交流的基础上进行归纳总结（教师与学生互动）。最后通过学习平台进行练习评价课，系统自动统计测试成绩并进行分析，之后由学生、教师或系统进行讲评、评价。

第三节　会计教学的人才培养探索

高等院校已走过初创阶段和快速发展时期，逐步进入提升阶段，高等院校会计专业应抓住机遇、深化改革，从人才培养模式改革入手，对高职院校的人才培养目标进行分析探究会计专业实践教学模式，构建一种应用技术型实践教学模式，使学生的实践能力直接对接企业，提高高等院校会计专业的教学质量和实训能力。

一、高等院校会计专业人才培养模式的不足

（一）人才培养目标定位不准确

会计是一种技术性、理论性较高的职业，要求从业人员有较高的素质和专业技能。大多数高等院校的会计专业定位于培养从事会计岗位的应用型高技能专门人才、技能型会计人才，但是缺乏特色和培养目标。而对于全国各类高等院校，一方面由于会计专业人才的缺乏而加大会计人才的招生人数；另一方面，各高等院校用同样的人才培养方案无法满足不同学生的发展需要，会计专业的人才培养模式越来越难。因此，高等院校制定准确的人才培养目标非常重要，并且要根据培养目标决定会计人才的类型和培养方向。

（二）复合型会计教师缺乏，实训室仿真效果不强

会计专业教师主要是从高校毕业直接参与高等院校会计专业教学任务，缺乏相应的实践经验，容易导致会计教学与实践工作脱节，难以保证实践教学质量，很多会计专业教师没有意识到实践经验的欠缺会影响教学效果，反而相信企业会为毕业生提供上手锻炼的机会。从校内实训的核心内容来看，实质上都是对某一类型的企业进行会计核算，欠缺企业整体财务的工作氛围，很难通过实训。学生在完成教学实训过程中，不应只机械操作各流程，更应该让学生知道变换角色。

（三）教学内容缺乏实践性

由于高职会计专业在实际课堂的教学内容上有时也呈现出过分注重会计理论讲述而忽视实际操作的缺陷，教师往往集中对会计理论进行讲解且缺乏实际案例的展示，从而使得课堂教学枯燥乏味，极大地削弱了学生学习的主动性与积极性，课堂效率明显降低。

二、网络经济时代的网络会计的应用

随着经济全球化和信息化进程的加快以及计算机技术、互联网和通信技术的发展，信息处理的迅速越来越快，传统工业经济模式下的手工操作及简单的电算化操作难以适应网络时代的需要。会计作为经济信息系统的一个重要子系统，对经济事项的处理和会计信息的传递必须网络化。这样，会计信息的输入、加工、处理和传递才能更加便捷，共享会计信息将达到前所未有的程度，而与国际惯例相协调的会计信息及网络信息，无疑会增强我国参与国际竞争的能力。

三、网络经济时代会计人才需求

目前我国会计人才的供需结构尚存在着较大的不平衡。一方面，高校会计学专业毕业生的知识面较为狭窄，相当多的毕业生只懂得财务会计理论知识，而对企业经营管理和生产经营活动的业务流程等方面的知识了解不多，缺乏独立性思考和具有创造性思维的能力，

理论与实践脱节现象较严重，学生对会计实务了解不深，理解不够透彻。另一方面，社会经济的发展又亟须一大批会计专业人员。特别是在会计信息化的普及和经济全球化、国际化的宏观环境下，市场对高级网络会计人才的需求更是十分迫切，使现有会计人员的能力和素质都面临着更加严峻的考验。在当前及今后相当长的一段时期内，通晓国际会计规则的国际会计人才、熟悉经济管理和税务法规、懂得财务管理理论、具有一定管理决策能力和掌握现代信息技术的高素质会计人才，将备受人才市场的青睐。

随着我国经济全球化网络化的发展，会计人员原有的知识水平、知识结构已经落后于网络经济发展的步伐。在网络环境下，要求会计人员不仅能进行计算机操作，还要求能解决工作中出现的各种问题，所以应积极培养能掌握现代信息技术和现代会计知识及管理理论与实务的复合型人才。提高会计人员的素质，是促进网络经济持续、快速、健康发展的基本前提之一。

四、网络经济时代会计人员应具备的素质

高级网络会计人员素质包括以下几方面。

（一）网络经济时代会计人员的管理

知识网络会计下会计的职能由核算型转变为管理型，因此要求会计人员具有相应的管理能力。一是决策支持能力。能够提供管理建议，进行预测分析、报告，当好决策者的参谋。二是资本运营能力。不断更新、扩展知识面，拓宽企业生存空间。三是公关能力。处理好与银行、财税、审计、工商等部门之间的关系。四是综合分析、思考能力。能够结合市场经济变化，运用市场经济规律，对财务信息数据进行合理分析，提供决策依据。

（二）网络经济时代会计人员的计算机知识

网络会计人员除了必须懂得一些常规的计算机操作知识，还应该学会一门编程语言并掌握其设计方法。同时，能够结合财会岗位的工作特点，进行有关财务软件的简单维护，并熟练掌握常用软件（如 Office、Excel 等）的使用方法。

（三）网络经济时代会计人员的网络安全知识

网络安全问题一直是网络会计面临的最主要的问题之一。会计人员应努力学习网络安全知识，在对网上会计信息进行有效过滤的同时，注意保护本企业的会计信息，防止非法访问和恶意攻击。

（四）网络经济时代会计人员的网络会计理论

目前我国关于网络会计的理论和法律法规等还不十分完善，因此应该注重对国外先进理论的学习与借鉴。网络会计从业人员应做到与时俱进，紧跟形势，加强对新出现的法规政策的学习，不断丰富理论知识。

（五）网络经济时代会计人员外语的应用

网络经济时代，要求会计人员具备较高的外语听、说、写能力。传统的商品交易将发展成以电子媒介为基础的电子商务，网上交易将成为时代发展的趋势。企业的财会人员很可能因此被赋予了除算账、管账等传统职能之外的许多边缘职能，如重要合同条款的审定、网上支付款项等。或许这些交易的对象是从未谋面的异国商业伙伴，根据通常的习惯，作为沟通和交流的语言一般都是英语。在经济发展全球化的今天，商品交易日益国际化，充斥着大量外语的商业信函、重要合同文本、往来凭证等，支付手段也存在于国际交往之间，更何况以英语为支撑语言而形成的网络时代，英语的掌握已成为衡量一名财会管理者合格与否的标准之一。

（六）网络经济时代会计人员国际化的会计眼光

网络经济时代的到来，同样要求会计人员要有适应国际竞争的新观念。应该拥有全球化的视野和开放的眼光，要站在全球角度考虑问题，而不能局限于本地区、本部门。会计人员要将国际竞争机制和新型的会计规则引入国内，依据法制办理，适应国际办事效率，国内交往中那些不守时、不守约、不守信用的做法，在国际是行不通的，必须尽快改变；要强化质量意识，适应国际质量要求，提高服务思想，适应国际服务水平。会计人员要以更广阔的视野、更博大的胸襟和更开放的姿态，大步地融入世界经济发展的大潮。

五、高校网络会计人才培养的途径及改进

处于信息环境中的高级网络会计人才培养的途径，主要包括高等学校会计教育和会计继续教育。高等学校会计教育包括一般学历教育（大专、本科、研究生），以及应用型的会计专业硕士学位教育，立足于培养未来的高级网络会计人才；会计继续教育则注重于培养和建设现有的高级网络会计人才队伍。

（一）高等学校会计教育

对于高校网络会计人才培养，主要是对现有的会计教育体系进行改革，从教育系统的角度来看，应该注意以下几方面：

（1）教育环境方面：首先，要关注计算机和网络的冲击带给我国会计制度、核算方式的变化；其次，网络会计教育的成本较高，要尽力解决资金来源；最后，加强与在职网络会计人员的沟通，使人才的培养速度能够跟上职业界的发展速度。

（2）人才培养目标方面：应考虑网络会计的发展现状，根据环境的变化及时调整和确定人才的培养目标。

（3）专业课程的设置方面：注意落后与过时教材的更新，同时要增加学生信息管理课程和网络等内容。

（4）实践环节方面：加强与企业、注册会计师事务所、财务软件等会计职业界的联系与合作，保证实践性教学环节的顺利运行。

（5）教育活动实施方面：一是要建立一支高学历、高学识、高素质的会计教师队伍；二是注重教学工具的改进，特别是运用多媒体教学、财务软件以及上机所需资料的更新等。

（二）会计继续教育

目前，对我国培养高级会计人才影响比较大、贡献比较多的，包括财政部、各地方财政部门或各大型企业集团从2005年开始启动的高级会计人才工程。

1. 财政系统高级会计领军人才项目

自2005年以来，财政部启动高级会计人才工程。其运作模式如下：一是严格的人才选拔机制，确定培养对象；二是领军人才培养机制，采取因材施教、学用结合的原则，实行集中培训与在职学习实践相结合、课堂教学与应用研究相结合、教师讲授与学员互动相结合的培训方式，通过建立学习、研究、实践、交流的平台，全面培养和提升培训对象的综合素质；三是领军人才淘汰机制，强调要"严进严出"，从而确保领军人才工程目标的实现；四是跟踪管理机制，财政部建立会计领军人才库，对参加培训的学员实行跟踪动态管理，通过定期报告制度和考核制度，系统记录学员的学习、科研和工作情况，及时了解学员的工作表现及成长经历，为这些人员提供展示才智的机会。财政部负责全国会计领军人才的培养，各地方财政部门负责地方会计领军人才的培养，大型企业集团负责集团内领军人才的培养，只有从多渠道着手和努力，才能迅速提高我国高级会计人才的质量和数量。

2. 高级会计师继续教育

各省、市、自治区财政部门或行业协会组织的高级会计师继续教育，为财会行业培养了一大批高级管理人员，有力地促进了我国高级财会队伍整体素质的提高。教育培训的内容包括五方面：计算机操作能力，能够熟练掌握计算机的操作方法和技巧；网络常规维护能力，能够系统地掌握网络维护的基本程序和方法；数据保密技能；网络安全技能；外语技能。网络经济时代我国高级网络会计人才的培养，既是一场攻坚战，也是一场持久战，机遇与挑战并存，动力与压力共生。经济发展方式的转变和中国经济快速崛起的背景，呼唤自主培育、自主创新、具有国际水平的高级网络会计师将脱颖而出。

第四节　会计教学的管理模式

中央文件要求教育工作者要贴近实际，贴近生活，贴近学生。作为教育工作者，我们要不断加强自身学习，特别是认真学习党的十八大的重要指导思想，认真贯彻高等院校的办学精神和理念，针对会计学院的学生现状，抓氛围，促引导，扎实地做好学风建设工作。

一、会计学院学生管理存在的问题

会计学院的学生生源质量是很好的,许多同学进校时有远大的理想和信念。进入大学后,由于种种原因,会计学院有部分学生在学风方面存在许多不容忽视的问题。

(一)学习目标不明确,不思进取

有一类学生通过高考踏入高校大门之后,缺乏宏伟理想,抱着混日子的观念,想方设法打发大学的美好时光,学习无目的、无动力,缺乏专业兴趣,认真求学的人少,浪费时光的人多。而真正想认真学习的学生受到那一类学生的不良影响,也会产生不好意思学的尴尬现象。有些学生不知道为什么来上大学、应该学什么、以后怎么办等,这些同学比例虽小,但对学校学风建设危害极大。

(二)学校学风不浓,纪律松弛

部分学生对自己要求不严,自由散漫,整天萎靡不振,缺乏学习热情和刻苦钻研精神,经常迟到早退,旷课,相互间流传"选修课必逃,专业课选逃"等错误思想。在学习上弄虚作假,靠动歪脑筋搞投机取巧,考试作弊手段五花八门,虽然学校对考试作弊有严格的处罚制度,但学风考风权威时常遭遇挑战。

(三)会计学院学生人数多,教学任务重,管理难度大

近年来持续的会计专业热,造成连续多年的新生人数剧增。目前各个高校会计学院的教职人员人数不多,但是,他们承担着高校会计专业所有学生的教学和管理的重任。虽然教育部对高校会计专业有一定的政策和支持,也及时补充了一些博士生加盟会计学院任教,但一些会计学院仍然无法在教学和管理上做到面面俱到,尽善尽美,没有形成持久的优良学风体系。

(四)家长与学校的配合度不够,不能做到共同关心、促进学生成长

现在大多数学生都是独生子女家庭,孩子能够考上大学是每一位家长的梦想和心愿。孩子们一旦考上大学,家长就错误地认为已经完成任务,万事大吉。他们没有尽到家长的责任,对孩子的生活自理能力、学习自律能力、在校自我管理能力的关心和提醒不够,没能及时与学校沟通与联系。特别是有的家长对孩子过度上网、打游戏的情况和多门考试不及格的情况一无所知。由于学风不正,有的同学由于种种原因不能完成学业,严重影响了学风建设的深入开展。

(五)社会大环境影响了部分学生的思维

由于目前是改革开放的攻坚阶段,处于市场经济发展时期,取消了大学生包分配的模式,许多学生对学习好坏与今后的工作不能有正确的认识和理解。特别是社会上的一些不

正之风导致学习优秀的学生还不如家庭有背景的学生有前途,使学生的心理严重失衡,模糊了大学生对社会正常现象的辨别与思考,造成了学风不正的情况发生。

(六)学生党员、班委干部为同学服务的意识不强

学生党员、班委干部为同学服务热情不够,没有把精力投入班级工作中,导致各项工作无法深入开展,特别是课堂纪律方面,学生上课抢占后排座位、玩手机上网、说话、吃零食情况时有发生,学风问题严重。

二、会计教育管理信息化建设中存在的问题

(一)会计教育管理软件的开发与维护不足

会计教学管理信息化建设包括硬件建设和软件建设,硬件建设指信息化办公所必需的电脑、处理器等网络设备;软件建设则指会计教学管理所应用的电脑软件,这两者应当并重,不可偏废。而目前许多高校把主要的精力投入硬件和平台建设,对于软件的引进、开发和维护还没有给予足够的重视。电脑等设施的置备并不能说明实现了会计教学管理的信息化,还要看这些信息化设备在会计教学管理中的作用。然而,现实中会计教学管理系统设计与学校具体需要之间存在矛盾,软件公司在开发时往往选择具有普适性的模板,但每个学校的会计教学管理体制存在差别、需求不同。因此对于不同的学校,就会导致会计教学管理系统功能上存在不适。

(二)传统会计教学管理理念的不良影响

将会计教学管理信息化建设定位于硬件和平台的建设固然有利于教学评估检查、完善基础设施,但实现会计教学管理信息化的关键在于树立适应信息化社会运行规律的理念,即高效、智能的会计教学管理理念。一些教学单位认为会计教学管理信息化只是管理手段的变化,只具有提高效率的作用,甚至在一些操作技术不熟练的人看来还不如传统方法简洁方便,这实际上是传统会计教学管理理念造成的误区。使用信息化的会计教学管理方式不仅会对传统会计教学管理手段带来改革,更会对管理理念造成冲击,它要求会计教学管理者建立新的认知和工作思维方式,对涉及会计领域的各种信息逐步培养辨别能力和筛选能力,培养灵敏的信息嗅觉和敏感性。

(三)缺乏网络信息风险意识

信息安全不仅涉及电脑使用者的数据保密和硬件维护,甚至会影响电脑所在局域网络的整体安全,因此必须引起足够的重视。目前的网络应用软件市场良莠不齐,操作系统方面还存在大量的盗版操作系统在运行,一些高校为了节省成本而安装或在维护时使用未获得授权认证的系统固件。这不仅给电脑本身的运行带来了风险,而且很可能会危及学校整体的网络安全,使得会计教学管理信息化存在一定的安全隐患。为了解决这个问题,可采

用身份认证和权限控制的方案对信息系统进行全面监管,也可采用一些保护个人隐私的办法,如数据加密、身份认证、病毒及隐私保护等。

(四)建设经费相对投入不足

会计教学管理信息化是需要高投入进行保障的教学模式,教学过程不仅需要信息技术的一系列终端设备、维护设备、电气设备,还需要运行设备的场所、配套的实习场地。因此,消耗大、投入多,需要得到更多的经费支持。然而,在我国曾经一段时期内绝大部分高校都没有在信息化建设方面投入较大经费,这在很大程度上制约着会计教学管理信息化建设。因此,各地区应加快会计教学管理信息化经费的拨款,用充足的经费保障来促进会计教学管理信息化的正常实施。

三、互联网时代会计学科的教学管理

互联网时代的发展正对会计教育进行深刻的变革,在这个过程当中,作为高校教师,我们必须积极地应对这些挑战,对新时期会计学科的教学管理工作提出新的要求。

(一)教学方式的改革与实践

根据日常教学工作与学生的交流,大多数学生还不了解云会计、大数据这些新概念,更不清楚对以后就业带来的机遇与挑战。当下很多学生对大学的学习还是主要依赖于教师的课堂教学以及教材的课本学习,或者选择培训班的方式应对会计的各种专业考试。这种上课、复习、考试的教育机制已经不能满足社会对学生的需求,大学必须培养学生对新知识的认知能力和独立自主的学习意识,教学方式的改革迫在眉睫。

(1)课程建设。在互联网、大数据时代下,传统的课程建设显然已经不能满足我们的教学需求,我们必须积极推进新的课程建设。首先,传统的教学资源比较单一,只有教材习题,而在互联网、大数据时代下,我们可以借鉴微课、慕课、翻转课堂等的教学方式,在课前录制短片供学生预习或者课后复习,也可以利用微信等软件进行习题的发布。其次,传统的教学方式都是教师讲,学生听比较枯燥,在互联网、大数据时代下,学生通过课前的短片学习有了一定的知识基础,教师可以只进行重难点的讲解,也可以组织学生进行小组讨论,相互交流彼此的观点,教师最后进行点评,提高学生的学习效率。最后,教师可以通过软件对学生习题答题情况做一个统计,找出学生的易错点及重难点,及时调整教学方法。

(2)培养学生对网络资源的挖掘能力。伴随着互联网技术的快速发展与普及,当今大学生都拥有基本的上网工具,具备获取网络资源的条件。一方面,随着大数据时代的到来,使得会计专业学生可以不受时空的限制进行自主学习;另一方面,海量的会计数据又让学生应接不暇,如何快速地查找并利用有效的会计资源进行学习是当前会计专业学生面临的困惑。首先,教师在教学过程中可以鼓励学生主动去关注与会计相关的专业机构的微博、微信等公众平台接受专业的信息推送。其次,教师在教学过程中可以多开展数据应用实践，为学生提供专业网站，如国研网、巨潮资讯网、东奥会计网校、中华会计网校、重庆会计之家等，充分培养学生利用大数据时代的优越性挖掘网络资源的能力。

（二）教学管理

为了与教学方式相匹配，高校必须建立相应的教学平台来进行辅助教学管理。教学平台应当包含以下几方面的内容。第一，学生的管理类数据。包括学生的基本信息（如姓名、性别、年龄以及入校的心理测试等）、考勤、作业、成绩以及该生在学校的各类表现（荣誉、处罚）等。第二，教师的管理类数据。包括教师的基本信息（主要教学课程、主要研究方向等）、教师备课的教案、教学进度、作业批改情况、辅导学生情况等。第三，综合管理类大数据，包括学校基本信息数据以及学校各项评比类数据等。第四，第三方应用类大数据，包括地图、天气、安全、网上课堂等教学资源。

第五节　会计教学的考核评价

一、互联网时代中会计教学考评创新体系设计

为顺应互联网技术发展的需求，满足学生超越时空限制的课外辅导诉求，会计教学方式必须求变，要充分利用现有的网络发展技术，开发研制会计网上考核系统，以提升会计教学的效率与效果。

会计考核系统的设计，应体现以下几个思路。

（一）充分利用信息化的技术成果

互联网已经遍布世界的每一个角落，没有任何一种方式像互联网那样将教育的权利送至千家万户。网络教育已经发展为一项巨大的产业，这是一种自主、快乐的教育形式，实现随时随地的学习，达到学习就是生活的最高境界。网络教育具有交互性，相互交流机会更多。网络教育是一种最廉价的教育形式，不仅教材、讲义的成本较低，而且不需要庞大的教室、设备的投资。会计教育必须利用网络这种先进的技术手段，提高会计教学的质量和数量，满足信息社会的要求。

在系统的设计过程中，要充分借鉴信息化发展的最新成果，尤其是网络互动平台的建设必须体现到系统中去。另外，面对大规模的会计教学数据处置的需求，可以应用最新的云计算成果，提升系统的运作效率等。同时，在系统设计中，要留有标准化的接口，以便将来与高校的教务系统完全对接。系统自身的设计框架也应具备开放性和可扩展性，为将来的升级与更新做好准备。

（二）考虑高校会计教学的实际情况

会计考核系统是为高校的会计教学服务的，必须考虑到中国高校当前的会计教学实际情况。首先，要考虑师资力量的建设，要确保大部分的会计师资能运用该系统，而不能仅仅依托几个精英来使用该系统。其次，还要考虑高校的网络建设水平。尽管现代网络技术已经发展到了一个很高的层次，但高校的网络化建设总体水平还不高，系统的设计必须满足现有的高校网络运行的条件，不能太过超前。另外，还要考虑学生的应用条件。尽管部分学生拥有了现代化的学习设备，但大部分学生还是依靠学校的机房或图书馆来进行网络学习，系统的设计必须充分考虑这一点。

反映会计信息化发展的最新成果。会计信息化的发展已经经历几十年的时间，有了一定的成果。尤其是20世纪90年代开始的ERP建设，将会计信息集成到了企业的管理系统中，加速了会计信息化建设的进程。在这一过程中，很多企业运用了比较先进的会计信息系统，尤其是数据库技术的使用，加大了会计数据的处理能力。同时，会计报告的标准语言开发，也促进了会计信息的可扩展性。这一切，在会计网上作业与考核系统的设计上，要予以充分考虑，使得会计信息化既要体现在教学内容中，也要体现在教学手段中。

二、教师考核评价制度的改革

教师考核评价制度要以"师德为先、教学为要、科研为基、发展为本"为基本要求，以"坚持社会主义办学方向与遵循教育规律相结合、全面考核与突出重点相结合、分类指导与分层次考核相结合、发展性评价与奖惩性评价相结合"为基本原则，努力解决考核评价存在的突出问题。为此，应从以下方面深化改革。

（一）考评内容

首要是师德师风。高校建设与教师发展应回归教育本源，体现教育的实质。为此，必须增加师德师风考评的权重、加大师德考核力度；建立教师师德档案，健全师德长效机制；设计将师德考核贯穿于教师日常教育教学、科学研究和社会服务全过程的软硬指标体系；进一步完善将师德要求和思想政治考核贯穿于教师聘用、职务晋升、岗位聘用和聘期考核的首要参照机制；推行师德考核负面清单制度，加强教师师德考核惩戒机制建设，对高校教师师德违纪行为，师德考核不合格，进行严肃惩戒，实行师德"一票否决"。

关键是教育教学水平。教书育人是教师的本职工作，对教师教育教学水平和效果进行考评是人才培养能否达到目标的重要衡量指标。为此，必须健全教学工作质量评价标准，特别是针对不同特点的高校，建立任务清晰、分层次、差异化的评价标准，充分调动教师从事教育教学工作的积极性；建立由教师自评、学生评价、同行评价、督导评价等多种形式结合的教学质量评价体系；建立课堂教学纪律考核机制，对教师的课堂教学活动和教学实践环节加强督导，严肃处理在课堂偏离正确育人方向、传播违背社会主义核心价值观的有害观点和言论。

难点是科研评价。高校教师既承担着教书育人的重要使命，又担负着服务国家社会经济发展的重要职责。科研是高校教师工作不可或缺的部分，但目前重科研、轻教学，重论文课题数量、轻质量效果的评价体系在高校普遍存在。为此，科研评价应改变片面重视论文、专利、项目和经费等量化指标的倾向，建立针对不同类型、不同层次教师的分类评价体系；按照哲学社会科学、自然科学等不同学科领域，根据基础研究、应用研究等不同研究类型，建立科学合理的分类评价标准；建立以服务国家经济社会发展需求和教育教学功能为导向的科研指标体系，推动原始创新和推进科教融合，落实科研工作的实效性；探索建立"代表性成果"评价机制，将通过长期积累、潜心研究形成的科研成果作为评价教师科研工作的重要依据。

（二）考评方式

第一，应充分尊重教师自评。高校教师是教学科研的主体，但由于在考评制度上成为考评对象，是被动的监督和考核的客体，从而被考评过程所忽视。应充分重视教师自我评价，建立教师在师德师风、教学科研、职业规划、教学环境、心理压力、学校发展目标与自身发展的关系、社会服务贡献等方面的自我评价指标体系，增强教师的主体意识。

第二，应采取学生考评与同行和督导考评相结合的形式。建立包括教师的道德品质和教学态度、教师的理论素养和教学水平、教师的心理素质和与学生的沟通能力、教师对学生的影响力、教师的教学方式方法的创新能力和效果、对学生反馈的接收程度等为内容的指标体系，最大限度地吸收学生以及同行和督导的意见和建议，使之成为教师改进教学、不断调整提升素质的动力。

第三，应形成分类评价体系。基础研究注重原始创新，研究成果往往没有明确的实际目标，但能够彰显以认识论为基础的大学精神与理智传统、高等教育使命与高校教师的内在价值，只有在某一学科和领域的同行专家才能做出专业、科学的评价；应用研究和技术开发探讨的是如何将基础研究应用于实际，是以解决实际问题和实践难题为明确目标的研究，研究成果必须接受市场的评价和认可；哲学社会科学是对社会科学领域的重大理论现实问题提出见解和建议，应主要看其是否遵循国家利益和政府立场，因此必须由社会进行评价。总之，应充分发挥同行评价、团队评价和第三方评价的作用，建立科学化、市场化和社会化的考评制度。

（三）考评效果保障

第一，规范评价程序。科学完善的评价程序是保证教师评价制度准确性和公正性的前提。为此，学校必须做好考评的宣传和解读工作，保持考评程序的公开透明；建立稳定的教学评价机构，以保证考评的权威性与公信力；建立评价结果反馈机制，科学分析教师在考核评价中体现出来的优势与不足，为教师提供自我提高和职业规划的建议；建立评价结果申诉程序,让对评价结果有异议的教师通过正常渠道抒发意见,表达诉求;建立评价过程监督机制,让考评工作程序自始至终在阳光下运行。

第二,注重政策联动。针对目前高校评估体系存在的片面、碎片化管理,缺乏沟通与互动所导致的评估效果不佳的问题,应建立各类评估评价政策联动机制,包括探索建立院校评估、本科教学评估、学科评估和教师评价的政策联动,将制约和影响教师考核评价政策落实的评价指标进一步优化和调整。

第三,推进部门协调。建立健全由学校主要领导牵头,人事管理部门协调,教学、科研、研究生等管理部门密切配合的规范化、制度化和常态化沟通协调机制;建立科学完整的教师信息数据库,各部门实现网络数据对接和信息资源共享,为考评提供快捷方便的条件;建立各部门问题解决和纠错机制,准确快速解决部门间在考评工作中出现的矛盾和问题,彼此支持、形成合力,进一步提高行政办事效率以保障考评工作的顺利进行。

第四章 会计教学改革的资源支持

第一节 会计教学改革的信息资源支持

现代信息技术的发展使教育逐步走向信息化、开放化、大众化,极大地拓展了教育的时空,为素质教育、创新教育提供了环境、条件和保障,也为会计教学改革提供了良好的机遇。随着通信科技与计算机科技的快速进步,现代信息技术应用于会计专业教学,信息技术与会计课程教学的整合已成为当今会计教育发展的必然选择。

一、适应现代信息技术的发展,改革会计专业的课程设置

在现代信息技术条件下,数据共享、网络传输已成为信息管理的主要方式,而会计信息与生产信息、经营信息在很大程度上已融为一体,因此在设置会计课程时,必须考虑网络环境下处理会计信息的需要,研究探讨新的会计课程体系。会计专业课程的设置要尽可能地与管理学、经济学和现代网络信息技术有机结合,会计教学中应增加与信息技术相关的课程,如"现代信息技术""网络环境会计核算与控制""管理信息系统""电子商务与会计"等课程,使学生在掌握传统会计核算原理的基础上,了解现代信息技术背景下的会计发展,具备应用现代信息技术处理会计信息的能力。

二、适应会计教育的信息化,创新会计教学模式

随着教育信息化的不断推进,现代信息技术对传统的会计教学模式带来了冲击,传统的会计教学模式已经越来越不能满足现代会计教学的要求。这就要求我们必须加快会计教学模式的创新,应用现代信息技术和新的教学模式使传统的埋头苦学式的学习方法被新型的团队式的学习方式所替代,传统的课堂教学形式被新型的个人探索的形式所替代,传统的教学内容被瞬息万变的最新内容所替代。

现代多媒体技术的发展,使交互探讨教学成为可能。交互探讨教学模式是教师利用计算机网络技术和会计教学软件,达到教师和学生进行双向交流的教学目的。例如,在会计信息化实验室中,教师可以利用计算机网络的同步和异步双向传递功能进行教学。这样,学生可以通过计算机向教师提出问题,教师可以在自己的主机上回答学生提出的问题并指导学生解决问题;教师既可以对学生进行单独辅导,也可以对一组学生进行集体辅导;教

师还可以把某个同学的作业放在网上供大家集体学习。总之，交互式教学的关键是教与学的互动，如果学生只是信息和知识的被动接受者，而不能主动参与其中，这样的教学过程是枯燥的，也无法达到有效的教学效果。

三、利用现代化的教学手段，提高会计教学效果

应用计算机网络技术的教学平台系统、智能辅导系统开展教学，将带来教学手段的变革，大大提高教学效果。

（一）开发多媒体辅助教学系统，提高会计教学效果

在传统的教学方式下，有许多会计问题因数据量过大、业务处理过程繁杂以及教学时间的限制，无法采用手工的方式在课堂上解决。因此，完整的会计实例教学往往流于形式，教学内容常常只是讲授会计原理。利用多媒体课件和会计教学软件等进行辅助教学，可以将传统教学方式下难以表达的会计理论、会计方法和会计实务引入课堂，显著地提高教学效果，激发学生的学习兴趣和学习主动性。

（二）发展网络学习系统，拓展会计教学时空

利用网络系统可以为学生提供一个模拟的会计实验环境，让学生在局域网上进行有关信息检索、信息收集以及信息处理的实验。例如，可以将一些商品化会计软件如用友财务及企业管理软件 M8.X、用友 U8 系列、金蝶 2000 系列等，嵌挂在学校的局域网上，根据网站的实验案例库所提供的实验案例数据，由学生完成账务处理、编制会计报表、财务分析、工资核算、固定资产核算、存货系统核算等多项会计实验操作。学生完成实验后，要将实验账务数据传回到实验作业库中，由教师进行评价。这样，学生利用会计实验软件系统进行反复实习，一方面可以进一步加深对会计核算的基本原理的理解，亲身体验会计核算方法的具体应用和会计数据处理的全过程；另一方面，学生可以在计算机网络环境中完成教师布置的会计核算作业，将所学的会计理论知识与会计实务进行有机结合，最终形成会计职业能力。

四、适应现代信息技术的要求，加强学生能力的培养

适应现代信息技术的要求，加强学生能力的培养包括以下几方面的内容。

（一）学生信息技术应用能力的培养

现代社会步入网络经济时代，越来越多的企事业单位正在逐步构建内部管理信息系统，而会计信息系统又是管理信息系统中的一个核心子系统。这就要求所培养的会计人才应该具备熟练地应用计算机网络技术的能力。所以，应该加强计算机网络知识的教学，开设更多的计算机应用、电脑网络使用、维护、设计等相关课程，丰富学生的计算机网络知识，提高学生的网络技术应用能力。

（二）学生信息检索能力的培养

在网络信息时代，大量信息在给人们带来方便的同时带来了诸如信息量过大、信息不对称、信息安全等一系列问题。如何在扑面而来的大量信息中及时发现有用的信息，是未来会计人才必备的基本技能。因此，在信息技术日益普及的环境下，高等教育在增强学生信息意识的同时，应重视培养学生的信息获取能力，使学生能够利用各种网络数据库、光盘数据库和图书馆信息资源，有效地获取本学科领域内的相关信息以及有关社会生产所需的各类信息。这就要把包括现代信息检索技术、数据库管理和信息分析技术等数据开采、发现的技能和方法传授给学生，提高学生的信息检索能力。

（三）学生自我学习能力的培养

在知识爆炸的时代，新的知识不断涌现，新型会计人才必须具备不断更新自我学识的能力。世界注册会计师协会已经把通过互联网进行的在线教育列为注册会计师后续教学的主要手段。"终身教育""自我教育"已不再是一句空话，而是会计人才适应社会需求、自我提高的基本手段。因此，现行的会计教学必须兼顾传播知识技能和培养未来自学能力的双重任务，使学生逐步适应网络时代最为广泛的"在线教育"模式，让学生具备利用网络更新知识、实现自我教育的能力。

（四）学生创新能力的培养

要在教学活动中培养学生的创新能力就要充分尊重学生的主体地位，发挥学生在学习过程中的自觉性、自主性和创造性，不断提高学生的主体意识和创造能力，最终将学生培养成为能够进行自我教育的社会主体。对会计专业的学生进行创造性学习，应该加强会计网络教学体系的建设，主要包括以下几方面的内容：（1）资源库的建设，包括建设网络会计课件（积件、智能学件）库、网上会计案例库、上市公司数据库，以及考试试题库等；（2）支持平台的建设，向教师提供上载下载素材、课件的界面，向学生提供下载学习资料的界面；（3）应用系统的建设，向师生提供用于会计教学的资源，包括保证安全的身份验证、课件点播的交互式界面等。此外，网上会计信息资料要及时补充与更新，使学生能够方便地查询和下载最新的学习资料。

五、适应现代信息技术的要求，提高教师的信息化素养

教师素质直接制约着教学的效果与质量，要培养出能够适应信息技术发展的高素质会计人才，必须全面提高会计教师队伍的素质。会计教师除了需要掌握新的会计理论和方法，具有独立思考、独立教学的能力之外，还需要提高运用信息技术的能力，熟练应用计算机网络技术，方便快速地查询最新的科技资料和各种法规制度，及时更新教案，合作开发与使用计算机多媒体教学资源，进行课程资源建设、开展课堂互动教学，不断提高自身的业务素质和信息化水平。

六、会计教学课堂中应用"微资源"

随着我国信息技术和互联网技术的不断发展,高等教育的教学手段和教学方式都发生了巨大的改变,微资源在教学中得到了广泛的应用,将微资源充分应用到会计课堂教学过程中,可以不断丰富课堂教学手段和教学工具,取得良好的教学效果,还能提高各种资源的利用效率,使整个课堂更加具有感染力。

(一)微资源在会计教学中的应用优势

1. 实现会计教学的电算化教学

近年来,随着我国各种信息技术和互联网技术的不断发展,在教学中应该充分利用各种信息资源,在会计教学过程中充分使用微资源,可以实现会计教学的电算化教学。在会计教学过程中,应该考虑到会计本身的操作隐秘性和保密性。在会计教学中,电算化教学是非常重要的。在传统教学过程中,教师单纯采用理论教学是远远不够的,只有借助各种先进的多媒体技术和平台等教学手段,才能真正提高学生的实践操作能力,在会计教学过程中充分利用微资源。

2. 丰富教学资源,实现资源的再利用

教学过程中,教师面对的是全班学生,而在全班学生中,不同学生的学习能力是不一样的。课堂教学中,如果学生对教师的课堂教学内容并没有完全掌握,或者学生由于生病等原因请假而没有参与到课堂教学中,就可以利用课余时间学习课堂知识。充分利用各种微课资源,学生在课余时间就可以对教师在教学过程中提出的问题和讲解的知识点进行回顾,置身于真实课堂中,从而实现课堂资源的再次利用。

3. 帮助学生构建知识模型

微资源是一种时间较短但是内容非常丰富的学习资源,通过微资源进行会计知识教学,可以将各种各样的学习资源整合到一个视频或者界面上,将课程知识点和内容通过有趣形式展现在学生面前,大大节约了教学时间。另外,教师采用微资源进行会计教学的过程中,可以将微资源传输到学校的学习网站平台上,学生在课余时间可以通过互联网等登录学校的学习平台,然后找到相应教师上传到平台上的学习资源进行学习,使学习不受时间和空间的限制,使教学时间和空间得到有效拓展。

(二)微资源在会计课堂教学中的应用措施

1. 选择合适的教学内容进行微资源教学

在会计课堂教学过程中,充分利用微资源进行教学。微资源是会计教学的一种补充和延续,并不是会计教学的一种缩影,教师在教学过程中应该明确两者的关系,做到分工明确。虽然将微资源应用到会计教学过程中具有多重优势,无论是在教学效果上还是教学方式上都得到了大大的提升,但并不是所有教学内容都适合采用微课资源进行教学的,对于

不适应微资源教学的内容,如果采用微资源进行教学,不仅不能充分发挥微资源的作用和优势,甚至还会适得其反,使整个课堂教学质量下降。在讲解操作性比较强的教学内容的时候,通过微资源的教学方式,可以不断提高学生对知识点的学习兴趣,让学生积极主动地参与到教学过程中,从而全面提高学生的会计学习成绩。

2. 科学、合理地制定微资源教学项目

教师在采用微资源进行教学的过程中,制定一个合适的微资源教学项目是非常重要的。教师在采用微资源进行教学的时候,首先应该制作一个合理、科学的微资源,应该明确教学目标,根据教学目标进行微资源设计,应该保障微资源中不能留有空白。教师喜欢用录制视频的方式授课,利用这种模式和多媒体教学模式有一定的相似性,教师应该充分利用不同的素材充实微课资源,只有选取了合适的素材,才能使整个微资源讲授的内容更加充实,并且微资源呈现的内容更加形象,可以有效激发学生的学习兴趣。

3. 进行多元化的微资源教学

在会计教学过程中,会计课程教学本身就具有较强的实践性和理论性,会计知识本身就非常丰富,在教学过程中更不应该局限于课本上的有限知识。会计教学过程中,知识点之间的关联非常紧密,所有知识点都是环环相扣的,学生在学习过程中对于任何一个知识点都不能遗漏。在会计教学过程中充分利用各种微资源,也应该进行多元化教学,不能仅局限于某一种方式或者固定的教学方式。

第二节 会计教学改革的工具资源支持

传统授课方式在现代会计专业课程教学中存在诸多局限和不足,针对这种情况,随着多媒体技术的发展,多媒体教学工具被广泛运用于课程的辅助教学。而在会计专业的学习中,沙盘模拟也是现代常用方法之一。此外,网络的不断发展,一些有利于会计学习的网站和软件也悄然兴起。实践表明,合理使用多媒体教学,能够大幅提高教学效果。

一、多媒体在会计专业课程教学中的运用

(一)优势分析

(1)承载的会计专业课程信息可呈现多样化和处理方式的多样化。多媒体能够完成在内容上相关联的多媒体信息的处理和传送,如声音、活动图像、文本、图形、动画等;而且能够高度集成这些元素,形成搭配合理、协调统一的教学资源,同时教师可对此灵活处理,根据教学需要方便地调整教学内容。

(2)多媒体能够直观、生动地输出教学内容,更好地揭示会计知识内在的逻辑性,有利于会计知识的阐述,有利于吸引学生的注意力,便于学生理解,学生观后印象更加深

刻。此外，教师精心设计出的优秀教学课件可有效降低课程的难度，深入浅出，化复杂为简单，化抽象为具体。

（3）多媒体特别适用于会计案例的讲解，它是案例展示和讲解极好的辅助工具，相比传统的教学手段更加方便、简单，多媒体中的声音、动画等元素会使得会计案例的讲解异常形象、生动。

（4）以超文本结构组织教学信息，能够为学生提供多样灵活的认知途径。为教师的教学和学生的学习活动提供良好的导向；同时，师生利用多媒体系统还可方便地接入互联网，从浩瀚如烟的资源平台中获取相关的知识。

（5）能够提供友好的交互界面，使学生积极参与认知过程，体现学生主体地位，激发学生的学习热情，是一种全面的双向、主动式的交互，这种交互十分有利于课程教学。

（6）多媒体资料的共享性和复制性的特征使得优秀的教学资料能够共享和传输，可为教师提供丰富的教学资源，也为学生拓展了获得学习资料的渠道。

（7）多媒体的产生为虚拟教学提供了基础条件。虚拟教学、虚拟图书馆等都需要使用大量的多媒体教学资源，真实课堂外的虚拟教学十分有利于财会专业学生的学习，是课堂教学之外的一种教学形态，有利于学生自学。

（二）提高多媒体教学质量的方法和对策

虽然多媒体是现代教学的重要辅助工具，但是如果教师不合理地使用多媒体辅助工具，则会产生不良的教学后果，严重影响教学质量。教师运用多媒体工具，在会计专业教学活动中，应注意采用恰当的教学方法，采取一定的对策，充分发挥多媒体辅助工具在教学中的优势，克服其存在的不足，根据会计专业的实践经验总结，大致有如下几方面的方法或对策。

（1）充分展现教师的音容笑貌。教师运用多媒体教学时，不能缺失肢体动作、脸部表情。有些教师利用PPT授课时，整堂课都是安静地坐在讲台上，像机器人一样机械式放映PPT课件，面无表情，学生听起来无精打采。PPT课件只是教师的一个辅助工具，不能完全依赖于它，教师在教学过程中需伴有饱满的激情、丰富的动作表情，全方位刺激被授课者的视觉和听觉神经。

（2）加强与学生互动，体现学生的主体性。运用多媒体教学可以更好地促进教师与学生之间的互动，但是有些教师使用多媒体工具授课时，只是简单地把多媒体工具作为已打印出的课件稿子，一味地坐在讲台上埋头宣读课件，几乎没有与学生有语言或眼神上的互动，由此大部分学生听着索然无味，无精打采。教师应避免向学生单向地灌输知识情况的出现，而应充分体现教学过程中学生的主体地位，让学生在课堂中都是一个个活化分子，正所谓有呼有应，教学相融。

（3）加强学生抽象、逻辑思维能力的培养。由于多媒体能够很直观地展现解决某些问题的过程，使人容易理解，但是有时会造成学生缺失抽象、逻辑问题思考能力。因此，教师要学会运用多媒体教学的技巧，正确引导学生对于抽象问题的思考，在讲述某些抽象、逻辑性较复杂问题的时候，不能急于通过多媒体直接给出问题解决的方法或步骤，而应借助多媒体辅助工具，遵循问题提出、提示引导、讨论建议的原则，逐步给出抽象问题的解决过程，培养学生思考的习惯。

（4）使用的课件不能背离教学目标和教学内容。不能一味追求课件外观上的酷炫，虽然有时确实能够让学生眼前一亮，拍手叫好，但只是给学生视觉上的冲击，未能达到预定的教学目标，离教学内容相去甚远。

（5）不能忽视财务理论的教学，有些教师使用了多媒体教学工具后，就大量讲解实例、会计账目处理流程等，而忽视对相关会计理论的教学，没有讲清、讲透财务设计的思想，其结果把学生培养成只会模仿操作的机器人，而失去创造能力。

（6）建立和健全多媒体电教系统、多媒体网络教学系统，实现教学工具的信息技术化、教学手段现代化。建立多媒体综合系统是扩展教学和学习渠道的一条有效途径，不但可以增加课堂教学的知识输出量，增加课外学习机会，而且学生不易疲劳，以新颖的视觉刺激学生大脑的兴奋点，从而大幅提高教学效率。如果条件允许，努力构建学生课外学习的平台，为其提供丰富优质的教学资源。

三、基于网中网软件的教学改革

（一）根据实际工作重组教学内容

目前财务会计的教材，涉及要素的各方面，带有"准则+解释"的特点。由于高等院校的学生具有畏难、喜欢动手操作的特点，在安排教学内容时，可以依据中小企业财务处理的基本情况，结合网中网等软件的仿真操作，选择难易适当的内容安排教学。

（二）岗位体验中配合"财务会计"课程的仿真软件教学

由于企业财务数据的保密性，学生要进入企业学习真实的账务处理不太现实。而在教学中，有的内容通过"讲解+练习"的传统教学模式难以有好的实践效果。在这种情况下，采用网中网等仿真软件辅助教学，能取得事半功倍的效果。

（三）体现岗位分工原则

会计岗位涉及出纳、成本会计、销售会计、采购会计、财务主管、财务经理、财务总监等。一项经济业务的账务处理可能涉及多个岗位，网中网教学软件按岗位分工设置角色，将企业工作中的经济业务的处理与课堂教学相结合，可以让学生体会不同的岗位对经济业务的处理，这种形式既能提高学生的实践能力，又能让其身临其境地体会会计岗位的各个职责，以及会计业务流程的整个过程，从而为日后快速走上工作岗位打下扎实的基础。

第三节　会计教学改革的服务资源支持

会计专业教学与服务资源是为会计教育者、学习者、社会会计人员和经济实体提供所需资源和服务的平台，通过会计专业教学与服务资源库的建设，提升高等院校会计专业的人才培养质量和社会服务能力，帮助会计在岗人员提高和更新技能，满足个人多样化学习和终身学习需要；同时，形成区域性职业教育教学资源库建设范例，带动全国职业教育教学资源库建设。建设会计专业教学与服务资源库的建设，一方面可以提升职业院校会计专业的人才培养质量和社会服务能力，使浙江省乃至全国职业院校的会计专业学生受益；另一方面可以为会计在岗人员提高和更新技能，满足个人多样化学习和终身学习提供服务，同时形成区域性职业教育教学资源库建设范例，带动全国职业教育教学资源库建设。

一、会计专业教学与服务资源库的建设内容

（一）专业背景

专业背景反映专业的整体情况，包括专业调研报告、职业岗位工作任务分析表、专业标准、专业课程体系、专业人才培养方案等内容。

（二）资源中心建设

资源中心包括一切可用于专业教育教学的物质条件、自然条件、社会条件及媒体条件，是专业教学材料与信息的来源，分专业课程中心、实训实验中心、技能认证中心、专业素材中心和服务交流中心。

1. 专业课程中心

专业课程中心的建设要具体到每门专业课程的建设，专业课程包括"基础会计""经济法""初级会计实务"等考证课程，以及服务于不同会计岗位的"出纳实务""成本会计""纳税实务"等岗位课程。课程建设主要包括以下九类要素：课程设计，课程标准，电子教材，电子教案，教学课件，配套习题，教学案例，授课视频，业务操作平台，具体业务的动画、视频演示。

2. 实训实验中心

实训中心是为专业实训项目服务的，分设常规实训室、虚拟实训室和ERP电子沙盘实训室三个模块。

（1）常规实验室

常规实训室以学校现有的各个实训室为单元进行建设，建设内容紧紧围绕实训项目内容及实训实验教学环节而展开，全面支持教师的教与学生的学，注重学生专业技能的高效

提高。常规实训室一方面为在校师生的实训实验教学提供网上服务平台，促进学生专业技能的提高；另一方面，面向社会开放，成为高技能人才培养基地，成为社会人员终身学习、可持续性学习的公共服务平台。常规实训室的建设包括以下要素：实训项目资料、实训测试题、实训室配套的仪器设备图片、仪器设备使用视频等。

（2）虚拟实训室

虚拟实训室是包括会计职业场景、岗位设置、岗位工作任务、操作角色在内的3D虚拟实训系统。学习者可以选择不同岗位进入系统，按照工作流程完成各项典型工作任务。该系统通过角色转换、上岗操作、业务路线选择、签章等功能，实现融职业认知、职业判断、业务处理、实务操作、评价反馈、教学管理为一体的实训教学功能。虚拟实训室的建设包括以下要素：虚拟实训项目、虚拟实训项目操作手册、虚拟实训素材、仿真练习系统、使用说明等。

（3）ERP电子沙盘实训室

ERP电子沙盘实训室是模拟企业实际运行状况，将企业整体战略、产品研发、生产、市场、销售、财务管理、团队协作等多方面结合，让学生体验完整的企业经营过程，感受企业发展的典型历程，感悟正确的经营思路和管理理念。

（三）技能认证中心

技能认证中心是为提高在校学生以及社会会计人员的专业技能服务的，包括技能过关、技能竞赛、技能证书三个模块。

1. 技能过关

技能过关模块主要用于第2学期至第5学期进行的"分段式"职业基本技能训练和考核。主要内容有第2学期的"出纳技能过关"，第3学期的"会计基本技能过关"，第4学期的"岗位综合技能过关"，第5学期的"真账操作过关"。每项技能需要建设的要素有：技能介绍、技能要点、技能演示视频、技能评价标准、技能过关测试系统等。

2. 技能竞赛

技能竞赛模块围绕各项专业技能竞赛建设，分设职业道德知识竞赛、点钞竞赛、账务处理技能竞赛、纳税实务知识竞赛、财务会计知识竞赛等竞赛项目。每项竞赛的建设要素包括赛制项目介绍、竞赛规则、竞赛工具图片及使用说明、竞赛题库、网上竞赛平台等。

3. 技能证书

技能证书模块是为会计考证服务的，分会计从业资格考试和助理会计师考试两个建设项目，每个项目的建设要素包括考试介绍、考试大纲、在线课堂、练习题库、模拟考场、考试热点信息等。

（四）专业素材中心

专业素材中心是为了增强专业学习的形象性和生动性、拓展专业知识，汇集的原始材料，分设图片库、文档库、视频库和动画库。

（1）图片库是以一些形象的图片展示会计工作用品、用具，包括各式会计凭证、账簿和报表的图片，以及保险柜、点钞机、验钞机、算盘、计算器等财会用具的图片。

（2）文档库是与会计职业相关的一系列文档，包括各种会计法律、法规、规章的电子文档，以及相关文献资料的电子文档。

（3）视频库是以视频的形式生动展示会计工作的流程和方法，包括典型业务操作方法的视频演示。

（4）动画库是以动画的形式展现各项会计工作程序，包括典型业务经办流程的动画演示。

（五）服务交流中心

服务交流中心分设会计信息公告、在线会计服务、财务管理咨询和财会论坛。

（1）会计信息公告是公布最新的会计考试、会计培训、法规准则等通知，使用户及时获取相关信息，及时更新业务知识。

（2）在线会计服务是通过在线传递会计信息，为企业提供网上会计业务处理与财务分析、网上纳税申报等服务。

（3）财务管理咨询是为企业的财务管理提供咨询等服务，不断提高专业服务能力。

（4）财会论坛是建立一个网络交流平台，加强与校外、省外，以及国外的信息交流和互利合作。

（六）应用平台建设

应用平台是需求者们登录资源库、获取所需信息的入口，登录后可以获取资源中心的各类资源，包括在校学生应用平台、专业教师应用平台、社会公众应用平台和中小企业应用平台。

（1）在校学生应用平台。在校学生应用平台主要面向在校的财会类高职生，可供学生在线登录、进行实训练习、查询专业信息、参加专业技能培训等。

（2）专业教师应用平台。专业教师应用平台主要面对专业教师，可供教师在线登录、网络教学、在线答疑、获取课程建设资源等。

（3）社会公众应用平台。社会公众应用平台主要面对社会大众，供其在线登录、会计技能培训、会计后续教育、信息查询、所得税计算、其他人员自主学习会计知识等。

（4）中小企业应用平台。中小企业应用平台主要面对社会中小企业，可供其在线登录、财务管理咨询、请求代理记账、纳税申报、纳税筹划等。

二、会计专业教学与服务资源的建设要点

会计专业教学与服务资源的建设旨在满足在校师生和社会的需要,要实现这一建设目标需要抓好一些关键环节,包括前期准备、建设过程和后期维护。首先,要做好前期的调研和分析,这是资源库建设的重要前提,通过调研分析形成合理的资源库建设方案,明确具体建设内容。其次,重点抓好资源中心的建设,包括专业课程中心、实训实验中心、技能认证中心、专业素材中心和服务交流中心,这是资源库建设的核心。最后,资源库的后期更新和完善也是非常关键的,需要实时更新、不断完善,才能起到有效服务的作用。

三、会计专业教学与服务资源的建设意义

会计专业教学与服务资源的建设经历了广泛调研工作,既满足了会计专业在校师生教与学的需求,更好地服务区域职业教育人才培养工作,又满足了社会会计人员多样化的需求,供其查询会计法律法规和会计专业知识,帮助其完成继续教育、提高专业技能。同时,突出为浙江民营中小微企业服务的特色,专门设立中小企业平台,帮助其解决相关财务问题,使资源库建设更好地服务区域经济。

第四节 会计教学改革的政策资源支持

一、"互联网+教育"的政策响应

信息技术对教育发展具有革命性影响,"互联网+教育"已经扑面而来。我们要坚持双轮驱动,运用科技创新和体制机制创新,运用政策工具,激励其发展,主动适应和促进教育的变迁、学习的革命。

(一)共建共享国家数字化教育资源中心,促进资源形态的变迁,实现数字化学习

高质量的数字化教育资源是数字时代的高质量教育的前提。通过构建利用信息化手段扩大优质教育资源覆盖面的有效机制来缩小区域、城乡、学校之间差距,提高教育质量的有效举措。建设高质量、高效率国家数字化教育资源中心的基本思路是:坚持体制机制创新,整合、改造及开发多来源、多层次、多类型资源,实现共建共享;要倡导社会责任,实现传统名校名师优质教育资源面向国家数字化教育资源中心开放的突破;要建立共建共享的激励机制,促进资源共享;要统一标准、完善平台,数据资源库分割和信息孤岛问题,为共建共享和开放服务提供技术可能;要充分利用云技术及其所带来的合作模式,保证数

据和资源的高可用性、高可靠性；要加速开发面向学生的优质教育资源，使资源中心既面向教师又面向学生。可参考北京数字学校等经验，在基础教育阶段实施"优质数字教育资源全覆盖行动计划"，在已有工作基础上，采取更加有力的措施，"一师一优课、一师多优课""一课一名师、一课多名师"，进一步汇聚、整合全国基础教育特别是九年义务教育最优质的教育资源，大力促进优质教育资源在全国特别是广大农村和贫困地区及薄弱学校共享、共用的覆盖面。

（二）建设全国高质量数字化学习支持服务示范区，促进教学形态的变迁，实现混合学习

在线教育正在触发传统教学形态、学习形态发生根本性改变，知识传授模式、学生学习方式和教学组织方式的变化必将引发教育理念、教育业态乃至教育体系的全面更新和调整。教育信息化不是简单的教育技术化，信息技术与教育教学的真正深度融合是提高在线教育人才培养质量的关键。这既需要一流的数字化教育资源课程，同时需要一流的高品质的学习支持服务。设立全国高质量数字化学习支持服务示范区，充分应用现代信息技术创建功能齐全、性能可靠、兼容网络与移动技术的数字化学习环境，深入探索、扎实试验线上教育与线下教育相结合，个别学习、小组讨论和导学助学相结合的混合式教育业态，真正实现信息技术与教育教学的深度融合，将支撑由"以教为主"的传统教育模式走向"以学为主"的新型教育模式，带动推进高质量的数字化、交互式、多样化、个性化的学习，带动推进以学习者为中心的人才培养模式改革。要认真研究技术发展新趋势，它们将对教育的方向（学什么）与教育的方式（怎么学）产生重大影响，促进学习内容与学习方式的转型升级。教育将更加强调想象力、创造力的培养而不是记忆力的训练。随着虚拟现实（VR）/增强现实（AR）技术的日趋成熟及相应资源制作成本的不断下降，将使沉浸式学习（immersive learning）走出实验室，走进千百万学校和课堂，甚至在不远的将来常态化，从而为学习者提供一个虚拟的但接近真实的学习环境，学习者通过高度参与和互动体验，掌握知识、提升技能、提高学习效果、提升教育效率。教育信息化的前景也正在于，通过信息技术与教育教学的深度融合，形成"互联网+教育"的叠加效应、聚合效应、倍增效应、倍乘效应。

（三）建立不同学习成果积累认证转换制度，促进学校和社会形态变迁，实现定制学习、定制教育，构建学习型社会

多年以来，我们期盼能通过我们的教育体系构建人才成长的"立交桥"，让学习者有多次选择机会，让青少年享有多种成才机会，是教育体系灵活开放的重要体现，也将为全面素质教育实施提供宽松环境。党的十八届五中全会要求，建立个人学习账号和学分累计制度，畅通继续教育、终身学习通道。这包括探索建立网络学习学分认定与学分转换等制度。学分并非一个新概念，但需要进一步夯实学分作为基本教育单元的学分制管理制度设计。有了这样的制度设计，建立了个人学习账户和学习成果累计、认证、转换制度，制定国家资历框架、学习成果框架及标准体系，学习者就可以弹性学习，方便选课走班及选课走校；有了这样的制度设计，有利于促进各级各类教育纵向衔接、横向沟通，促进学历教育与非学历教育、正规教育与非正规教育、线上教育与线下教育的相互融合，实现"跨界学习"；有了这样的制度设计，学习将成为"学习超市"，教育将可以"量身定制"，学校也打破了围墙限制。

（四）运用大数据技术，建立教育管理公共服务平台与决策服务系统，推进教育管理信息化，促进教育科学管理与科学决策

信息技术与经济社会的交汇融合引发了数据迅猛增长，数据已成为国家基础性战略资源，大数据正日益对全球生产、流通、分配、消费活动以及经济运行机制、社会生活方式和国家治理能力产生重要影响。全球范围内，运用大数据推动经济发展、完善社会治理、提升政府服务和监管能力正成为趋势，我国也明确提出全面实施促进大数据发展行动。在教育方面，大数据应用能够揭示传统技术方式难以展现的关联关系，成为提升政府教育治理能力的新途径。推动教育数据开放共享，促进教育事业数据融合和资源整合，将为有效处理复杂教育问题提供新的手段。建立"用数据说话、用数据决策、用数据管理、用数据创新"的管理机制，实现基于数据的科学决策，将推动政府教育管理理念和教育治理模式进步。完善教育管理公共服务平台，推动教育基础数据的伴随式收集和全国互通共享。建立各阶段适龄入学人口基础数据库、学生基础数据库和终身电子学籍档案，实现学生学籍档案在不同教育阶段的纵向贯通。推动形成覆盖全国、协同服务、全网互通的教育资源云服务体系。目前，我国学生数据库、教师数据库、学校办学条件数据库三大基础教育数据库建设进展顺利，并在此基础上建立教育科学决策支持服务系统，将发挥大数据管理对变革教育方式、促进教育公平、提升教育质量的支撑作用。

（五）发挥制度优势，运用市场机制，统筹、协调，深入推进教育信息化

推进教育信息化，需要政府、学校、社会协同努力，需要调动多个积极性。以当前我国正在推进的开放大学建设为例，就需要充分发挥制度优势、合理利用市场机制来加强开放大学和国内高水平大学密切合作。办好开放大学需要高等院校、科研机构、行业企业以及远程教育技术领域共同组成高水平专家团队，积极支持和参与开放大学建设和改革。高水平大学、高水平教授学者应秉持"大学的使命在于分享知识"的理念，以一种主动的责任感、使命感加入国家优质数字化教育资源的建设。鉴于我国高水平大学是国家公共财政支持重点建设的公立高校，有义务让优质教育资源造福更多的学习者，应充分利用我们社会主义国家集中力量办大事的制度优势，组织建设国家优质数字化教育资源。对此，要有相应的约束性规定，如每所院校每年提供一定数量的高质量数字课程。同时，要适当运用市场机制，给予资源提供者精神嘉奖和物质上的适当鼓励，形成数据库资源不断更新的可

持续发展机制。实际上，考虑到开放大学在教育信息化趋势中已经走在了普通高等教育的前列，在技术应用、课程上网、支持服务、平台建设、系统办学等方面具备自己的优势，两者可以有更多更深的合作，优势互补、相得益彰。要探索新型教育服务供给方式。鼓励互联网企业与社会教育机构根据市场需求开发数字教育资源，提供网络化教育服务。鼓励学校利用数字教育资源及教育服务平台，逐步探索网络化教育新模式，扩大优质教育资源覆盖面，促进教育公平。鼓励学校通过与互联网企业合作等方式，对接线上线下教育资源，探索教育公共服务提供新方式。推动开展学历教育在线课程资源共享，推广大规模在线开放课程等网络学习模式，加快推动高等教育服务模式变革。在建立标准规范解决资源库分割和信息孤岛问题上，在打通信息技术设施的"最后一公里"上，还需要进一步发挥政府主导作用和加大政府投入。

有关"互联网+教育"的探讨，还包括如何在信息时代的海量信息中寻求最有价值的知识，如何在泛在学习时代的碎片化学习中进行深度学习，如何在自媒体时代更好地进行德育和弘扬核心价值，如何运用非结构化数据处理技术进行教育质量综合评价，等等。

二、新会计准则对会计教学方法的影响

目前，我国众多企业等执行的《企业会计准则》是由财政部于2006年2月颁布，要求从2007年1月1日逐步开始实施的，通常称为"新会计准则"。之前执行的《企业会计制度》和企业会计准则一般称为"旧会计准则"。"新会计准则"体系包括一个基本准则、41项具体准则、32项应用指南、若干准则解释和补充规定。2014年7月，财政部对基本准则和具体准则进行了修改，并新增了三项具体准则。2019年1月，财政部进行了进一步的修改与完善，现阶段，对于会计教学和会计从业人员的主要政策为新会计准则。新会计准则的出现，是我国企业会计制度的重大变革，给我国会计行业带来了巨大的转变。它打破了会计人员传统的思维习惯，用统一、系统规定规范会计计量问题，全面引入了公允价值的计量属性。新会计准则对会计人员提出了新的要求，它要求会计人员也具有更高的职业判断能力，并着重培养会计人员的职业判断能力。新会计准则改革内容和对会计人员的新要求，必将对现有会计学教学方法产生巨大的冲击，要求转变会计学教学方法，以适应新会计准则的要求，提高教学效果和质量，提升学生的社会竞争力，以应对日益严峻的就业形势。

（一）对会计专业教师的影响

首先，新会计准则的发布与实施，对会计专业教师的教学方法提出了更高水平的要求。需要专业教师及时更新会计教学理念，改进现行教学方法，注重实践教学环节，引导学生独立自学的能力与创新意识，培养学生的个性发展，提高学生解决实际问题的能力。加强学生的会计职业道德教育，完善会计职业判断。在会计专业教师教学的过程中，要不断改进自己的教学方法，以适应教学与实践的需要。由于新会计准则内容多、观念新、难度大，

对会计教师来说，将新会计准则应用到实际教学过程中，是一件十分艰巨的任务。需要会计专业教师在教学方法上有所突破，采取多种教育手段与教育方法，改变原有的单一的教学模式，让学生成为课堂的主人，调动起学生的积极性和学习热情，最大限度减少学生对会计知识的厌烦心理。对于一些晦涩难懂的会计专业知识，教师通过各种全新的教学模式，为学生创设出发展自我的平台。依据新会计准则的内容，讲究以原则为依据，允许会计人员根据自己的职业判断进行处理，渐渐引导学生形成自己的职业判断。

（二）对学生动手能力的影响

一个合格会计人员的职业判断能力是通过长期的实践获得的，但是在目前的会计专业的教学过程中，教学偏重理论知识的讲解，学生的实践能力得不到锻炼。其次，在会计专业的学习过程中，手工模拟实习与会计电算化实习相脱节，学生很难将这两部分进行融合。除此之外，学生的会计实践实习流于形式，不能真正学到知识，学生根本不能学到真正的会计实践知识，实习也就很难取得成效。如果依旧依靠以前传统的会计教学模式，学生根本无法养成职业判断的能力，自身的职业应变能力也不能得到提升，很难适应新会计准则对会计人员职业判断能力的要求。所以，针对这一现状，会计专业教师要为学生创设一个民主和谐的教学氛围，充分调动学生的能动性，扩展思维，将课本与实际相结合，达到学以致用、理论与实践相统一，帮助学生在实际生活中将课堂所学运用其中，锻炼学生的动手动脑能力。

（三）对学生专业素养的培养

新会计准则要求会计人员具有职业判断能力，这一点就要求在会计专业教学的过程中，重视会计人员的专业素养、重视会计人员的职业道德。所谓会计职业道德，就是调整会计职业关系的职业行为准则和规范。通过在会计职业活动中利用各种利益关系手段来维护经济利益关系、保证正常的经济秩序。但是就目前的会计专业教学的现状，在会计专业教师教学的过程中，并没有重视学生专业素养的培养，因此，需要教育工作者改变原有的填鸭式的教学模式，采用多元化的创新性教学模式，培养学生养成自主学习的意识与能力，引导学生树立正确的世界观、人生观和价值观，促进其个人全方面、多层次的发展，尊重学生的个性，成为实用性创新人才。在培养专业素质的同时，培养创新精神，激发学生的求异思维，适应新会计准则对会计人员的要求。

三、新会计准则下教学方法改进对策

（一）树立学生的职业判断意识

会计教学的目的不仅是将会计学生培养成一个具备丰富会计知识和操作能力的会计专业人才，更重视将学生培养成具有良好职业素质的会计专业人才。依照此要求，在学生接触会计专业知识阶段就应重视树立学生的职业判断意识，并将培养学生的职业判断意识贯穿学习会计知识全过程。因而，会计专业教师要让学生了解进行会计职业判断给学生带来的有利影响，让学生弄清未来会计发展趋势。随着市场环境的变化，会计制度必然从"一包到底"的状况向提供确认、计量会计要素标准方向发展，排斥判断、崇尚统一观念也必将发生革命性变化。

（二）改进教学方法

学生的职业判断能力是建立在扎实的会计专业知识基础上，因此要丰富专业知识内容。丰富专业知识内容过程中更应重视学生全面能力和综合素质的培养，以厚基础、宽口径的原则为指导，不断完善课程体系设置。厚基础是指调整课程之间的主次关系以及课程设置量，重视基础课程设置，让学生逻辑思维和分析问题的能力得到更多培养和锻炼的机会。宽口径是指除了会计专业课程外，还应开设经济、管理、金融等课程，拓展学生的知识面，提升学生实际处理会计业务的能力。改革传统单向灌输式教学，多使用启发式教学和问题教学，促进学生思维发展以及实际解决问题和创新能力的提升。

（三）重视实践教学环节

会计人员的职业判断能力需要会计人员通过处理大量会计业务来巩固和提高。会计教学要提高学生的职业判断能力，教师使用的教学方法必须让学生获得更多的实践机会。因此，首先要改革会计模拟实习中的会计档案资料，依据会计工作岗位模拟业务现场，改变实习方式。教师可以在依据分章节、分阶段进行试验和能力考核的基础上，通过角色扮演让学生扮演会计部门中的角色，加深学生对岗位的认识。扩展学生实习渠道，增加学生实习机会。学校可通过与企业合作的方式让学生进入企业实习，将学生置于动态的学习、实践过程，在实践过程中提高对理论知识的感性认识。鼓励学生假期进行社会调查，了解行业、单位的会计核算实际情况。

（四）重视专业素质教育

重视学生的专业素质教育，尤其是学生的法制和职业道德教育。专业知识是职业判断的必要条件，而法制和职业道德素质则是学生形成职业判断的重要保障。只有养成良好的专业素质，会计人员才会按照会计准则去确认、审核和计量会计要素，也才能提供真实、准确的会计信息。在会计教学中，重要的是让学生了解当前经济是市场经济，也是诚信和道德经济，更是法治经济。让学生明白职业操守对形成会计人格和最终形成会计人的重要性。

第五节　会计教学改革的教学手段支持

在互联网时代，教学手段的丰富得以让教师采取各类方法进行教学，而启发式教学、行动导向教学、会计模拟教学、分层次教学是长期运用到实际教学中的教学手段。

一、启发式教学

启发式教学是指根据教学目的、教学内容、学生的知识水平和知识规律，运用各种教学手段，采用启发诱导的方法传授知识、培养能力，使学生积极主动地学习，以促进其身心发展。导入这一阶段，从教育教学目标上，否定了以传授知识为目标的注入式教学，变教师讲授知识为学生探求知识，把教学的基点定位于发展思维和培养能力方面。从教学内容上讲，教师创设的情境和显现的内容，必须与教学的重点内容相关联，但不是提供结论性的答案，而是在基本结论的一定范围内，留有余地，以便充分发展学生探索问题的能力。从教学结构上讲，这一阶段以学生观察、联想活动为主，教师通过媒体显示或实物显现，激发学生学习的兴奋点。

讲解教师通过讲解勾勒出知识结构的轮廓，教师处于主导角色的位置。教师若要成为"主导"，重点应放在如何启发学生的"学"上。那么，教师必须转变备课只是熟悉教材内容而上课是"照本宣科"这种轻备课、重授课的教学思路，确立重备课、活课堂的教学思路。教学大纲和教材所规定的教学内容，仅仅为教师提供了教学的基本线索，教师在备课过程中，不仅要熟悉教学内容，而且要着重掌握教学大纲所规定的学生的认知和能力培养目标。围绕这一目标，广泛收集现实的材料，设定使用的媒体和教学方法，并使之与教学内容有机结合。扎实、科学、全面地备课，将会使课堂教学厚积薄发，游刃有余。从这个意义上看，教师备课的工作量要远远超过授课的工作量。

设问启发式教学模式以发展学生的能力、提高学生的素质为目的，传授知识仅仅是实现这一目标的一个过程。引导学生观察、发现、分析、解决问题是课堂教学的主线。在教学结构上，师生之间、学生之间形成一种合作关系，既可以是师生之间的个别或群体讨论与对话，又可以表现为学生之间的个别或群体讨论与对话。这一过程是启发式教学模式的灵魂，教师要尽可能地有意制造认知过程中的障碍，如提供正反两方面的立论、故意误导等，从而使学生在迂回曲折、历经坎坷的多向思维之后，获取知识。在教学技巧上，教师要尊重持不同观点或者是错误观点的学生，要保护好学生的积极性。

二、行动导向教学法

行动导向教学法是指通过师生共同确定行动产品来引导的教学组织过程，学生通过主动和全面的学习，达到脑力劳动和体力劳动相统一的学习方式。其基本特征体现在"完整的行动模式"和"手脑并用"两方面。通过行为的引导使学生的脑、手共同参与学习，在学习活动中提高学习兴趣，培养创新思维、团结协作的能力。

三、会计模拟教学法

会计专业的课程实践性强，为了缩短实践和理论的距离，让学生理解全部业务操作过程，了解和弄清各环节之间的联系，出现了会计模拟教学。在会计模拟教学中，学生可以进行会计凭证、账簿、出纳、材料、工资、成本费用等各岗位的模拟教学，也可进行综合会计岗位模拟教学等。

"银行结算方式"是会计专业教学中的重要内容，如何在教学过程中实施行动导向教学法，下面就以"银行结算方式运用"为例进行具体的阐述。简述典型的学习任务来源于企业生产或服务实践，能够建立起学习和工作的直接联系，是用于学习的任务，但并不一定是企业真实工作任务的忠实再现。因此，学习可以是自我管理的个体学习，也可以是小组合作学习。在学习中有独立学习的手段和媒体，如教材、工具书、计算机辅助学习程序，还有与教师交流的可能性，也可随时打断工作进行学习。

在"银行结算方式运用"中，确定的学习任务是学生以小组形式，根据7种银行结算方式的特点和适用范围，以教师提供的材料购销业务为工作实例，进行小组角色定位，是材料的采购者还是材料的销售者，结合企业的资金周转与发展的实际情况分析讨论，选择合适的银行结算方式。在选定的银行结算方式下，按照规定的结算程序，填写原始凭证并传递，做出相关的账务处理。

确定有效的学习目标是教学活动所追求的、学生在学习过程结束以后应实现的最终行为，它是预期的教学效果。表述学习目标可以使教师和学生都明确自己的努力方向，有效评价学习效果，并帮助选择合适的学习内容、方式方法和手段。在"银行结算方式运用"中，学生以小组的形式，通过教师讲解银行结算方式等资料，选择最适合本小组角色的结算方式，完成相应的结算程序，并写出相关的账务处理，对已完成的任务进行记录、阐述、存档和评价反馈。学习银行结算方式后，学生应当能够了解企业发生的货币资金收付业务，可采用银行结算方式的种类，熟悉各种银行结算方式的特点及适用范围，掌握在实例中的不同角色并选择结算方式的不同策略，能够写出相关的账务处理。设计合理的学习情境，制定工作与学习内容的学习情境是在典型工作任务基础上，在考虑学校教学资源、教师和学生等实际情况的前提下，由教师设计用于学习的"情形"和"环境"，是对典型工作任务进行"教学化"处理的结果。

一个典型工作任务可以划分为几个学习情境。在"银行结算方式运用"中，根据学习任务的难易度及业务的发展顺序进行合理的排序，划分为三个学习情境，并分别制定工作与学习内容。一是银行结算方式的选择。教师给定企业的材料购销经济业务和企业财务状况情况表，学生根据对银行结算方式各种类的理解和掌握，考虑小组的角色是材料的采购方还是销售方，围绕给定的材料购销业务实例，从企业的资金周转、材料需求或库存、对方企业的信誉等情况，组内成员之间沟通，对应组之间协商，选择小组的银行结算方式，签订简要合同并记录。二是银行结算方式的结算程序。教师准备好各种银行结算模拟原始单据、财务专用章、预留银行印鉴，要求学生小组在选定的银行结算方式下，能够按照现行银行结算制度的规定填写好原始单据，按照规定的路线和时间进行传递结算，掌握银行结算的流程就是单据的账务处理。教师准备好记账凭证和账簿，要求学生小组能按照记账凭证的填制方法正确填写记账凭证，根据填好的记账凭证登记到相应的账簿中。

　　采取合适的学习组织形式与方法学习过程在教学中占据核心地位。学生以小组为单位，模拟企业操作，接受并完成学习任务，教师是学生的专业对话伙伴，组织并帮助学生顺利完成工作任务。因此，在"银行结算方式运用"中，全班学生可分成五大组，每大组 8～10 人，分别给出不同的企业财务状况表。每大组又分成两个小组，每小组 4～5 人，分别扮演材料的采购方和销售方。以小组学习讨论为主，以正面课堂教学和独立学习为辅，三种学习组织形式交替进行。为了给学生提供解决问题和"设计"的空间，在学习过程中可以贯穿多种教学方法，如在给定材料购销经济业务和企业财务状况表时，用引导课文教学法引导学生获得必要的信息和资料，避免学习的盲目性；在选择银行结算方式时，强调合作与交流，为照顾学生的兴趣和经验，用"头脑风暴法"引导学生就银行结算方式的特点及适用范围自由发表意见，教师不对其正确性或准确性发表评价，但共同分析实施或采纳每一种意见的可能性，并归纳总结；在掌握银行结算方式的结算程序时，用角色扮演法让每大组的两小组学生分别扮演材料购销业务的采购方和销售方，让学生在完成学习任务的同时，感悟职业角色、体验职业岗位；通过迁移应用建立理论与实践的联系，形成一定的职业认同感等。整个学习过程以学生自主和合作学习为主，教师更多地以"师傅""导演"身份出现，行动导向教学法始终贯穿教学全过程，留给学生尝试新的行为方式的实践空间。

四、多媒体辅助教学法

　　多媒体教学是一种以多媒体传播媒体为手段，以人的感官为通道，以呈现模式的多样化为特征的现代化教学途径和方式。其最大的特点是图文并茂，使课堂教学生动化、形象化。正因为如此，多媒体教学越来越多地为广大教师所接受并广泛使用。多媒体教学不仅能创造教学氛围，激发学生学习的兴趣，提高学生的学习积极性和主动性，而且能提供大量的信息，丰富教学内容，提高教学效率。

　　会计学具有内容复杂、图表数据多、操作性强等特点，大量的图表给会计教学带来了一定难度，此时运用声形并茂立体辅导会计教学法的作用十分明显。它可以增强学生获取与处理信息的能力，有利于培养学生的抽象思维和逻辑思维能力，特别是根据会计现象建立模型的能力。比如，基础会计中讲述会计账簿内容时，如果只是照本宣科来讲解，学生根本不了解账簿到底是什么，采取多媒体以后，我们就可以将不同账簿的实物和账页扫描至多媒体课件中，展示企业的各种账簿，并配合讲解企业常设的现金、银行存款日记账和总账、明细账的设置原则和填写规范，将抽象的东西变成具体的实物，提高学生的认识能力和感官能力，让学生在认知过程中始终积极主动地参与学习，在轻松愉快的环境中完成学习，这样既提高了教学质量，也提高了学生的学习效率。

在设计多媒体课件时应做到以下几点：明确教学目的，突出教学重点，搭配适当的声音、图画及色彩，收集广泛素材，精心设计课后练习题。多媒体辅助教学要在把握教学内容、明确教学目标的前提下，以其媒体多样、形式灵活等优势为课堂服务。课堂上把握讲课的时间和节奏，及时调整课件演示速度，运用把握好度，充分发挥多媒体教学的原理作用。在使用多媒体进行声形并茂立体辅导会计教学法时，必须做到"三要"：一要适时把握教学节奏。由于运用多媒体进行会计教学，信息量大且变化快，学生要做到听课、记笔记、消化三不误有一定困难，如果教师在讲课时不把握好节奏，有可能让学生顾此失彼。二要强化师生互动交流。运用声形并茂立体辅导会计教学法进行教学时，师生之间缺少互动交流，因此要防止由过去摒弃的"人灌式"变成现在的"机灌式"。三要整合优化课堂资源。既要利用现有网络上的会计教学课件，又要整合一切力量，成立会计专业核心课程多媒体课件制作小组，研究制作一批高质量的教学课件。

五、分层次教学

分层次教学是指根据受教育者在一定阶段内的认知水平、知识基础、发展潜能、兴趣爱好、抱负指向等方面的客观差异，在尊重主体意志的前提下，学校依据资源配置条件而实施的教学形式。其教育理论的核心是因材施教原则，其施教理论基础是具体问题具体分析，一切从实际出发。目前，分层次教学已在很多学校的不同专业中得到开展和推广，而会计专业是一门技术性强、应用面广的专业，市场需求更是有不同的层次，因此探讨会计专业的分层次教学具有重要的意义。

（一）做好教学对象分层

要做到客观地把握学生层次，必须深入地了解学生。学生是整个教学活动的主体，由于其智力、能力、兴趣、动机、学习方式等方面的差异，接受教学信息的情况也有所不同。因此，单纯地以学习成绩为依据来简单机械地划分学生的层次往往偏差较大，所以对学生的层次应采用相关分析、客观分析、动态分析等方法，进行科学的分析研究。分层前教师应重视对学生的思想教育，使每个学生都舒心乐意地排到相应的层次里。分层后还应根据学生的学习情况定期地做调整，合理地进行组织教学。

（二）做好教学目标分层

学校要依据学校师资水平、社会需求、就业意愿等因素，根据不同层次的学生制定相应的分层教学目标。

1. 培养研究型、高级实务型会计人才

这一层次的培养目标一方面是让有志于理论研究的学生能够进一步入学深造，攻读会计硕士、博士；另一方面是向国内外有名的会计师事务所输入高水平的实务型人才。

2. 培养大众化会计人才

这一层次的培养目标主要是夯实学生基础，让他们能够胜任中小型企业的会计工作。

做好教学内容分层要根据不同层次学生的实际情况，有针对性地制订教学内容和进度。培养研究型、高级实务型会计人才的教学应选择内容全面，有一定难度、深度的教材。如有些课程的教学可选择注册会计师考试用书，同时加强某些课程的双语教学、加强实务培训，一些特别重要的课程可适当延长教学时间，以便教师能讲解更透彻，学生也能学得更扎实。对于这部分学生我们要求他们能"知其然并知其所以然"。大众化会计人才的教学应选择内容相对简单的教材。这一部分学生的教学应轻理论、重实务。在他们掌握基本的会计核算知识的基础上适当加以提升，适当延长财务会计、成本会计等教学时间。对该层次学生的作业练习难度要降低，以模仿性、基础性为主，要求学生毕业时能通过会计从业、初级资格等考试。

第五章　财务管理的基本理论

第一节　财务管理中的问题

在市场经济飞速发展的背景下，各个行业的竞争越加激烈，企业要想在激烈的市场竞争中占据一席之地，必须要加强财务管理，获得市场竞争力的提升。财务管理是企业各项管理工作的前提与基础，不仅能为企业的经营管理提供有效帮助，还能促进企业经济效益的切实提升，实现企业的持续稳健发展。本节针对财务管理中的问题展开分析，并试探性地提出几点对策，以便相关人士借鉴和参考。

随着社会信息化的发展，国家在税收和贷款等方面颁布了一系列的扶持及优惠政策，为企业的发展提供了良好的契机，但也使企业面临着一定的危机。若现代企业不能科学合理地规划财务，内部财务管理混乱无序，盲目追求高风险、高利润投资，不仅会出现现金流短缺、成本增加等现象，还无法实现经营目标，甚至影响企业的生存。目前如何做好财务管理工作，已经成为现代企业的重要研究课题。

一、财务管理中存在问题的分析

财务管理中存在的问题主要表现为以下三方面：

（一）管理观念老旧

财务管理涉及很多关键性概念，如货币的边际成本、时间价值、机会成本、风险投资等，然而企业管理层不能准确地理解这些概念，管理观念老旧且僵化，无法明确价值最大化的意义，造成财务管理工作的不合理。

（二）财务内控管理不到位

有些企业的内部监督机制与财务管理机构配置不完善，引起财务管理漏洞；内审部门和财务部门缺乏独立性，两个部门需服从企业高管的调度，在其领导下开展业务活动，造成独立性不强，无法有效监督财务审计，一旦高管利益与企业利益出现冲突，则无法约束和监督高管的权力，不能很好地保障企业利益。

（三）筹资缺乏计划性

一部分企业筹集资金时过于匆忙或随意，没有认真计算外部资金的需求量，致使筹集资金的数量与实际需求不相符，造成资金使用效率降低。同时我国银行的贷款手续相对烦琐，需要花费较长的处理时间，有些小微企业利用银行获取的贷款额度低或无法获得银行贷款。一些企业缺乏长短期融资计划和资金规划，对自身的偿债能力与资金需求没有进行综合考量，只是一味地进行大量贷款，选择周期短、利率高的贷款，继而加大了还款压力，极易因资金链断裂而破产。

二、财务管理问题的解决对策

（一）积极转变管理观念

由于财务管理理念是对财务管理问题进行思考的着力点，企业在全新的理财环境中若不能转变理念，则无法增强自身的市场竞争力，不利于自身的长远发展。所以企业管理者应该与时俱进，改变传统落后的财务管理思维，树立新型的管理理念，采用新颖的管理手段，适当拓宽市场信息渠道，及时分析收集的信息，努力跟上社会和时代的更新速度，优化调整企业发展方向。另外，企业管理者应引导职工树立财务管理意识，注重系统与制度的有机结合，建立健全财务管理制度，加大信息化建设力度，确保决策的合理性与科学性，以免因主观意识影响而造成不必要损失。

（二）加强财务内控管理

对财务管理活动而言，其具有较强的综合性，涵盖企业的各环节，这就需要加强财务的内部管控和风险防范，具体包括：①确保财务机构的独立性。财务机构要以规定的权限和职责为依据，做好财务管理工作，积极监督内部财务，不受内部违规和外界干预，确保财务管理的有序性和规范性。②对财务管理流程和高管权限加以规范，明确各环节的责任，将高管的职能作用加以充分发挥，有效约束高管权力，以免其权力过大而危害企业发展；或者是以企业的实际情况和规模为依据来科学设计高管权力，确保高管权力既有约束和监督又有保障，使其权力的应用与企业的发展目标和长期利益相一致。③明确内审机构的独立审计权限，注重内部审计监督作用的发挥，适当扩大内审的范围，在内审监督范围内纳入企业运行全过程，从而优化内控环境，及时查找财务管理漏洞，降低财务风险，实现企业的长足发展。

（三）完善筹资管理

要想完善筹资管理，企业需要事先合理预测资金需求量，科学制订长短期融资计划与资金规划，对自身的偿债能力进行有效分析，尽可能地少使用周期短、利率高的借款，确保资本结构的合理性；或者是以自身实际的资本结构、资金情况、法律限制、发展周期为依据，对股利分配政策进行科学选择。同时企业应该强化内部筹资的管理，对信用风险进行综合考量，合理推迟应付账款和占用预收账款的付款时间，达到周期延长的目的，并加强分析账龄，对应收款项予以及时催收，避免应收账款因长期未收回而变为坏账。

（四）提高财务管理人员的综合素质

作为财务管理工作的承担者和执行者，财务管理人员的职业素养对工作开展效果有直接影响，所以提高财务管理人员的综合素质显得尤为关键。为此，企业应该鼓励财务人员定期参与专业培训活动，实现实际操作能力、文化理论知识、专业技能的提高；注重人员的思想道德建设，使其认真遵守职业道德规范，形成正确的价值取向，做到勤业、敬业、精业、乐业。当然，企业也要对持证上岗制度加以合理制定，严格考核培训人员，只有合格者方可胜任工作。

综上所述，财务管理工作是一项系统而复杂的工作，在企业生存与发展过程中发挥着极为重要的作用，然而在实际工作中还存在这样或那样的问题，如管理老旧、财务内控管理不到位、筹资缺乏计划性等，严重地影响了企业其他工作的有序开展。针对这种情况，企业必须要立足实际，积极转变管理观念，加强财务内控管理，完善筹资管理，提高人员综合素质，以便提高自身的经济效益和市场竞争力，实现自身的稳健发展。

第二节 财务管理的优化措施

优化财务管理，有利于提高财务管理水平，保证企业的经济效益。本节首先总结了财务管理的目标，分析了当前财务管理中的常见问题，并提出了积极有效的解决办法，希望对财务管理的优化有一定的借鉴作用。

一、财务管理的目标

明确财务管理目标有利于激发员工的工作热情，提高企业员工的责任感，从而为提高企业的管理水平奠定基础。财务管理目标主要包含三方面的内容，具体如下：

有利于提高员工在财务管理工作中的主动性，促进更好地完成财务管理目标。建立财务管理目标也是一种激励机制，激励机制的建立可以更好地调动财务管理员工的工作积极性，有利于保持员工的工作热情和责任感，通过激励的方式促进员工更好地完成财务管理的目标，促进企业经济效益不断提升。

有利于建立约束机制，完善企业责任制。约束机制的建立十分必要，这一机制的建立有利于完善企业经济责任制，更好地约束企业人员的经济行为。这一机制不仅仅适用于财务管理人员，所有涉及经济行为的企业工作人员都可以对其进行约束，这对于保证一个企业健康发展和运行意义重大。

有利于建立监督机制，保证企业的经济效益。明确财务管理内部控制的作用、建立内部的监督制度、完善内部审计制度，切实做好财务监督工作，有利于企业监督机制的完善，对于优化财务管理环境、加强内部控制及企业经济效益提高有着重要作用。

二、优化财务管理的具体措施

良好的财务管理有利于降低企业的运营成本并提高企业的经济效益。针对当前部分企业存在的问题，笔者提出了以下优化措施：

重视企业资金管理，加大资金管理力度。资金管理是财务管理最为核心的内容，因此需要引起企业的高度重视。未经企业的授权，企业的各个部门以及子公司不能擅自展开融资业务，也不能用企业的财产或者信贷来抵押、担保等进行变相的融资。企业应当成立专门的管理委员会来负责对资金管理进行审批，同时分配各个业务部门的资金额度，审议各种资金的使用方案。财务部门是企业自有资金的管理部门，主要的工作内容如下：制定企业自有资金管理方面的制度和措施，负责企业自有资金的筹集以及计划，审批企业内部自有资金账户的设置、变更及注销，对企业的资金管理进行指导及监督，同时要制作企业的资金报表，收集、整理并分析企业自有资金的相关政策法规信息，从而为企业的资金管理提供建议。除此之外，财务管理部门还需要负责企业员工的费用报销以及借款的资金划付，同时规划建设企业资金管理的管理网络，从而构建一体化的企业资金管理体系。

转变财务管理理念，完善财务管理制度。企业应当转变财务管理理念，这是加强财务管理工作的前提条件。一是企业的财务管理人员要转变观念，主动参与企业运营决策的整个过程，为企业的各种决策提供服务。财务管理部门要充分发挥财务分析职能，挖掘财会信息的潜力，从而帮助企业的管理人员在生产经营和技术创新等活动中进行成本、风险、效益以及筹资等多角度进行策划，提高企业决策的科学性。二是要建立预算控制制度，同时编制财务计划，进而充分发挥出预算计划对财务管理的控制及协调作用，尽可能地克服企业在财务管理中的盲目性。企业管理人员应当将财务分析以及会计报表作为财务管理的重要手段，通过使用财务分析来做好各项活动的事前控制，进一步根据资产损益表以及负债表来确定企业发展规划，同时发现企业生产运营管理中存在的问题。

加大财务管理人才培养力度，稳定财务管理人员。企业要重视财务管理人员的培养工作，首先在人才选拔阶段就要十分严谨，必须具备一定的财务素质，必须有资质证书，通过层层选拔，最后决定人才任免。二是要加大在职人才的培训力度，必须定期组织脱产培训，从财务管理人员的短板入手，组织有针对性的培训，从而更好地提高财务管理人员工作水平。三是建议注重信息化财务人才的培养和吸纳，信息化时代财务管理工作一定要跟上时代的发展步伐，才能在新时代发展当中立于不败之地。

综上所述，财务管理工作对于一个企业的发展意义重大，从资金管理到制度完善，再到财务管理人才培养都需要落到实处，认真对待，不能流于形式。同时，财务管理工作要想顺利开展,还需要其他部门的支持与配合,财务管理工作在大家的支持和配合下才可以取得新的进展、新的成绩。

第三节 财务管理观念创新

我国传统财会制度的缺陷造成我国大多数企业存在对财务管理的地位以及财务管理作用不明确等主要问题。企业的经营环境发生了很大变化,特别是处于企业管理中心的财务管理则需要迅速适应周围环境的变化,这样才能为企业的决策提供及时、有效的帮助。企业要找出自己在财务管理中存在的问题,选择适合自己的方法。财务管理是组织企业财务活动、协调企业和各方面财务关系的一项经济管理工作,对于改善企业经营管理,提高企业经济效益具有十分重要的作用。随着企业所处的社会环境、经济环境等外部环境的变迁,企业的财务管理目标也应随之变动。明确财务管理目标是做好财务管理工作的前提和基础,不同类型的市场环境需要不同的财务管理思路和方法。企业的财务管理思路和方式只有与市场机制的发展变化相适应,结合企业改革,不断调整完善,才能使企业在市场竞争中始终立于不败之地。

财务管理是指在一定的整体目标下,关于资产的购置、融资和管理。财务管理与经济价值或财富的保值增值有关,是有关创造财富的决策。企业理财是一种开放性、动态性和综合性的管理,就是围绕资金运动而展开的。财务管理是有关资金的获得和有效使用的管理工作。从具体意义上来讲,财务管理是指资金的筹措、运用、管理以及有收支事项的处理。例如,企业从创立开始,即需考虑资金的筹措。在进行产销活动时,从资金调配、供需状况、年度决算、盈余分配、亏损拨补,以至企业结束时,如何清偿债务,将剩余财产分配给股东,均属于财务管理的范畴。

一、财务管理的作用

计划作用。财务预测是在认真研究分析有关历史资料、经济技术条件的情况下,对未来的财务指标做出估计和判断并制订财务计划的过程。通过预测和分析,找到增收的渠道和节支的途径。财务预测的内容主要包括销售预测、资金预测、成本预测和利润预测四个方面。企业的财务计划要以货币形式综合反映计划期内进行生产经营活动所需要的各项资金、预计的收入和经济效益,也就是说,财务计划是预测资金的来源和提出资金使用的要求。

控制作用。财务控制是保证企业财务活动符合既定目标,取得最佳经济效益的一种方法。财务控制的内容主要有以下几点:①加强财务管理的各项基础工作。加强财务管理的基础工作是做好财务控制工作的前提,财务管理基础工作的主要包括健全原始记录、加强定额管理、严格计量验收、定期盘存财产物资以及制定企业内部结算价格制度等。

②组织财务计划的实施。编制财务计划只是财务管理的起点，最终要组织计划的执行和落实，以达到不断改进工作、提高效率、降低成本、节约支出的目的。在组织计划的执行过程中，通过对各项财务指标完成情况的分析来评价各项管理工作的质量，为决策提供依据。③平衡财务收支。平衡财务收支也是财务控制的主要内容。其任务是及时根据实际情况，积极调度、合理组织资金，以保证生产的合理需要。平衡财务收支的方法是增加产量、增加收入以平衡支出，降低消耗、节约开支以平衡收入。此外，还可按规定程序向社会融资或向银行贷款。

监督作用。财务监督主要是利用货币形式对企业的生产经营活动所实行的监督，具体来说就是对资金的筹集、使用、耗费、回收和分配等活动进行监督。例如，通过资金周转指标的分析，能够反映企业物资的占用和使用情况，对这些生产经营资金的形成和使用实行严格的监督，从而促进企业加强生产技术管理，改进物资供应工作；通过产品成本有关指标的分析，能够反映生产中物化劳动和活劳动的耗费，推动企业合理地使用人力、物力和财力，节约消耗，降低成本；通过利润指标的分析，能够反映企业的财务成果和经营管理水平，对利润的形成和分配实行严格的监督，从而促进企业挖掘潜力、改善管理、节约开支、增加收入。

资本运营。财务管理是企业管理的中心，资本运营是企业管理的最高境界。资本运营不仅仅是运营产品，还有运营资本。资本运营是现代财务管理的一项重要工作。它不采用财务会计中记账、算账、报账的方法，也不采用管理会计中预测利润的量本利法，而是采用管理会计中投资决策的理论和方法，采用财务管理中投资组合选择原理、资本结构理论等重要方法，将投资、融资和盘活存量资产作为主要内容。

二、未来财务管理的创新与发展

观念创新是财务管理创新的重要前提。培养财务管理的创新能力最重要的是观念创新，笔者认为，作为财务管理人员要适应市场经济体制下财务管理的新要求，必须树立以下五个观念：

（一）以人为本的理财观念

1.增强人力资源方面的投资，提高企业各级领导和员工的素质，分层管理和全员财务管理，实行民主参与式的财务管理。

2.推行财务分级，提高员工对财务管理的参与度和认识度。

3.加大对以智力为基础的资源的投资力度，为培养企业文化和良好的人际关系创造优良的环境。

4.要通过建立责、权、利相结合的运行机制形成对人的激励与约束，把人的潜能最大限度地发挥出来，使企业的财务管理成为充分调动人的积极性、主动性和创造性的有效手段。

（二）竞争与合作相统一的理财观念

竞争与合作相统一是新经济时代所要求的企业发展的基本战略策略。一方面随着高新技术的发展，信息的传播、处理和反馈的速度越来越快，这就必然使市场竞争更加激烈，谁在信息和科技知识共享上抢先一步，就能掌握主动权，谁就会获得竞争的优势和超额利润；另一方面，信息的数字化、网络化，科学技术的综合化和全球经济的一体化，必然要求各行业、各企业之间互相沟通与合作，使各方面的经济利益达到和谐统一。市场的多变性与竞争的残酷性，对一个企业来说，没有永远不变的竞争对手，永远不变的是追求最大经济效益驱动力。因此，作为企业经营和竞争能力重要因素的财务管理，必须紧紧围绕着企业发展战略，围绕利润最大化目标，迅速提高反应灵敏、科学合理、调整完善的财务决策和管理的能力。

（三）信息化理财观念

在现代化市场经济中，企业的一切经济活动都必须以快、准、全的信息为导向，信息在市场经济活动中的重要性已成为共识。一条准确而有价值的信息能使一个企业获得突飞猛进的发展，同样，在不实、错误信息基础上的决策而造成企业一蹶不振已经不再是新闻。要以信息化带动工业化，发挥自身优势，实现社会生产力的跨越式发展，以数字化为先导，以信息化高速公路为主要内容的新技术革命，以信息流与企业的资金流、实物流相结合后，经济活动的空间变小、距离变短。这就决定了财务管理人员必须牢固树立信息理财观念，运用现代化技术手段进行财务管理和分析、财务决策和资金运筹。

（四）知识化理财观念

知识经济所带来的"联合经济"效应，已经远远超过了工业经济时代的"规模经济"效应、"范围经济"效应。这对财务管理理念提出了新的挑战。知识经济时代，知识成为最重要的生产要素和主要的经济增长源泉。与此相适应，未来的财务管理将更是一种知识化管理，其知识含量将成为财务管理是否创新的关键性因素。

（五）法制化的理财观念

为实现经济体制转轨，必须完善与之相适应的经济法律、法规体系。近年来我国相继颁布了《公司法》《会计法》《全民所有制工业企业法》《中外合资经营企业法》《企业破产法》等一系列有关法律以及《全民所有制工业企业转换经营机制条例》《国有企业财产监督管理条例》《企业财务通则》等一系列有关行政法规。这些法律、法规的颁布，为我国企业的资产运作规范化和财务管理的规范化提供了法律依据。

新形势下财务管理的发展。财务管理是商品经济迅速发展的产物，并随着商品经济的发展而发展。经济全球化背景下，随着我国市场经济体制的建立，特别是我国加入WTO后，财务管理在各个方面都有一定程度的发展，与传统的财务管理有了很大的不同。入世将导致我国经济结构的变化。我国原有一些受保护的部门和资本及技术密集型部门在经济全球化过程中受到了较大的冲击，一些资产素质较差的企业加速倒闭，一些企业为了强化和重塑其竞争优势而进行内部重构，或者采取并购、重组等资本运营方式实施外部扩张。公司内部重构时的资产剥离，公司间并购时的资本运作，企业破产时的重整和清算等都成为财务管理的重要课题。

综上所述，财务管理在企业经营中具有非常重要的作用，它贯穿于企业经营的整个环节，因此有必要实行全面预算管理控制企业成本，加强资金管理，合理利用资金建立财务监督制度，发挥财务管理的重要作用，促进企业财务业务一体化以提高企业的经济效益。总之，现代企业管理者认为，记账和平账只能算企业财务人员的基本功，如果能够通过财务专业帮助业务人员做分析，从而提高管理人员的决策水平，财务人员将真正为整体创造价值。因此，财务人员不能只懂得财务，更要懂得经营。财务人员懂得经营后，就能得心应手地做出更加准确的判断，不但为产品定价，而且拥有缜密的数据分析能力，才能探询到对方的底价，为企业决策把关、算账，这是企业成功的根本保证。

第四节　财务管理中的财务分析

财务分析以企业财务报告中反映的信息为基础，分析企业的实际运作情况，分析企业运营中存在的问题以及企业未来的发展趋势。财务分析在财务管理中发挥着重要作用，可以通过财务分析优化财务管理和业务运营。本节主要分析了财务分析在企业管理中的应用，然后阐述了企业财务分析中存在的问题，并提出了相关的整改建议和改进措施，为财务分析的实施提供参考。这对相关领域的研究人员和同行业的工作人员具有重要的参考意义。

随着中国社会市场经济的快速发展，各类企业都面临着一些机遇和挑战。财务是一个企业发展中非常重要的环节，如何将财务管理中的财务分析按照科学的步骤进行，在企业顺利运维的同时最大化地增加企业收益，减少风险成为财务管理的重中之重。

一、财务分析与财务管理的关系

在企业中，财务管理被视为一种经济管理工作，可以科学合理地分配企业资产和资本。将财务报告中反映的财务指标作为主要依据，财务分析可以与各种分析模型和分析工具相结合，对已经发生与将要发生的业务活动和投资项目进行研究，分析其运作能力、企业的各种活动的盈利能力和还款能力。财务分析也属于管理活动。财务分析可以为业务经理或投资者提供准确、客观的数据信息，使关心公司的人能够清楚地了解公司过去的运营情况，并为公司领导者规划未来发展提供依据。因此，进一步完善企业财务分析，强化财务管理理念，创新财务分析方法，对提高财务管理水平具有一定的作用。

二、财务分析的问题

不科学地使用财务分析指标。目前,很多企业在财务分析方面都存在问题,主要是不科学地使用财务分析指标。

财务分析缺乏业务发展的服务能力。实施财务分析的主要目的是通过财务分析帮助企业了解财务风险和制定战略规划和决策。但是,中国的许多公司都未能有效地使用财务分析。这个问题与企业领导者对财务分析缺乏关注直接相关。此外,由于许多财务分析报告更加关注企业过去的业务情况,对当前财务预算和决策分析以及财务资源配置的关注程度相对较弱,这使财务分析报告对业务发展的支持不足。

财务分析结果与实际操作不符。财务分析的主要目的是找出企业生产经营过程中存在的问题,为决策提供相应的依据。但是,许多现有财务人员提供的财务分析对公司内部的运营管理没有指导意义和可操作性,也没有对业务运营和运营管理进行合理有针对性的分析。

三、财务分析应用研究

加强商业模式和营销策略的创新。为了提高财务报表的客观性,公司财务和会计人员还必须在编制财务报表时进行各种数据分类,以完成比较数据的统一纳入。通过采取这些措施,可以避免分析财务报表过程中的过多错误,从而提高数据的可比性,同时提高报告分析的准确性。对于财务管理人员,在分析财务报表的过程中,有必要加强对报表的客观分析,避免将个人因素混入工作中。通过提高报告分析的客观性,可以帮助管理者加深对各种财务信息的理解,为企业债权人和投资者提供更准确的报告信息,为投资提供科学依据。

提高财务报表的分析水平,加强财务分析报表的应用。要解决企业财务报表中数据不全面和信息不清晰的问题,在过程中选择定期的财务分析指标。添加非财务指标以解决公司资产和负债以及损益表等信息不完善问题。在财务分析过程中,还需要提供企业的公允价值和企业未来信息,增加人力资源评估报告作为注释,加强企业资产并购和债务担保的分析。财务数据和票据作为业务运营、管理和财务分析数据为用户提供准确的财务分析信息,以确保公司所有决策都是科学合理的。目前,可以使用更多的财务报表分析方法。在分析过程中,不仅需要对主报告进行分析,还需要对报告中的说明信息进行分析。在通过财务报表分析公司的经济发展时,有必要使用整体数据来完成对每个部分信息的分析。

加强财务分析体系对风险的分析和防范能力。风险由两部分组成:出错的可能性、出现问题的负面后果。然而,风险很难发现,更不用说准备和管理了。并且,如果遇到了没有计划的后果,那么成本、时间和声誉都会受到损失。这使风险分析成为规避风险的重要工具,它可以帮助识别决策中可能面临的风险。它可以帮助管理这些风险,并最大限度地减少它们对计划的影响。风险分析是一个帮助识别和管理可能破坏关键业务计划或项目的潜在问题的过程。要进行风险分析，必须首先确定可能面临的威胁，然后估计这些威胁实现的可能性。风险分析可能很复杂，因为需要利用详细信息，如项目计划、财务数据、安全协议、营销预测和其他相关信息。但是，它是一个必不可少的规划工具，可以节省时间、金钱，挽救企业的声誉。如果选择接受风险，可以通过多种方式减少风险。商业实验是降低风险的有效方法。它们涉及推广高风险活动，但规模小，并且受控制。可以通过实验来观察问题发生的位置，并在大规模引入活动之前找到预防风险的方法。预防措施旨在防止高风险情况发生。它包括健康和安全培训、企业服务器上的防火墙保护以及团队交叉培训。侦探行动涉及识别出现问题的过程中的疑点，然后采取措施及时解决问题。侦探行动包括仔细检查财务报告，在产品发布之前进行安全测试，或安装传感器以检测产品缺陷。计划—执行—检查—行动是一种控制风险情况影响的方法。与商业实验一样，它涉及测试降低风险的可能方法。该工具的四个阶段将指导完成对情况的分析，创建和测试解决方案，检查其工作情况以及实施解决方案。

  风险分析是一种经过验证的方法，可用于识别和评估可能对业务或项目成功产生负面影响的因素。可以通过识别威胁并估计实现这些威胁的可能性来进行风险分析。一旦确定了所面临的风险，就可以开始寻找有效管理风险的方法。这包括选择避免风险、分享风险或接受风险，同时减少风险。

  综上所述，财务分析是财务管理的重要组成部分，与企业的健康发展有着重要的关系。企业相关管理者需要不断关注财务分析，强化财务分析管理机制，发现企业所处的财务状态。在财务分析的管理和运作过程中存在不足，应充分发挥财务分析在财务管理中的作用，避免财务风险，提高企业的核心竞争力。

第六章 财务管理的基本组成

第一节 精细化财务管理

随着社会经济的快速发展与进步，经济全球化的发展趋势变得更加显著，使得各个行业之间的竞争水平也出现了较大的改变，交流变得更为畅通。但同时，也使我国各个行业之间的竞争压力变得空前之大，并出现了各种各样的问题。针对这些问题，我国从政府层面不断制定改革措施，从企业层面不断深化改革，从而为企业的快速和可持续发展提供强有力的保障措施。本节从精细化管理的角度，重点阐述了提高企业精细化财务管理的具体对策，旨在促进企业的可持续发展。

一、企业精细化财务管理的基本内涵

所谓企业精细化财务管理，主要指的就是将企业财务管理工作细分，以促使企业财务管理水平显著提升，财务管理工作效率和质量显著提升，从而最终为提高企业经济效益水平服务。一般来说，企业采用精细化财务管理工作，不仅仅是将财务管理的相关内容和数据进行细分，还是为了提高企业的资金使用效率。通过开展精细化财务管理工作，不仅能够很好地促使企业财务管理水平显著提高，还能够促使企业良性发展和运营。该模式是目前很多企业首选的一个财务管理模式。

二、当前时期企业精细化财务管理工作中存在的问题分析

虽然目前很多企业均意识到了精细化财务管理对自身发展的重要价值，但是依然存在很多方面的问题。那么，具体包括哪些方面的问题呢？

（一）精细化财务管理意识十分淡薄

在企业发展过程中，若要实现财务精细化管理，那么就应该强化企业自身的财务管理意识，强化企业内部的协作与沟通，从而有效地提高财务管理水平。然而，在实际过程当中，企业的财务管理意识十分淡薄，并未构建一整套完善的财务管理制度与体系，且财务管理体系的构建仅仅是一种表面化的工作，并未将其落到实处。

（二）精细化财务管理相关资料及数据真实度较差

企业在开展财务管理过程当中，财务预算是一个十分重要的环节和内容，若不能有效地开展财务预算管理工作或者财务预算信息不合理、不规范、不真实，那么就很难提高财务管理水平，也就很难达到理想的管理效果。当前时期，有相当一部分企业仍然使用传统的人工预算方法，使得预算结果的真实性受到了非常大的影响，所得的数据也不够真实和科学，难以为企业管理层的决策提供有效的依据。

（三）未构建完善和健全的财务预算管理体系

企业若要更好、更高效地开展财务预算管理工作，离不开合理有效的监督机制，因为它是财务预算管理体制不断优化和走向发展的一个必然路径。当前时期，某些企业经费在使用方面存在随意性强以及规范性弱等方面的缺陷及问题。究其根源，主要是由于某些企业过于追求社会效益，而对经济效益完全忽略。此外，很多企业内部并未设置专业化的财务预算监督机构，并未构建一整套完整的财务预算监管体系。

（四）财务管理监督机制严重匮乏

当前时期，我国很大一部分企业管理中的财务核算监督职能不能达到显著的作用，很多企业财务管理工作受到很多方面的影响。当前时期，很大一部分企业财务核算监督机构不能正常地发挥应有效果的原因主要包括如下两方面：①企业不能对自身的财务管理进行规范化的管理，从而使其自身的职能水平欠缺；②企业所设置的财务机构中的工作人员的素质水平普遍较低，职业道德素养也不高，更甚者，其在财务管理监督意识方面也十分缺乏。

（五）财务管理在企业各项管理中的平衡地位被完全打破

当前时期，有一定数量的企业管理者对财务管理存在较大的误区，很多管理者只是简单地认为财务工作就是记账、算账，重视的只是如何处理财务报表、应对银行等相关部门的各项财务业务等方面的工作，根本没有从本质上深入地了解以及掌握企业内部资源的优化配置。那么，财务管理真正的内涵以及具体的职能也就无法充分地发挥出来，那么企业财务管理方面的工作也受到了极大的影响。

企业在现今快速发展的时代正面临着各种各样的挑战，同时企业自身也存在着诸多的问题，因而，对企业的发展来说，需要精细化的财务管理，在财务管理的不断提升中，使得企业逐步稳定发展，能够可持续性地发展与长存。

三、精细化财务管理的特色

对于企业财务管理的缺失，应该将思路加以明确，不单单是将管理工作进行得更为细致与精确，还需要有相应的思路以及方向，使得管理质量得以提高，企业运营效果与利润得以提升。企业要从多方面着手，既要认真执行，也要重视效率，进而实现精细化财务管理的目标。

(一)制度精细化

财务管理制度的精细化,能够建立健全财务制度体系。制度精细化指的是财务的具体实施更具规范性,进而达到精细化的管理。企业需要凭借自身的实际情况对财务部内控的制度加以严格修正,将各个条款逐一细致化,使得其在制度建设中保有相应的原则。加强制定与完善各类财务管理制度,细化各类财务管理制度,通过细致且有效的制度监督以及管理方式防止制度执行力不高与制度模糊化等问题的产生。

(二)流程精细化

财务管理流程的精细化,能够进一步整理以及完善管理流程,流程精细化对于财务最终的工作效率以及内部控制的实施有着重要作用。企业需要加强细化财务预算,将各个系统能够依据预算执行的费用项目整体纳入预算管理之中,并且分散于各处且具体落实于人,达到整体过程能够进行有效率的财务管理及优质的提前控制。依据相应的内部控制以及高效率工作的准则,进一步规范财务管理流程,逐步细化各项业务层面的具体操作规则,使得财务人员可以将重心全部转移到财务数据分析上,使得财务流程精细化能够进一步有序进行。

(三)质量精细化

财务管理质量的精细化,能够对企业加以监督并进行决策上的支持。加强贯彻与执行国家及企业的财政政策与法规,全面以及认真地将企业的财务状况加以反馈,注重细节,将信息加以精确性地完善,增强信息的可利用价值,强化对资金的监管与控制,保证资金的安全,将财务核算模式加以转变,将财务的事后核算转变成事前预算、事中控制以及事后监督为一体化的财务管理方式,在组织上确保预算体系得以如常进行。

(四)服务精细化

财务管理服务的精细化,能够加强沟通以及使得合作具有动态化。财务人员需要具备财务服务精细化的理念,在一定时间内进入基层部门了解实际情况,努力做好资产管理方面的工作,加强与各个部门间的沟通和协商,将信息的反馈速度加以提升,成为良好的互动关系,运用相关的信息,使得各类活动有凭据可依靠。

四、精细化财务管理的实施方法

(一)企业内部实施成本预算管理

成本预算管理是将企业年度资产经营考核目标利润作为具体的依据,将企业年度预测的各项数据作为已知变量,计算出企业年度总体的预算收入,进而推算出企业年度总的需要控制的费用。优质的成本预算管理,应该将成本预算先具体地落实,将实际成本费用的核算时间划分为月度、季度与年度三种,同时结合相对应的企业财务会计报表,进而将其作为成本费用控制的依据。同时还需要将其和各个部门的成本预算加以对比，准确地寻找到管理的缺失，并用具体的方案加以解决。

（二）精细化管理认真落实

将促进经济效益的提高作为主要目标，使精细化管理加以落实。第一，在安全性的管理上，实行安全生产责任制，制订具体的安全管理方案及准则，做到各项条款更为精细及确定，将安全责任加以着重划分，确保责任目标得以具体落实。第二，对于企业的管理制度来说，应在充分地发挥综合管理的作用，逐步改善企业中的预算管理、资产管理以及精细化管理制度，强化日常的管理与监督等方面进行制度的设立。第三，在企业资产经营方面，实施目标责任制，所有的工作人员都形成良好的成本管理意识，将企业经营的总体目标细化于各个部门。第四，将成本预算与薪酬考核结合起来，同时将精细化管理目标达到的效果作为薪酬考核的内容之一。第五，对于企业预算资金的运用，需要以月度计划的方式进行控制，以月对于资金的使用计划加以划分，使得企业资金在可控的范围之中。第六，对企业成本管理设立细致的标准，对企业成本管理的目标以及责任加以细化。第七，逐步改善企业内部的审计制度，实施严谨且规范化的管理，将企业的经营风险降低。第八，建立健全有效的企业实物资产管理制度及措施，进一步深化精细化财务管理的内容。

综上所述，精细化财务管理具备其独有的特色，对于企业的发展存在着重大的价值；同时，需要遵守精细化财务管理的实施方法，并且加以具体应用及推广，进而使企业的管理水平加以提高，企业自身也能够蓬勃发展、蒸蒸日上。

第二节　财务管理中的内控管理

内控管理能直接影响财务管理，所以当代公司都非常重视内控管理。一个好的内控管理方法能对公司的运营起到积极作用，不但能减少公司运行成本，还可降低生产成本，既能保障公司资产安全，又能有效地为公司降低财务管理风险，为公司管理层提供可行的财务数据，有利于更好地发挥内控管理的作用。

一、内控管理对财务管理的作用

市场经济的发展需要公司完善内控管理工作，预防公司在经营过程中出现危机。公司内控管理措施的执行力与财务管理工作是息息相关的，直接影响了公司经营的经济效益。虽然现在不少公司领导层都开始重视内控管理，但还是有少数公司领导并不那么重视内控管理，对财务管理工作也没有起到监督作用。其实，内控管理对财务管理有着非常重要的作用。

（一）有利于保护公司资产

内控管理能有效地保护公司的资产安全，使公司健康发展，因为内控管理人员需将公司全部财产进行核查与控制，并清楚公司的每一笔流动资金，才能确保财产安全，避免公司出现挪用公款的情况。公司财务管理部门根据公司现状拟定相关管理制度，并对物资处理有详细规定，这样能提升公司财务管理方面的专业水平。同时，也能有效地防止贪污现象，公司在正常运营的同时也提高了外部竞争力的积极作用。

（二）提高财务信息的真实性

内控管理能提高公司财务信息的真实性与可靠性，完善公司内控管理制度对财务管理有着重要影响。要拟订详细的财务信息处理方法与控制方案，比如，将财务信息资料进行审核复查，经过内控管理完成公司财务信息的校对，以及时发现财务管理中的问题，从而及时改正，有利于降低资产损失。财务信息越真实越利于公司财务管理的发展。

（三）公司经济效益得到提高

完善内控管理是提高公司经济效益的有效方法，加强内控管理并发挥内控管理在经营管理中的作用，能够提高公司财务管理水平。建立完善的公司内控制度能充分利用内控管理制度的资金调节作用，使资金使用合理性得以提升，并有利于加强公司的自我约束力。

早在2008年我国便开始实行内部控制基本规范，其成为我国企业内部规范管理体系当中的重要内容。各大企业都需要不断完善自身内部控制管理体系，这样才能更好地促进企业的发展。现阶段，我国大多数企业的内部控制体系已经得到全面发展，广泛覆盖在各个生产经营阶段，并且涉及中小型企业的所有层面。企业内部控制的主要内容在于控制环境、识别和评估风险、控制企业决策以及经济活动、沟通与反馈信息、评价和监督。企业在发展期间建立内部控制制度的必要性主要是体现在国家层面和企业层面。国家对于内部控制实行了相关规定，企业发展期间也需要内部控制制度的规范，企业不断完善自身内部控制可以在较大程度上加强企业的效益和工作效率，能够有效地避免企业在经营期间出现管理风险以及舞弊行为等。企业管理人员根据实际发展情况，全面建设企业内部环境，在此基础之上建设控制规范和约束机制，进一步加强企业内部控制的实效性。

二、内部控制在财务管理当中的作用

财务管理内部控制主要是系统整合企业各个财务活动与生产经营活动，并且通过财务方式将企业的各个部门有效地联系起来，这样有助于企业管理人员进行科学的经营决策，有效监督和约束企业各个层次的财务活动。实行内部控制机制可以在较大程度上加强企业的经营管理效率，实现最大化的资产收益。企业内部控制的科学性和时效性可以帮助企业做好财务预判，降低运营风险。此外，内部控制机制也能够帮助企业控制和管理企业资金，全面发挥资金的价值，为提升企业的经济效益奠定良好的经济基础，进一步加强企业的市场竞争力。

（一）内部控制是控制机制的重要组成部分

在企业控制机制当中，内部控制机制属于重要组成部分，主要表现在以下方面：第一，结构控制体系。该体系是在"二权分立"基础上发展的，能够全面展现出代理与委托之间的关系，利用合法措施确保企业可以顺利开展企业内部控制，这样可以确保投资者的效益。第二，管理控制体系。该体系存在较多的形式，主要包括定期换岗制度、员工道德素质培训、预算控制以及内部监督制度等，这将在较大程度上影响代理人的责任的成功。

（二）内部控制保障资金安全

建立企业内部控制能够全面保障企业的财产安全。其一，内部控制可以加强控制企业的流动资金，全面保障流动资金的安全运行。部分企业在发展期间存在较大的货物流动性，并且会涉及较多的环节，这就需要不断地规范内部控制，避免出现安全问题。其二，企业内部控制能够保护固定资产和长期资产，按照企业的实际发展状况调整资产，并且传输安全的资产信息，这样使企业在外部投资期间可以正确认识自身情况。

（三）内部控制降低企业经营风险

企业建立内部控制，有助于企业领导层面获取企业发展的最新信息，之后按照信息做出正确的决策，全面降低企业的经营风险，促进企业实现发展目标，建立企业文化。内部控制制度能够为企业管理人员提供最新的财务信息和经营信息，之后按照企业的实际发展方向做出判断，以此适应市场的发展规律，这样可以降低外部环境对企业的影响程度。

（四）内部控制是企业发展的必然要求

随着不断发展的市场经济，企业需要全面进行改革创新，为了适应企业的发展需要借助于内部控制制度的作用。这样不仅可以改善企业的外部环境，还能够改进微观机制。在实行内部控制制度时，不仅需要全面学习企业内部控制理论和发展经验，还需要正确认识企业进步、企业发展及企业管理之间的关系。

（五）提升企业财政管理水平，适应财政改革的发展

长期以来，我国不断践行财税体制的深化改革，提升财政管理水平。现阶段出现了较多的关于财政改革的政策措施及管理制度，全面落实了财政改革与管理，但是这也相应带来了较多弊端。部分财政政策在建立实施过程中缺乏充足的时间，这样就导致较多的政策没有经过论证就开始践行，往往会造成较多的问题，并且在一定程度上呈现碎片化的业务流程以及相关管理措施，严重的会造成财政政策与实际工作情况出现脱节或者自相矛盾的情况，降低财政管理部门的工作效率。所以，在进行财政管理内部控制建设工作时，要细化各项工作流程，优化业务管理，这样才能从根本上提升财政管理的工作效率及工作质量，进一步实现现代化的财政管理制度。

三、财务管理过程中内控管理的措施

内控管理是公司财务管理中的核心所在，在这个竞争压力如此大的市场环境中，公司若没有一个好的内控管理制度，公司内部竞争力也会不断下降，会对外部竞争直接造成影响，所以，公司必须加强内控管理，提升公司的财务管理水平。

（一）建立完善的财务管理内控制度

公司在财务管理内控方面应注意以下几点：①在财务管理过程中应将互相制约的制度进行融合，完善以防范为主的监督制度。②设置事后监督制度，在会计部门的会计核算环节对各个部门开展不定时检查，并进行评价，再依照相关制度开展不同的奖惩，并把最后结果反馈给财务部负责人。③以现有的审计部门作为基础，建立一个完全独立的审计委员会，审计委员会可通过举报、监督等方式对会计部门采取监督。

（二）提高公司财务人员的职业素质，完善内控管理

公司领导者应带领工作人员严格依照内控管理制度执行，还要加强对会计人员专业知识的培训，提升其专业水平，并对会计人员进行职业道德教育，以增强会计人员的自我约束能力，严格按照公司规章制度行事，提升工作能力，降低错误发生率，做好内控管理工作。

（三）加强内部审计监督

内部审计监督是公司财务管理控制的重要组成部分，有着不可动摇的地位，是内部监督的主要方式，尤其是在当代公司管理中，内部审计人员将面临新的职责。公司应建立完善的审计机构，充分发挥审计人员的作用，为公司内控管理营造一个良好的环境。

（四）加强社会舆论的监督

现在，我国有些公司财务部门在管控制度方面还不够完善，相关管理人员的业务能力与职业素养还需进一步提高，仅仅依靠会计人员的自觉性是不够的。所以，政府应大力推进会计从业发展，积极发挥社会监督的作用，从而促进企业内控管理制度的发展与完善，使市场经济秩序稳定发展。

（五）重视内控管理流程

资金管理是公司财务管理中最重要的内容，财务管理人员需对资金使用情况进行严格审批管理，使资金管理更具有合法性。例如固定资产管理，财务部门可派专门人员对其进行单独的管理。在对某一项目资产进行管理时，公司应对其预算有严格的审批，只有标准的额定费用使用机制，公司资金才能发挥最大的作用，才能保障周转速度一切正常。

综上所述，公司财务管理中内控管理非常重要，这种重要性不仅仅体现在经营方面，在公司资金应用方面也是一样的。在优胜劣汰的市场竞争环境中，公司必须加强内控管理制度，以保证公司的资金安全，从而有效地降低财务管理风险。

第三节　PPP 项目的财务管理

随着经济的快速发展，社会公共基础设施的建设也在不断加强，而 PPP 模式的应用能够有效地促进基础设施建设，同时又能带动社会资本的发展，这种政府与企业合作共赢的模式因此得到了广泛的应用。不过目前由于应用时间不长，其应用过程中常会出现一些问题，只有通过分析目前所存在的问题，并不断进行完善，才能促进 PPP 模式带动社会有效发展。

一、PPP 模式的定义

PPP 模式即 Public Private Partnership 的字母缩写，是指政府与私人组织之间，为了合作建设城市基础设施项目，或是为了提供某种公共物品和服务，以特许权协议为基础，彼此之间形成一种伙伴式的合作关系，并通过签署合同来明确双方的权利和义务，以确保合作的顺利完成，最终使合作各方达到比预期单独行动更有利的结果。

二、PPP 项目的特点

PPP 项目是由政府与社会资本之间合作开展，不过两者的目的有着区别。社会资本的主要目的是通过项目来获取利益，而政府的主要目的是完成基础设施建设、带动社会发展。目的的不同会对项目的实施过程造成一定的影响，而通过签订合理的合同可对社会资本、政府相关行为进行约束，进而使项目开展的过程正常化。社会资本在保证利益最大化的情况下不能对项目公益性造成影响，同时政府在公益性保证了的情况下不能对社会资本的利益造成损害，这是一种共同保护双方利益的特点。双方由于社会角色的不同，掌握的资源也不同，社会资本主要掌握着经营管理资源及先进技术资源等，而政府则掌握着行政方面的资源。因此资源共享才能够促进项目建设的效率和质量的提高，这是一种资源共享的特点。在 PPP 项目计划和启动阶段，均是以政府部门为主导进行相关研究和分析，社会资本也可参与前期研究分析，在项目实施后两者共同管理，在共同管理中社会资本需与政府多个部门交流合作，这使得两者的合作关系更为复杂。

三、PPP 项目中的财务管理问题

（一）项目中的资金管理问题

现在我国的 PPP 管理模式中项目资金的管理力度较弱。主要存在会计核算不准确的问题，还有一些账本存在模糊的问题，项目资金经常不能拨付到位，导致资金使用效率低下。

（二）财务预算过程中执行不到位

预算管理是公司进行财务管理时的主要内容，在预算管理时工作职能得以实现，可以对项目资金进行科学管理和使用。在PPP财务管理中经常出现财务管理缺失的问题，还有的公司在使用传统预算管理，对新预算法没有彻底执行。同时也会出现一些执行新预算法的单位但是相关制度却没有落实，预算管理口径不统一，在项目建设中存在较多需要落实的地方，因此建设过程中需要准确地进行预算管理。

（三）财务内部控制缺失的问题

PPP项目在管理过程中会出现制度不完善和公司控制不到位的问题，这些是保证项目获得收益的障碍。还有一些内部控制缺失，无法对项目进行有效的控制，这就使项目成本管理没有起到应有的作用。项目公司在管理中方式较为粗放，内部控制制度没有得到足够的重视，这是较为普遍的问题。企业对内部管理的认识不足，单纯片面地认为内部控制是为了对企业的生产建设成本进行压缩。这些问题都在制约内部控制工作的进行。

（四）融资投资管理问题

在PPP模式下，政府投入的资金相对较少，很多资金都是依靠社会进行融资。融资过程中社会资金的费用相对较高，支出较大，但是我国暂时还没有形成良好的担保体系，融资管理体系不健全。PPP项目都是一些较大的项目，涉及范围较广，这样便造成了社会资本断链或者资金收回不理想的风险。

（五）风险管理问题

有很多地方政府存在盲目建设的问题，社会资本追求短期利益。这时便出现一些不适合进行PPP的项目也在使用这样的方法，在前期没有进行完整的风险预测，在整个过程中也没有进行风险控制，在后期出现严重亏损，这样便会导致出现资金紧张和违约风险提高等问题。

四、PPP模式下的财务管理策略

（一）建立完善的风险识别和控制体系

PPP项目在建设过程中存在多主体的问题，在经营一段时间之后发现投资收回速度太慢，假如是想快速地收取回报则不应该使用这种方式。在使用这种方式的时候一定要加强风险共担思想。政府和投资公司要承担一定的政治风险和管理风险以及收入较低的风险。建设单位一定要承担起运行移交风险。同时两者还要共同承担起自然灾害和市场经济等这些不可抵抗风险。在整个PPP项目中各个参与方是风险共同体，所以在合作的时候一定要时刻关注自己的风险，一定要以风险较低的方式进行，也可以建立起风险共同承担的机制，使用各种创新方法以及加强协作实现风险化解。

（二）努力加强预算管理和资金控制

在项目投资之前一定要进行相关分析，要建立起完善的预算管理制度，这样能保证投资决策时资料可靠。同时要依据资金和人员以及材料设备等各个因素对项目进行全面筹划。使用先进的投资财务管理模式进行科学的投资回报计算，这样可以增强资金管理控制和制定合理的投资比例。

（三）加强成本控制

PPP 项目一般建设的时间较长，回报率也低，建好之后相关的运行维护成本也较高。因此在进行项目管理的时候要对成本进行科学规划和控制。最重要的是对总成本和经营过程中的成本进行估算，制定出合理的单位成本折旧年限、总生产费用、销售费用等。通过各种途径对项目的运行成本进行控制，同时依照营业额跟收入进行投入和回报比的计算，这样可以确定合理的投资回收期。

（四）加强财务分析，完善定价制度

参与的各个单位一定要不断调整财务管理上的目标差异，逐渐统一管理目标，这样才可以实现资源的价值最大化和效益最高化。资产定价制度也要逐渐完善，对财务分析也要加强，还可以实行定价机制的监管，跟社会物价的有关指标进行对比，使用市场化手段不断进行调节。这样才可以从根本上保护好建设项目的效益跟社会资本的收益。

现在很多部门都在使用 PPP 模式。政府跟民间资本合作，通过政府监管，可以使企业的财务制度不断完善，在提高项目财务管理效率同时让企业的决策更加科学。在这种模式之下，政府也对相关的民间资本进行一定的支持。这样才可以促进企业跟政府合作的加强，为经济的发展提供充足动力。

第四节　跨境电商的财务管理

伴随着互联网技术的飞速发展和经济发展的深度全球化，我国的跨境电商产业迅速崛起，截至 2016 年年底，中国跨境电商产业规模已经超过 6 万亿元，年均复合增长率超过 30%。跨境电商产业在传统外贸整体不景气的经济环境下依然强势增长，本节在此背景下阐述了财务管理对于跨境电商运营的重要意义，并分析了跨境电商企业在财务管理方面面临的问题，如会计核算工作不规范、缺少成熟的跨境电商财务 ERP 系统企业资源计划（Enterprise Resource Planning），以及跨境电商税务问题等，针对跨境电商财务管理面临的问题提出相应的财务管理提升方案，从而促进跨境电商企业财务管理的不断完善。

一、财务管理对于跨境电商运营的重要意义

随着跨境电商爆发式发展,跨境电商的财务管理也越来越受关注,由于跨境电商行业的特殊性,其财务管理与传统的财务管理实践相比,存在较大的差异,对跨境电商环境下的企业财务管理人员提出了新的要求。现行大部分的跨境电商都是小企业,对于财务管理人员的配备与资金支持都比较有限,因此跨境电商的财务管理实践还有待提升。财务管理是跨境电商运营的关键事项,重视跨境电商的财务管理实践,针对跨境电商环境下财务管理工作面临的具体问题进行分析,并制定相应有效的解决措施,逐步优化提升跨境电商的财务管理工作,对于促进整个跨境电商行业的发展具有重要的意义。

二、跨境电商在财务管理中的问题

(一)会计核算工作缺乏规范性

会计核算是财务管理最基础的环节,只有会计核算能保证其准确性与及时性,后续的财务分析与财务管理各环节才能有效且有意义地进行。目前跨境电商会计核算主要存在以下问题:一方面是账务处理不够规范。部分跨境电商企业没有建立严格的财务制度,或者有财务制度但是没有遵照执行,存在使用的原始单据不合要求或者缺少原始票据作为支持文件的现象,如报销手续未经过完整的审核流程或者用不符合规定的临时票据充当原始凭证等。另一方面是部分跨境电商企业的财务报表体系过于简单化,缺少报表附注、财务情况说明等。由于跨境电商行业的特殊性,传统的财务报表体系难以准确且完整地反映跨境电商企业的财务状况及经营状况,很多非财务指标虽然不列入传统的财务报表披露体系,但往往更能反映企业的潜在实力,如转化率、客户平均停留时间、网页点击率等。因此,跨境电商企业应根据自身的行业特点,在传统财务报表体系的基础上增加反映跨境电商真实经营状况的各项财务管理信息数据。

跨境电商企业财务管理人才的缺乏也是造成跨境电商企业会计核算工作不规范的重要因素。跨境电商行业作为近年来迅速发展起来的新兴产业,其财务管理与一般传统行业相比具有特殊性,为满足跨境电商财务管理需求,财务人员不仅要有扎实的财务管理知识及实践经验,还需要掌握现代信息网络技术知识、了解国际会计准则与各国税务、熟悉相关法律法规等。但是目前这样的复合型人才比较缺乏,这必然会阻碍跨境电商企业在财务管理方面的完善与提升。

(二)缺乏成熟的跨境电商财务 ERP 系统

由于跨境电商是近几年才迅速发展起来的行业,因此市场上还没有很成熟的针对跨境电商企业服务的财务 ERP 系统。一般行业的财务 ERP 系统难以满足跨境电商企业的特殊化及个性化需求,如跨境电商企业的多账号经营管理、成本多样性、物流方式的分配组合

等事项，都存在不稳定因素，导致难以准确地通过普通的 ERP 系统去核算每个单品的成本利润，需要 ERP 相关行业的人员在现有的系统基础上去建立和完善针对跨境电商企业的功能个性化的财务 ERP 系统。

（三）跨境电商的税务问题

跨境电商行业的贸易方式具有国际化、无纸化等特点，其交易主体、地点和时间比较隐蔽且容易更改，这使得在现行的税收制度下，对跨境电商行业的税收监管和征收存在一定的困难。对出口跨境电商而言，出口退税则更加困难。根据我国税法的规定，一般纳税人在符合税法规定的退税条件时可以申报出口退税，小规模纳税人自营和委托出口货物，免征增值税和消费税。但是很多跨境电商企业是中小企业甚至是个人商户，采购商品时直接使用现金，没有发票，不满足税法规定的出口退税条件。相关调查显示，93% 的跨境电商没有办理外贸经营权备案登记，也没有结汇水单，甚至没有发票。因此跨境电商行业的特殊性对现行的税法制度在监管和征收层面都具有一定程度的冲击，使得跨境电商自身享有的权益实现也存在困难。

三、对跨境电商网络财务管理发展的建议

（一）风险意识的树立是网络财务管理优化的重要前提

风险意识不足是导致跨境电商陷入网络财务管理困境的重要因素之一。要想保证网络财务管理优势的充分发挥，降低网络财务管理风险的不利影响，跨境电商应树立风险意识，认知财务管理中风险管理的重要性，从而根据自身的实际情况建立风险评估体系或与风险评估机构建立合作，对自身发展过程中存在的风险进行评估与预测，并有针对性地制订网络财务管理方案与财务风险防控举措，保证各项业务开展的顺利性、稳定性与安全性。

（二）政府扶持力度的加大是网络财务管理优化的手段

由于跨境电商业务流程存在一定的复杂性，不仅与外管部门、金融机构等存在关联性，与税务机构、海关部门也存在密切的关联性。而就跨境电子商务的网络财务管理模式而言，其交易方式、支付形式等与传统对外贸易存在一定的差异性。对此，政府应根据跨境电子商务及其网络财务管理特征，完善相关制度与法律规定，并加大对跨境电商的扶持力度。例如，建立跨境电商监控机构，对跨境电商的业务流程进行有效监管，提升消费者对跨境电商发展的信心；优化跨境电商出口退税程序，给予跨境电商企业相应的对外贸易政策优惠；提升跨境电商会计与财务工作效果，提升跨境电商网络财务管理中会计核算的标准性与规范性。

（三）网络财务管理系统的构建是财务管理优化的根本

为充分发挥网络财务管理自身优势，如提升企业管理质量与效率，提升企业财务管理工作的协调性、员工参与性，实现经济活动财务情况的实时动态管理等，应建立完善的网络财务管理系统。在此过程中，应对跨境电商的性质、业务流程等进行全面分析，从而进行网络财务系统的科学设计，并结合企业的实际情况配置相应的软件系统，用以保证网络财务管理系统应用的科学性与适用性。

（四）高素质专业化人才的培养是财务管理优化的必要条件

人才作为企业精神的核心资源，其能力、知识、水平的高低直接影响着网络财务管理的质量与效率。对此，为有效地改善当前跨境电商财务管理面临的困境，提升网络财务管理质量与水平，加强高素质、专业化人才的培养力度已经成为企业实现可持续发展的必然趋势。在此过程中，企业应根据跨境电商的财务管理特点以及网络财务管理系统建设与应用要求，进行有针对性的培养，提升工作人员财务与会计专业知识，注重其信息素养、计算机素养、网络财务管理系统操作与使用能力等的提升与强化，为跨境电商优化发展奠定良好的人才基础。

总而言之，任何新兴行业的兴起与发展势必存在重重困难，需要经过时间的洗礼得到成长与完善。跨境电子商务在信息时代背景下具有广阔的发展空间，但作为新兴产业，跨境电商在发展过程中也存在一定的问题，虽然相对于传统对外贸易而言，跨境电商的网络财务管理存在一定的优势，但由于其起步较晚，运转模式尚未成熟，仍需要进行不断改进与完善，从而解决当前跨境电商财务管理方面存在的问题，促进跨境电商的优化发展。

第五节 资本运作中的财务管理

随着我国市场经济的不断发展，企业也面临着一系列的改革，特别是营改增的大背景，对企业的财务管理提出了新的要求。为了提高企业在市场中的竞争力，企业要不断加强自身的资本运作能力，这样才能够实现"钱生钱"。从当前企业结构分析，财务管理与资本运作相辅相成，也可以说财务管理服务于企业的资本运作，一个是微观资金活动，另一个是宏观资金活动。资本运作相比商品运作的概念是相互对应的，主要是指资本所有者对其自身所拥有的资金进行规划、组织、管理，从而实现资产升级。企业发展必须要有资金支持，而较大的资金投入会加大企业的经营风险，这就需要企业能够不断优化自身的资本结构，从而获得更大的经济效益。

一、企业资本运营的特点分析

（一）价值性

企业资本运行的核心特点就是价值性，也就是任何资本运营活动都要推动企业相关产品升值或获取经济效益。企业资本运作的侧重点并不是资产自身，而是企业所有资产所彰显出的价值。在开展企业资本运作过程中，任何活动都必须要着重考虑成本，从而综合反映出成本占用情况，这样才能够分析出企业资产价值，通过对边际成本与机会成本相互比较衡量，为企业决策提供有力依据。

（二）市场性

市场性特点作为资本运作的基本特点，在市场经济大背景下，任何经济活动都要依托于资本市场，这样才能跟上市场的发展步伐，满足企业的发展需求。因此，企业资本运作必须通过市场检验，才能够了解资本价值大小与资本运作效率的高低。可以说，企业资本之间的竞争就是要依托市场活动才能得以完成，这也是当今资本市场和企业资本运作的一大特点。

（三）流动性

资本运作就是一个资本流动的过程，如我们常说的投资就是一种资本运作，通过前期大量投资，从而不断获取相应的回报，因此，流动性是资本运作的主要形式，这样才能够在不断流动中实现产品增值。对企业而言，企业中的资产不仅仅是实物，也不单是要求实物形态的完整性，而是对实物资产的利用是否能够在流动中获得更多的经济效益。

二、强化财务管理，优化资本运作

综上所述，企业资本运作是获取经济效益，实现资产增值的重要手段。企业财务管理作为企业管理的核心内容，对企业的发展有着重要影响。因此，我们必须要充分发挥财务管理的积极作用，推动企业资本运作的优化、升级，从而推动企业的健康发展。

（一）强化会计核算工作，完善财务管理

从微观角度分析，企业财务管理是企业资本运作中的重要组成部分，因此实现资本运作会计核算，就是将企业资本投入生产经营活动中，从而在生产经营中实现会计核算，加强生产成本的控制。其最终目的就是为了运用企业资本提高自身的生产经营能力，并从事多种生产经营活动，从而实现资产保值、增值，以及提高企业的经济效益。此外，通过产权交易或分散企业资本，从而让企业资本结构进一步优化，为企业发展带来更多的经济效益。产权交易主要有两大层次：一是经营者根据出资者所提供的经营产权资本，实现资本保值、增值的目的。二是根据财产权来经营，满足经营目标，获得更多的经济效益。因此，在产权资本运营核算中，必须要从这两大方面出发。

（二）完善企业财务管理

在市场经济下，企业财务管理面临着多方面的挑战：一是企业财务管理风险增加；二是影响企业财务管理的因素增加。可见，财务管理不单单是针对企业生产经营活动领域，同时也涉及国内外市场、政策影响等。如今，多种经营方式与投资机遇呈现在了企业面前，任何经济活动都成为"双刃剑"，这就要看企业资本运作中的财务管理是否得当。根据投资组合方式，制定资本运作的盈利目标，并提高自身的抗风险能力、融资能力，从而丰富资本运作活动。因此，在资本运作过程中，加强财务管理至关重要。

（三）完善资本运作中的财务管理制度

想要充分发挥财务管理的积极作用，必须要提供相应的制度支持，这样才能够保障财务管理的有效性与完善性，降低企业财务风险。因此，企业需要设置独立的财务机构，并培养高素质的专业人员，配备相应的核算人员、总会计师、资金分配人员等，为制度确定奠定坚实的基础。对于资本运作中的相关材料，要将会计原始资料作为企业资本运作与生产经营的核心资料，并统一资料的形式与内容，实现有序管理、规范存档。明确财务管理工作人员的相关责任，避免出现财务工作操作失误等问题。结合《企业财务通则》、《会计法》、市场环境、企业内部环境，从而制定更加完善的财务管理制度，明确不同岗位的工作要求，为资本运作提供制度基础。

综上所述，随着我国市场经济不断发展，企业之间的竞争越演越烈。因此，企业必须要加强资本运作来提高自身的市场竞争力，提高企业的经济效益，实现资产保值；充分发挥财务管理的积极作用，为资本运作奠定坚实的基础。

第六节　国有投资公司财务管理

在我国市场中，投资公司处于发展阶段。因为投资公司能够在降低投资风险的基础上，推动其他相关行业的发展，所以这一行业的出现也标志着我国金融服务行业的快速发展。但是在实际发展过程中，金融市场竞争趋势越来越激烈，这为各国有投资公司提出了严格的要求，只有加大财务管理力度、提升管理水平，才能应对金融市场的变化。所以，本节主要针对国有投资公司的财务管理工作进行研究与讨论。

一、国有投资公司财务管理基本内容概述

通过对财务管理进行了解可知，国有投资公司内部的财务管理工作，需要将工作的重点集中在以下几方面：①加大财务基础管理力度，在公司内部建立与市场经济需求、国有投资公司特点相符合的财务管理机制，并且在日常管理的同时与国际市场相连接。②加强

资金统一调度与运作全过程管理力度。对于资金的筹集，最为主要的是争取到政府方面的财政资金，在此基础上要积极向海外市场扩张，以此实现融资。对于资金的使用，要始终以安全、流动、效益为基本原则，做到量入为出，遵循长短结合和科学筹划的要求，全面降低公司内部的融资、运营、管理等环节的成本，以此实现资金使用效益的提升。③通过行之有效的管理方法，致力于规避财务风险，保证公司的资产结构与长、中、短期债务相适应。④在公司内部落实债权风险管理机制与逾期贷款清理责任制。⑤加大对公司财务改善的重视，使公司的投资与运行能够有足够的现金流支持，并且能够满足公司业务拓展与还本付息的根本需求。

二、国有投资公司的性质与目的

我国国有投资公司产生于 20 世纪 80 年代中后期，是由政府全额出资，以贯彻政府公共职能为核心目的，主要从事基础设施、基础产业与部分支柱产业投资的投资主体和经营主体。其性质是一种特殊的国有企业，行使出资权力，是国有资产配置的代理者。国有投资公司作为经济发展的一支中坚力量，在新形势、新机遇的挑战下，不仅要执行政府意图，关注民生，根据政策对基础产业进行投资，而且其又是市场竞争主力，自主经营、自负盈亏、自我发展，实现国有资产的保值与增值。故国有投资公司的目的是保值增值、发挥模范带头和经济导向作用，优化国有资产的配置和布局，最终使政府所制定的宏观调控完美实现。

三、国有投资公司的财务管理模式

（一）集权制管理模式

集权式财务管理模式是指国有投资公司的各种财务决策权集中于母公司，母公司集中控制与管理投资公司内部的经营和财务并做出决策，而子公司必须严格执行。财务管理决策权高度集中于母公司，子公司只享有少部分财务决策权。集权管理主要是集中资产管理权。集中资产管理权不仅涉及决策权，还包括经营权及部分业务控制权。

一般来说，成本低、效率高的集权性决策，对于母、子公司间的配置资源和战略协调方面有着很大的优势，但是它也有不利的一面，就是承担的风险相对较高，经营决策水平和决策者的战略分析判断力决定着决策是否正确，如果一个公司的发展是因为一个决策的失误而造成的，就可能破坏公司的整体发展，甚至使公司走向衰亡。

（二）集权与分权结合的财务管理模式

集权与分权结合模式的特点主要为：制度方面，应该在集团内部制定统一的管理制度和职责，使得财务权限和收益分配方法明确，各子公司应该依据自身的特点在母公司的指导下遵照执行，特殊情况再予以补充说明；管理方面应该充分利用母公司这一强大的支柱力量，集中管理部分的权限；经营方面，要从制度出发，充分调动子公司的生产经营积极性。

财务机制出现的一些僵化的局面一般是由极端的集权和子公司的不积极主动造成的，必然导致财务机制的僵化；反之，分权的极端化，定会导致子公司以及它的生产经营者过度追求经济利益导致失控状态的产生，对整体利益造成严重破坏。合适的集分权相结合不仅可以充分发挥母公司财务的调控职能和激发子公司的生产积极性与创造性，还可以将子公司的风险控制住。这种模式的运用防止了过分集权或分权导致的危害，充分发挥了集权和分权的优势。

四、国有投资公司财务管理模式的优化策略

（一）加强国有控股企业的财务管理

从财务风险管理的角度，国有投资公司应以财务监管为手段，结合自身的业务特点，对项目单位的管理体系不断进行规范和完善，以使财务的内控系统得到健全，将财务风险降低至零。

1. 实行全面预算的管理。对关于财务监管机制方面的项目单位进行战略协同，要加强其财务预算管理与控制能力。确保预算的顺利进行，即确保项目单位的权力分配和实施。公司对项目单位在按年、季、月编制财务预算的基础上，对预算的执行情况进行分析，及时纠正错误，补缺漏洞，从而将目标控制与过程控制和结果控制相结合，一定程度上了解和控制项目单位的财务风险。

2. 建立重大财务事项报告制度。公司如果对项目单位管理过于严格和紧张，很可能"一管就死"；放得过宽过松，又可能"一放就乱"。因此，关键之处还是要管理得当，只要合乎常理，不越界，就能管理好单位的重大财务项目，就可以授予项目单位经营自主权，充分调动其主观能动性。

3. 强化对项目单位的内部审计。关于项目单位的内部审计方面，除控股项目单位之外，要将内部审计延伸到参股项目单位；除年度决算审计之外，可根据实际开展定期经济责任审计等专项审计；要注意与项目单位的沟通，在审计的时候，要注意方法和介入的时机；审计要深入彻底，项目单位整改要落实到位。

4. 完善项目单位经营者的激励约束机制。从委托至代理角度进行考虑，基于内在矛盾诸如信息不对称、契约不完备和责任不对等，可能会产生代理人"道德风险"和"逆向选择"。所以，需要建立激励约束经营者的管理机制，以促使经营者为股东出谋划策。

（二）加强对参股公司的财务管理

1. 实行对国有参股企业中国有资产的立法管理：首先要建立适合国有资产的法律法规体系，健全资产体系，做到依法管理资产，以保证国有资产的管理走上合法化和法制化轨道。尤其对于国有资产流失的查处应该尽快立法。

2. 对于企业内部的国有参股，每年要进行资产的定期清查，对国有资产存量的分布构成进行核查、增减变动；建立奖惩分明、落实责任的管理体系，对日常资产进行检查、验收与评价。

3. 对于产权转让行为进行规范化，对于产权中心交易职能进行强化。确定国有参股企业的国有资产产权归国家所有，在具备产权转让资格的前提下必须有国家机构授权。同时应该规范中介机构的转让，以充分的信息，合法场所，公开、公平交易，公正监督为前提，依法管理。对交易行使统一管理，确保产权交易的规范化、合理性和权威性。

国有投资企业要结合我国关于投资情况，加强财务管理手段和方法，提高财务人员防患于未然的财务风险意识，不断更新和完善财务管理系统，以适应市场环境的千变万化，促进自身长足久远发展。

第七节 公共组织财务管理

公共组织财务管理弱化是一个世界性的问题。1989年，美国审计总署和总统管理与预算办公室对联邦政府的"高风险"项目进行研究，识别出多达78个不同的问题，这些问题的存在使得潜在的联邦政府债务达到数千亿美元。为解决上述问题，1990年美国国会通过了《首席财务官法案》，目的在于提高联邦政府的财务管理水平。我国近些年来审计署披露的中央、地方政府部门及某些高校、基金会的违规违纪案件更是令人触目惊心。人们不禁要问：这些过去的"清水衙门"为何成了事故频发区，它们到底是怎么管理的，违规违纪案件为何屡禁不止？

在这一背景下，理论界对公共组织财务管理问题展开了研究。英国学者John.J.Green的《公共部门财务管理》一书中，以英国为例对公共部门的财政控制、预算等问题进行了概括和总结。我国学者李建发对公共组织财务与会计问题进行了较为全面、系统和深入的研究，在其发表的论文《市场经济环境下事业单位的财务行为规范》《公共财务管理与政府报告改革》等研究成果中对公共组织财务管理的性质、特征进行了分析，并提出加强公共组织财务管理的若干建议。姜宏青在《公共部门理财学科的兴起与建设》一文中从学科建设角度分析了建立公共部门理财学的必要性，并提出了公共部门理财学科的构建设想。这些研究无疑极大地促进了我国公共组织财务管理理论研究，但总体来说，我国公共组织财务管理理论研究刚刚起步，现有研究成果中就公共组织财务管理某一方面存在的现实问题进行研究的比较多，探讨公共组织财务管理理论问题的研究成果尚不多见。基于此，本节在吸收前人研究成果的基础上尝试对公共组织财务管理的内涵、特征、目标及内容进行探讨。

一、公共组织财务管理的含义和特点

公共组织财务管理也称公共部门财务管理或公共财务管理，是指公共组织（或部门）组织本单位的财务活动、处理财务关系的一项经济管理活动。

（一）公共组织

社会组织按组织目标可分为两类：一类是以为组织成员及利益相关者谋取经济利益为目的的营利性组织，一般称为私人组织，包括私人、家庭、企业及其他经营机构等；另一类是以提供公共产品和公共服务，维护和实现社会公共利益为目的的非营利组织，一般称为公共组织，包括政府组织和非营利组织。

在我国公共组织主要指政府部门、事业单位和民间非营利组织。从理论上讲，国有企业也属于公共组织，但由于其运行和管理方式比较特殊，一般不把其包括在公共组织中进行研究。

公共组织具有组织目标的非营利性和多样性，提供的公共产品和服务的非竞争性，行为活动的规则导向性以及通过行使公共权力来管理公共事务等特点，这些特点使得公共组织的财务活动明显区别于私人组织。

（二）公共组织财务的特点

公共组织财务包括财务活动的组织及其所形成的财务关系的处理，其中财务活动主要指围绕组织资金的流入、流出所进行的组织、计划、控制、协调等活动。公共组织财务具有以下主要特点：

1. 财政性

公共组织的资金运营与财政资金有着千丝万缕的联系。①大部分公共组织（主要是政府部门和事业单位）的资金来源于财政资金。②由于政府部门和事业单位是公共财政的具体实施者，因此公共组织财务活动就是财政政策的具体执行和体现。③公共组织财务活动的结果和效率直接影响了财政目标的实现。

2. 限制性

公共组织是用别人的钱给别人办事，缺乏责任约束和激励机制，为防止公共组织滥用公共资源，各国政府对公共组织的资金管理一般较为严格。与私人组织相比，公共组织在资金的筹集和使用上受到了较多的限制。①公共组织资金的筹集、使用方向和金额应严格以部门预算为基础，并非组织自主决定。②公共组织（主要是政府部门）在资金管理权限上受到限制，如我国政府采购制度规定，政府部门采购大宗商品和劳务的活动要由财政部门代为进行，政府部门在资金管理权限上受到了相当大的限制。

3. 财务监督弱化

私人组织的财务活动一般会受来自产品市场、资本市场、投资者、债权人、社会中介等多方面的约束和监督，与私人组织相比，公共组织由于来自所有者和市场的监督弱化，导致其财务监督弱化。①资金提供者监督弱化。公共组织的非营利性决定了公共组织资金的提供者不能从组织的运营中获得经济上的收益，他们既不享有经营管理权，也不享有收益分配权，这样公共组织就缺乏最终委托人的代理人，不存在"剩余索取权"的激励机制。因此，与企业投资者相比，公共组织资金提供者对组织的经营和财务活动情况的关注度较低，对组织运营的监督相对弱化。②市场监督弱化。公共组织提供的公共产品或服务（如公共安全、社会秩序等）往往具有垄断性，一般不需要由具有竞争性的市场来评价其产品或服务的价值。公共产品市场的这种非竞争性，使得公共组织缺乏来自市场的竞争和监督，这也是造成公共组织资源利用效率低下的原因之一。

4. 财务关系复杂

公共组织财务活动涉及面广、影响大，所体现的财务关系也比私人组织复杂。①利益相关者众多。公共组织在组织资金运动，提供公共产品的过程中既涉及与财政部门及其他职能部门的关系，也涉及与供应商、金融机构及社会公众等的关系，利益相关者众多。②既存在经济关系又存在政治关系。私人组织财务活动体现的是市场规则下的经济关系，而公共组织财务活动所体现的既是经济关系又是政治关系。公共组织的资金从根本上是来源于纳税人等社会公众，其产品也是服务于社会大众，其财务活动的背后反映的是政府的政策选择，体现着政府的意图。因此公共组织资金的流动和分配就不仅仅体现着经济关系，还体现着一种政治关系。

（三）公共组织财务管理的特点

1. 以预算管理为中心

在本质上，公共组织是受公众的委托，利用公共资源来提供公共服务，但它缺乏利润等明确的指标来反映公共组织委托责任的履行情况。因此，公共组织财务管理的一个重要方式就是通过预算模拟市场机制来组织、指挥公共事务活动，通过预算将公共组织所承担的受托责任具体化、数量化、货币化，使之成为代理人的具体目标和委托人控制的具体标准。预算管理是公共组织管理的核心和基础，必然也是公共组织财务管理的重心。公共组织财务管理就是围绕着预算的编制、执行、检查、考核进行的，公共组织的资产管理、收入支出管理、绩效考核等都是以预算为基础展开的。

2. 兼顾效率和公平

财务管理的本质是提高资金效率，实现价值增值。虽然公共组织开展业务活动的目的是执行或提供社会管理或公益职能，没有直接的经济目的，但公共组织同样需要讲求效率，追求费用最低化、回报最高化以及正的净现值等目标。只有这样才能充分利用公共资源提供更好的公共服务。当然，公共组织的效率目标可能会与公共组织的其他目标产生矛盾。因此，公共组织在确定财务管理目标，进行财务决策时要兼顾效率和公平。

3. 微观性

由于公共组织资金具有一定的财政性，因此人们常常将公共财政与公共财物混为一谈，用公共财政代替公共财物。虽然公共财政与财务有着密切的联系，但两者的区别还是很明显的。公共组织财务管理是为本单位开展各项业务活动服务的，侧重于公共组织单位微观的财务活动。而公共财政是为保证公共财政职能的全面履行服务的，侧重于政府的宏观财政收支等活动。

4. 手段的多样性

企业财务管理主要通过经济手段实现管理目标，而公共组织实现目标的手段更加多样化，既可借助其公共权力通过法律或行政手段实施管理，如预算管理、目标管理等，又可引入市场机制，借助经济手段，如政府采购过程中的招标、公共投资项目决策中成本效益分析等。

二、公共组织财务管理的目标

公共组织是以实现社会公益而不是追逐利润最大化为宗旨的非营利组织，其财务管理目标应服从于组织宗旨。财务管理的最终目的是通过价值管理保障组织资源的安全，提高资源的使用效率，为实现组织目标提供物质保障，实现组织宗旨。因此，公共组织财务管理目标是在保障社会公益目标的基础上，科学合理有效地筹集、运用和分配组织的公共资源，实现公共组织效率与公平的统一。具体体现在以下三个层次：

（一）保障公共资源的安全完整

这是公共组织财务管理的初级目标。与企业相比，公共组织缺乏责任约束和激励机制，财务监督弱化，容易造成公共资源的流失和浪费。公共组织财务管理的初级目标就是保障公共资源的安全完整，即通过科学编制政府公共部门的预算，统筹安排、节约使用各项资金，建立、健全政府公共部门的内部控制制度，加强资产管理，保障预算的严格执行，防止资产流失和无效投资。只有保障公共资源的安全完整才能为公共组织实现社会公益提供基本的物质保障。

（二）提高资源使用效率

这是公共组织财务管理的高级目标。公共组织财务管理就是要通过绩效管理、成本控制、资产管理等手段，帮助公共组织科学决策，合理配置使用资源，注重资源的投入产出分析，提高组织公共资源的使用效率。

（三）实现效率与公平的统一

这是公共组织财务管理的终极目标。公共组织财务管理的最终目标就是通过财务管理活动帮助公共组织科学有效地组织分配财务资源，为社会公众提供更好的公共产品和服务，实现效率与公平的统一。

三、公共组织财务管理的内容

企业财务管理围绕着资金运动而展开，主要内容包括筹集、投资、运营资金管理和利润分配。由于公共组织财务活动的特殊性，公共组织财务管理具有更为广泛的内容，不仅包括对公共资金的管理，还包括对各种公共资源的管理以及公共组织绩效管理。其主要内容如下：

（一）预算管理

预算是公共组织的年度财务收支计划，集中反映了公共组织资金的收支规模、业务活动范围和方向，是其财务工作的综合反映。预算管理是对公共组织进行财务监管所使用的主要手段，通过预算编制可以提高公共组织对未来事务的预见性、计划性，规范公共组织的财务收支活动。预算审批特别是政府部门的公共预算审批实质是民主参与公共资源分配决策，提高公共财务透明度的一种形式，是对公共组织财务活动的一种事前控制。

1.公共组织预算与公共预算的关系

公共预算（也称"政府预算"）是综合反映一级政府年度收支的计划，是政策性的，反映的是政府的意图，体现的是公平。公共预算主要用于配置资源，分配收益和成本。公共组织预算是执行性的，是具体部门的年度收支计划，反映的是公共资源使用的效率。

公共组织（主要是政府部门和事业单位）预算是政府预算的基础，公共预算由各具体的政府部门预算和事业单位预算构成。公共组织预算是在公共预算的框架下编制和实施的。

2.公共组织预算管理的内容

从预算管理的流程来看，公共组织预算管理主要包括以下内容：①预算基础信息管理。公共组织预算是在充分分析组织相关信息（如人员数量、各级别人员工资福利标准、工作职能、业务量、业务物耗标准等）基础上编制的。基础信息的全面、准确是预算编制科学性的重要保障。在相关信息中定员定额信息是最重要的基础信息，定员定额是确定公共部门人员编制额度和计算经费预算中有关费用额度标准的合称，是公共部门预算编制的依据和财务管理的基础，也是最主要的单位管理规范。受我国政府机构改革的影响，近年来政府机构撤销、增设、合并频繁，政府部门原有的定员定额标准已不符合实际情况，迫切需要重新制定科学合理的定员定额标准。另外，还应建立相关的统计分析和预测模型，对部门收支进行科学的预测，提高预算与实际的符合度，便于预算的执行和考核。②预算编制。

预算编制管理的核心是预算编制、审批程序的设计和预算编制方法的选择。③预算执行。预算执行环节的管理主要是加强预算执行的严肃性，规范预算调整行为，加强预算执行过程中的控制。④预算绩效考核。将预算执行结果与业绩评价结合起来。

（二）收入与支出管理

公共组织收入一般是指公共组织为开展业务活动和完成公共任务依法获取的非偿还性资金。公共组织支出一般是指公共组织为开展业务活动和完成公共任务发生的各项资金耗费与损失。

企业的收支活动都是通过市场竞争实现的，所以，只要符合国家法律和企业战略要求，其收入越多越好，并且收入与支出之间存在着明显的配比关系。公共组织的收入大多是靠公共权力强制获得，支出与收益也不存在明显的配比关系。这样，作为公共组织的管理者有可能存在道德风险，为了部门或个人利益滥用公共权力"自立规章，自收自支"，进行各种收费、罚款、集资、摊派，损害公共利益。因此，公共组织财务管理应更加关注组织收入与支出活动，其目的是合理确定收入规模，规范收入来源，优化收入结构，正确界定公共支出范围，规范支出活动，建立合理的理财制度。

公共组织收支财务管理制度一般有以下几种：

1. 内部控制制度

在公共组织内部科学设置职务和岗位，使得不相容的职务和岗位分离，形成部门和人员之间相互牵制、相互监督的机制，防范公共组织在资金收支活动中的资金流失、被侵占、挪用、转移和贪污等问题的发生。

2. 财务收支审批制度

建立健全公共组织财务审批制度是部门财务管理工作的关键环节，只有这样才可能保证公共组织收支的规范化。

3. 内部稽核制度

公共组织要建立内部监督审查制度，定期对组织资金的收支情况进行监督审查，及时发现问题，防止资金管理方面的漏洞。

（三）成本管理

由于公共组织的公共特性，长期以来我国公共组织特别是政府部门只问产出，不问投入；只算政治账，不算经济账，以致行政成本总量偏高、投入与产出明显不对等，这种情况在事业单位和一些民间非营利组织中同样存在。

虽然公共组织主要目的是为公众利益服务的，但并不是不讲成本与效益问题。自20世纪80年代以来，为摆脱财政困境与新公共管理思潮的驱动，西方各国政府已把注意力从资源分配转移到成本核算和控制。

公共组织成本管理应包括以下内容：

1. 综合成本计算

寻找成本驱动因素，按驱动率分配管理费，并归集到相应的职能、规划、项目和任务中，以便在资源成本率分配管理费用和资源用途之间以及成本和业绩之间构建联系，从而明确各自的责任。

2. 活动分析和成本趋势分析

对政府项目和流程进行分析，寻找较低成本的项目和能减少执行特定任务的成本途径。

3. 目标成本管理

即恰当地制定和公正地实施支出上限，合理控制业务成本。将成本同绩效管理目标联系起来，实施绩效预算和业绩计量。

（四）投资管理

公共组织投资主要指由政府或其他公共组织投资形成资本的活动。公共组织投资包括政府组织投资和非营利组织投资。其中政府的投资项目往往集中在为社会公众服务，非营利的公益性项目，如公共基础设施建设等，具有投资金额高、风险大、影响广等特点。非营利组织投资主要指非营利组织的对外投资。

公共组织投资活动的财务管理主要侧重于以下方面：

1. 对投资项目进行的成本—效益分析和风险分析，为公共组织科学决策提供依据。政府投资项目的成本效益分析要综合考虑项目的经济效益和社会效益。

2. 健全相关制度提高投资资金使用效率，如采用招投标和政府集中采购制度，提高资金使用效率。

3. 建立科学的核算制度，提供清晰完整的投资项目及其收益的财务信息。

（五）债务管理

公共组织债务是指以公共组织为主体所承担的需要以公共资源偿还的债务。目前，在我国比较突出的公共组织债务是高校在扩建中进行大量银行贷款所形成的债务。

有些学者将政府债务管理纳入公共组织财务管理中，笔者认为是不妥的。因为大部分的政府债务（如债券、借款等）是由政府承担的，并未具体到某个行政单位，行政单位的债务主要是一些往来业务形成的且一般数量并不大。政府债务应属于财政管理的范畴，行政单位的债务管理属于公共组织财务管理的范畴。

从财务管理角度实施公共组织债务管理的主要内容如下：

1. 建立财务风险评估体系，合理控制负债规模，降低债务风险。公共组织为解决资金短缺或扩大业务规模，可以适度举债。但由于公共组织不以营利为目的，偿债能力有限。因此，建立财务风险评估体系，根据组织的偿债能力，合理控制负债规模，降低债务风险。

2. 建立偿债准备金制度，避免债务危机。

3. 建立科学的核算制度，全面系统地反映公共组织债务状况。

（六）资产管理

公共组织资产是公共组织提供公共产品和服务的基本物质保障。目前我国公共组织间资产配置不合理，资产使用效率低，资产处置不规范等现象较多。

从财务管理角度实施公共组织资产管理的主要内容如下：

1. 编制资产预算表。公共组织在编制预算的同时应编制资产预算表，说明组织资产存量及其使用状况，新增资产的用途、预期效果等，便于预算审核部门全面了解公共组织资产状况，对资产配置做出科学决策。

2. 建立健全资产登记、验收、保管、领用、维护、处置等规章制度，防止资产流失。

3. 建立公共资产共享制度，提高公共资产的利用效果。

4. 完善资产核算和信息披露，全面反映公共组织的资产信息。

（七）绩效管理

建立高效政府、强化公共组织绩效管理是各国公共管理的目标。绩效管理重视公共资金效率，将公共资金投入与办事效果进行比较，促进公共组织讲究效率，是实现公共组织社会目标、建设廉洁高效公共组织的必要条件。

从公共组织财务管理的角度来看，主要是把绩效管理同预算管理、公共支出管理等内容结合起来。

1. 建立以绩效为基础的预算制度，将绩效与预算拨款挂钩。

2. 建立公共支出绩效评价制度。

3. 在会计报告中增加年度绩效报告。

4. 开展绩效审计，进行有效监督。

第七章 大数据背景下的财务管理

第一节 大数据背景下财务管理的挑战

本节首先分析了大数据对企业财务管理的影响,其次讨论了大数据给企业财务管理带来的机遇和挑战,最后提出了企业应用大数据进行财务管理创新的思路。

作为具有革命意义的最新科学技术,大数据正在从各个角度影响着我们的生活,也包括企业财务领域。财务管理是企业管理的核心内容,对企业经营规划有着深刻的影响,能否执行优秀的财务管理关乎着企业的生存发展。如何积极应对大数据背景下企业财务管理的环境变化和发展趋势,以敢于创新的姿态占领时代的先机,是当前我国企业必须认真对待的问题。

一、大数据对企业财务管理的影响

传统的企业财务管理所依据的数据是非常有限的,这使财务数据分析也具有明显的局限性,导致财务管理缺乏全面的、精确的数据基础。建立在数据不完全可靠基础上的企业财务管理如同管中窥豹,很容易以偏概全,与市场的客观性存在较大差距,极易发生判断失误,最终导致企业利益的损失。而大数据技术能够为企业呈上全面的、实时的、精确的市场数据和系统的、多层次的、个性化的数据分析,使企业拥有更可靠的财务分析工具、更先进的财务管理和更有效的财务决策依据。具体而言,大数据对企业财务管理的影响主要包括以下四方面:

(一)企业财务处理方式的变化

首先,大数据改变了财务处理的范围。传统财务管理概念中,企业仅处理与本企业直接相关的财务数据。但是在大数据背景下,凡是与本企业相关的数据都在收集和处理范围之内,如行业信息、金融市场波动、上下游企业的财务状况变化等信息都逃不过大数据的关注和数据挖掘。其次,与传统财务管理方式相比,大数据更注重非财务信息的价值。大数据技术能够通过分析那些从表面上与财务完全无关的数据并对其进行提取、统计、归纳,从中找出与财务管理相关的经济规律、企业特征、潜在问题,为企业进行财务管理提供扎实的数字依据,更重要的是为企业指明提高财务管理水平的方向,使企业可以将有限的资源放在最关键的财务管理节点上,实现财务管理资源的最大化利用。

(二)企业会计核算方式的变化

传统财务管理大多采用"人-机"结合的半手工方式,而大数据背景下财务管理则向全自动化方向发展。在大数据平台的处理中,企业财务与外部相融合进行统一核算。基础核算工作越来越少,核算过程越来越智能化、去人工化、高速化和标准化。以华为公司为例,任正非为改变华为粗放式财务管理带来的风险,专门请来IBM的财务团队为华为量身定做了以大数据为支撑的集成财务体系(IFS),用大数据的会计核算理念重新梳理会计核算流程。该体系甚至成为影响华为现今组织架构结构的重要因素,正如华为一位财务顾问所说:"没有配套的IFS,华为是不可能下决心将权力下放的。"

(三)对企业财务管理人员知识结构要求的变化

目前我国很多企业已经意识到大数据对财务管理变革的意义,但是由于传统财会人员在运用大数据技术方面存在能力不足、观念更新速度慢等原因,在具体运用大数据和进行大数据分析方面存在一定难度。在大数据背景下,企业财务人员不仅要具备财务方面的相关知识技能,还要掌握计算机、统计学等方面的知识,使大数据能够真正服务于企业。

(四)企业财务管理环境发生了变化

大数据的出现改变了人们生活、工作的方式,同时也改变了人们的思想观念,在经济领域同样深刻影响着人们。普通消费者、企业、经济团体的众多金融行为都成为大数据收集的内容,众多企业应用大数据判断业务影响,加深对服务的理解,加快企业利润的增长。在这样的环境变化下,企业想实现高水平的财务管理就不可能离开大数据的支持。

二、大数据给企业财务管理带来的机遇和挑战

(一)大数据给企业财务管理带来的机遇

首先,大数据采用巨量数据集合技术采集海量数据并进行分析,使企业财务人员从浩如烟海的数据中得到潜在的、具有关键财务价值的信息,为企业制定发展战略和重要决策提供有力的数据支持。

其次,通过对企业内外部庞杂信息的筛选和梳理,帮助企业找到影响自身发展和健康运行的负面因素。如通过大数据对企业投资、利益分配、运营管理等与财务相关活动的分析,不但为企业指出可能存在的风险因素,也为企业风险管理指明了方向。有助于企业清醒地认识存在问题和潜在风险,提前做好规避财务风险的准备,制订具有针对性的事前、事中和事后控制方案,有效降低风险发生概率,使财务管理更加稳定可靠地为企业服务。

再次,大数据可以为不同企业提供智能化的、形式统一的、内外融合的财务分析工具。一方面,大数据分析能够有效降低企业财务管理水平,降低财务管理工作量;另一方面,

大数据通过综合性分析结果，提供以往财务部门和其他部门都无法提供的企业战略依据，使财务部门在企业中的地位得到了大幅度提升。

最后，大数据将促进企业内部人员架构向更科学的方向发展。企业应用大数据处理财务管理问题时，不仅仅要收集财务数据，也要收集表面上看起来与财务"完全不相关"的数据。财务部门与其他部门共同调取、选择和分析数据，这就要求财务部门与其他部门建立更直接和更协调的关系，财务部门关注企业运行的范围更广，工作内容更全面。这些改变要么促使财务部门获得更高的管理职权，如长虹的"财务共享系统"使企业财务部门向高端化转型，成为企业运营的中心枢纽部门；要么促使企业重新规划财务框架，如海尔集团为了创新"人单合一的预算管理模式"，提高了一线员工对预案财务化的责权利，彻底改变了企业领导与普通员工之间的管理关系。无论哪一种，都带动企业人员架构向更合理的方向发展，为企业带来更高的利润。

（二）大数据给企业财务管理带来的挑战

首先，如何科学有效应对大数据的挑战。大数据浩如烟海、种类庞杂，如何快速提取、挖掘和分析数据对企业财务部门来说是一项全新的挑战。从硬件角度来看，多数企业带宽不足，也不具备大数据所需的数据储存和处理条件。从软件角度来看，多数企业也不具备自行开发海量数据处理、建立超大型数据仓库和进行深度数据挖掘的能力。从财务人员角度来看，很多企业的财务管理人员并不具备应用大数据技术的技能。

其次，企业将面对财务管理模式转型的挑战。大数据背景下，企业财务管理将向信息化、智能化方向转变，变事后处理为事中处理。最重要的变化是传统的管理型财务方式向现代的价值型财务管理体系的转型，即将普通的记账管理工作模式转变为管理价值和创造价值的工作体系。如何实现这种改变并真正发挥新模式的作用，对企业来说是新的挑战。

最后，企业将面临寻找和培养新型财务管理人才的挑战。大数据的应用对企业财务管理人员提出了新的要求，包括如何保护企业商业机密、如何提取具有价值的数据、如何结合企业所处行业特点和发展战略进行个性化数据分析等，这些都需要同时具有财务管理知识、统计知识、计算机知识和大数据应用技能的高水平人才。当前我国多数企业都缺乏相应的人才储备，因此如何寻找和培养新型财务管理人才是对我国企业的重要挑战。

三、大数据背景下企业财务管理的创新思维

（一）创新企业财务管理组织结构

企业通常根据职能进行财务管理，最常见的是将财务部门细分为会计部、财务部、资金部等。迎接大数据对财务管理的改变，企业应主动创新财务部门的组织结构。

首先，企业应该在财务管理组织中设置独立的部门或人员来专项管理财务数据及与财务相关的非财务数据，进行数据获取、数据挖掘和分析。对于暂时不具备创建大数据财务管理体系的，可以购买第三方的大数据平台使用权，但仍需专人管理和分析数据。

其次，大数据的产生使财务管理与企业其他部门的联系更加紧密，企业管理者应从新的高度来看待财务管理在整个企业中的作用，根据企业自身的特点进行合理重组。或学习长虹，提升财务管理部门在企业中的沟通能力；或学习海尔，通过制度和新的财务体系将财务管理渗透到企业运行的每一个环节中，形成扁平化的财务管理流程。无论哪种，其最终目的都是调动企业全员参与到财务管理中去。

（二）构建大数据财务管理系统

大数据的有效信息密度较低，想从巨量数据中提取有效信息就必须依靠大数据财务管理系统。该系统通过数据预测和数据挖掘分类等技术对所有与企业财务相关的大数据进行采集、分析、梳理和评价，不但能够为企业提供全方位的财务数据、存在问题、潜在危险，还能评价上下游企业的财务及经营状况，预测企业乃至所在行业的未来发展趋势，为企业财务及发展战略的制定提供最可靠的数据。在条件允许的情况下，企业可独立建设大数据财务管理系统，还可以购买第三方大数据平台的使用权，只需下载客户端就可以构建本企业的大数据库。对大多数企业来说，这种方式更为快捷，成本也更低。

（三）建设大数据财务人才队伍

无论是依靠企业自身能力建设大数据财务分析体系，还是购买第三方大数据平台的使用权，财务管理部门都离不开能够应用大数据软件和对大数据进行分析的财务人才。这些人才不但要精通传统的会计学和财务管理知识，还要能够应用统计学、大数据技术，熟悉企业运营规律和所在行业的发展状态。只有这样的人才，才能真正发挥大数据在财务管理上的宏观优势，为企业提供具有较高价值的财务决策依据。为了得到这样的财务管理人才，企业一方面应强化原有财务管理人员的培训，全面提高财务人员的综合能力；另一方面应积极引进大数据人才，组建具有现代化大数据综合处理和应用能力的财务管理团队。无论哪种方式，最终的目的都在于充分利用大数据的优势，使其真正体现在企业财务管理中的价值。

大数据从根本上改变了企业财务管理的实效。顺应潮流，完成自身变革，是时代对企业财务管理提出的必然要求，也是大势所趋。以积极主动的姿态迎接这一变革，给企业财务管理带来质的改变，也给我国企业的整体发展带来深刻的影响。

第二节 大数据的财务管理发展

现代企业的管理中财务管理是十分重要的一个部分。现代企业不仅仅要改变传统会计的核算方式，还要尽可能地找出财务数据中一些隐藏的信息，从而更好地了解企业的过去、现在和未来的发展。在物联网、云计算、大数据理念迅速发展的过程中，企业的财务管理也在不断变化。金融管理最为重要的就是对数据的管理，而大数据的发展恰好满足了金融发展的需求，大数据不仅仅可以掌握大量的数据，而且类型十分多样，运行的速度也有十分大的优势，所以大数据可以促进财务管理的发展。

一、大数据时代助力财务管理

大数据不同于传统数据的数据形态和数据处理模式，必然对企业的管理理念和组织流程等产生影响。大数据时代的到来，对传统财务管理来说既是机遇也是挑战。

（一）信息共享助推财务管理

大数据时代带来的信息共享，大大缓解了信息不对称，信息的交流更便捷和快速，使得企业的利益相关者，如股东、供应商、客户、员工和公众等，能够通过互联网进行实时的信息共享，财务管理的详细信息能够充分传达利益相关者。利益相关者将成为政府法律约束之外新生的一股力量，经由大数据，更好地对企业的财务环境进行监督和约束。

（二）管理层重视助推财务管理

追根溯源，财务管理能否有效地发挥作用，取决于管理层的重视和支持。作为企业的战略制定者，如果管理层能够在战略层面更多地考虑财务管理后果的影响，将能更好地认识财务管理的潜在价值，从而选择适当的财务管理工具和方法来促进管理，最终推动财务管理实务的发展。

财务作为一个综合性的经济管理和监督部门，早就秉承了用数据说话的传统。财务分析报告中无论是数据反映还是综合评价，以及揭示的问题，无一不是以数字为支撑的。在大数据时代，充分利用数据仓库、联机分析、数据挖掘和数据可视化等技术，把离散存储于不同系统中的海量结构化和非结构化数据彼此关联并进行深度挖掘分析，可以对财政性资金的使用情况、相关政策实施的效果的绩效进行评估，从而得出客观的财务分析结论，所有这一切都将会得到财务分析报告的使用者和决策者的高度认同，从而进一步提升财务管理在企业发展中的地位。

（三）技术环境改善助推财务管理

随着大数据技术的发展，跨越系统、跨越平台、跨越数据结构的技术将使企业各部门与财政部门得以流畅协同。财务部门不再需要分别获取各个部门的相关数据，只要接入企业数字化内部网络，所有财务预决算所需的数据在设置一定的权限后都可以直接获取，大大节约了财务管理成本。同时由于利用大数据技术，数据处理及分析响应时间将大幅缩短，财务工作的效率将明显提高。

二、大数据在财务管理中的作用

（一）对政策的分析更到位

金融数据最大的特点就是数量大、计算复杂，同时包含的信息也是更有价值的。利用大数据进行解释可以充分地了解企业的财务状况，对企业的业绩以及现金流也可以有充分的了解，而且不仅仅可以了解过去和当下的财务状况，还可以对未来的发展有一定的预估。所以，对实时数据的掌握是财务管理可以取得重大进展的首要条件。企业对资本和业务的全面了解可以帮助企业更好地分配有限的资源，增强财务统计核算，健全财务统计报告体系，在该体系中要重点关注企业的各项支出和成本。通过大数据的分析，企业的收入和支出情况更加明晰，进而研究出财务管理的政策措施；在对财政收支数据进行的多维分析中，我们可以定期编制月度预算执行分析手册；在分析区域市场增长和金融数据的基础上，找出企业发展的短期和长期规律，加强财务管理的预见性和成果效益，尽可能地减少企业面临的风险，发现行业潜在的发展趋势，从而更好地增强企业的竞争力。财务分析也要从数据出发，将一大堆数据转化为有效的参考资料，然后依据这些资料进行决策，增强决策的科学性。比如，企业可以对客户进行大数据分析，通过大数据分析来发现很多潜在的信息，比如客户的消费观念等，根据客户的具体情况来开发不同的产品，使得产品的销售更加有针对性，以此来预测年度的收支状况，通过对这些数据的分析，企业的管理者的决策就会更加合理。

（二）加强对预算的管理

企业预算一般只根据以前的数据以及市场的变化制定。在对企业实际操作和业务预算数据进行比较的基础上，根据市场的变化合理地分配企业的各项资源，制订一套合乎实际的预算管理方案。比如综合预算，以前对综合预算的管理有很大的局限性，企业的各项信息的记录和保存都不完善，企业制定综合预算主要是依据内部与历史的数据信息，而这些信息也有一部分是分散的，是独立存在的，难以与其他的数据匹配。产业和先进企业的综合预算都不够完整。利用大数据通过数据的交互、集成、处理、控制和集成内外部数据以及大数据，让企业完成全面的预算，逐渐实现企业预算管理的科学性及时效性。最后，在预算实施过程中，要对具体产品产生的损益情况进行分析，利用大数据采集信息，了解不同产品的详细数据，有助于企业把产品生产经营的实际数据和企业制定的预算数据比较，找到差异以及存在的问题，及时解决问题，减少企业面临的风险，提升经济效益。

（三）加强财务监督

企业的财务监督要依据规章制度的要求和程序进行，对企业经营活动的各方面进行监督，促进企业进行科学合法的经营管理。获取信息可以促进企业财务监管的到位。随着大数据的不断发展，财务管理不仅打破了金融业内部企业、财经界之间信息闭塞的局面，同时还使企业的财务状况得到各方面的监督，企业的经济活动更加透明，使其实现法制化管理。例如，通过对企业各项经营活动的监督和管理，就可以知道企业是否存在虚假收益、企业财务活动效率降低等损害国家和企业利益的行为，找出企业的误区。与此同时，企业还应该保证企业财务报告等信息不被泄露。维护正常的经济秩序的准确性和可靠性。比如，税务机关可以通过比较过去和现在的企业财务信息，检查遗漏，弥补不足，有效地监督企业的税后状况。除此以外，大数据可以使金融监管得到通过，从事后监管转向事前或者事中监管。另外，财务经理能在大数据的基础上收集与产品相关的各种数据。在分析总结后，对生产成本因素进行分析，精确预计产品成本，实现了对生产过程的监管。

（四）推进企业绩效评价

企业的评价本质上是依据市场经济要求实施企业监管体系。绩效评价是衡量公司综合实力的重要指标，通过这种方式可以指导企业的经营，加强企业内部管理。目前，企业的绩效评价正在不断发展，传统的绩效评价只有单一的财务指标，现在的绩效评价利用大数据已经实现了财务指标和非财务指标的统一，这样可以最大限度提高信息和数据的有效性。

三、大数据时代企业财务管理发展变化

大数据的信息变革，引导企业向数据分析转型，会计信息的数据处理体系必然形成，为企业的财务管理提供支持。财务管理将依托大数据更新调整，升级管理职能，拓宽服务范围。大数据时代提供了更快更好的数据处理技术，为财务管理带来了更多的可能和改变。

（一）财务管理信息化转变

传统的财务管理理论和技术在大数据时代受到冲击，这些挑战促使财务管理领域逐渐形成一系列新技术和新方法，也促使财务管理服务模式产生变化，财务管理逐步开始向信息化转变。

建立财务管理信息化制度，网络信息环境、统一的财务制度和财务信息平台必不可少。首先，完善企业的网络信息环境，除了要考虑企业内部的情况、外部环境的改变，也要关注人力资源、行业特点、国家政策等因素，还要参考一些主要门户网站的建设情况。其次，建立统一的财务管理制度，减少分（子）公司或部门违规操作的可能性，提高对资金管控的效率，从而保证资金安全，促进资金良性循环。最后，大数据时代的财务管理需要尽快解决业务信息与财务信息的高度集成及依托精确的信息处理平台进行分析和决策的问题。因此，在企业内部可以设置一个财务信息平台，将企业的财务发展和战略决策全部纳入信息平台中，以便为企业管理层提供及时可靠的信息。

（二）财务管理可视化转变

信息爆炸时代，数据量庞大而复杂，这对数据分析、解读和呈现提出了更高的要求。经过可视化处理后，数据信息之美能够得到直观、高效、充分、完美呈现。信息技术的发展为数据可视化提供了条件，也为创新财务管理中数据信息的呈现方式提供了新的方向。

要充分发挥数据可视化对管理决策的信息支持功能，首先，需要转变管理思路，推动财务管理职能的适当转型。长期以来，企业财务管理职能主要定位于财务会计功能，通过确认、计量、记录、报告的程序，努力为相关者提供决策所需的财务信息；管理会计虽然不断被提及，然而在企业管理中的实际应用的范围较窄、层次较低，目前仍处于探索推进的阶段。大数据时代，亟须将管理会计提升到与财务会计同等重要的角色，甚至应当真正实现财务管理职能从财务会计向管理会计拓展延伸。其次，培养专业化的数据管理人才团队。大数据时代，数据科学将成为一门新兴的学科，数据分析师将成为一项热门职业，作为经常与数据打交道的企业财务部门更应当主动培养、建立适应新形势的专业人才团队，为企业挖掘数据资源价值提供人才保障。第三，重视财务人员跨专业知识整合、协作应用能力的培养。新时期的会计将真正体现为一门科学、技术、艺术相结合的专业门类，财务人员不仅需要掌握会计学、财务管理方面的专业知识，还需对统计学、计算机科学、设计学、传播学等方面的知识有一定的积累，集各专业之长，为提高数据可视化的应用水平提供广泛的专业知识支持。

大数据时代的出现，引发一系列发展变革。大数据技术的飞速发展，使得财务管理在理论层面和应用层面都迎来了新的发展契机。本节先从信息共享、管理层重视和技术环境改善三个角度阐述了大数据时代助力财务管理发展，随后对财务管理的发展变化进行分析，认为财务管理不断地向信息化和可视化转变。随着大数据技术的发展应用，财务管理能够更有效地提高经营效率。进一步的研究可以将重点放在大数据背景下财务管理指标体系的具体建立上，综合大数据技术进行规划。

第三节　大数据对财务管理决策的影响

今天我们生活在一个信息爆炸的时代，大数据技术能够以更低的成本、更高的效率来应对和处理海量的信息，因而在各个学科和生产制造领域都得到了快速推广和应用。企业财务决策的效率和质量在很大程度上取决于对数据的取得、加工、分析和反馈能力，能否利用大数据和云计算技术提高企业的财务管理水平将成为企业未来发展的方向和关键。因此，研究大数据对企业财务管理工作的影响已成为当今社会普遍关注的热点问题，具有重要的理论意义和现实价值。

一、大数据对财务管理决策的影响

大数据是数据分析方向的前沿技术，社会的信息化发展产生了纷繁复杂的海量数据，通过大数据技术，人们能够以更低的成本、更加快捷的方式从不同类型和结构的巨量数据中提取有价值的信息。

大数据通常有以下几个特点：第一，数据量巨大，处理的数据量从 TB 级向 PB 级提升；第二，数据类型多样化，从传统的结构化数据延伸到诸如图片、报表、音频和视频等多种形式的半结构化和非结构化数据；第三，快速响应，随着算法的优化和数据建模领域的技术突破，能够做到海量数据的实时处理；第四，高价值性，通过降维、数据挖掘等技术，大数据能够探寻并揭示数据背后的关联性，因而具有较高的商业价值。

大数据的研究已经推广到了医疗、金融、交通等各领域。政府部门也在重视大数据技术的应用和发展，"十三五"规划纲要中就提出，要深化大数据在各行业的创新应用，探索大数据与传统产业协同发展的新业态和新模式，要加快海量数据采集、存储、清洗、分析发掘、可视化、安全与隐私保护等领域关键技术的发展。

互联网数据中心的"数字宇宙"报告显示，全世界的数据量正在大规模增长。面对庞大的数据洪流，传统的企业财务管理越来越无法满足现代企业管理需求。

随着政府、企业、公众间数据的不断开放，利用大数据技术财务工作者可以从多种渠道获取更为可靠的数据信息。如何将财务管理与大数据技术进行融合，跨越单纯的财务数据，挖掘财务和非财务数据背后的关联关系，以科学的方法进行分析预测，让数字开口说话，降低对主观判断的依赖，进行精准的财务分析与决策，成为企业在激烈的市场竞争中获取竞争优势的关键。

二、大数据对环境分析的影响

分析企业所处的内、外部环境是财务决策的起点，在经济呈现全球化、多元化发展的今天，企业进行财务决策所需要的支撑数据已经不能仅着眼于单纯的内部财会数据，更需要将系统中所有利益相关者的全部信息都纳入考虑。传统的统计数据主要来源于国家统计部门和企业内部经营记录，数据源较为单一，对社会、文化、生活消费习惯等数据无法实现精准收集，且更新速度较慢。借助大数据和云计算技术，一方面，企业可以统揽总公司和各子公司的结构化数据、半结构化数据和非结构化数据信息；另一方面，企业可以从外部诸如新闻媒体、工商管理部门、税务部门、律师事务所、会计师事务所、银行、咨询机构和证券交易所等机构获取各种与财务决策相关的数据。

在数据广泛收集的基础上，财务工作者可以利用大数据技术通过对海量的内外部数据进行筛选、清洗、转换和整合，从纵向的时间序列和横向的面板序列进行分析，充分了解企业当前的生存环境；也可以利用云计算数据实时更新、储存、传递的功能，应用事务间的相关性分析，捕捉现在和预测未来的趋势变化。例如，财务工作者可以通过对企业的客户和供应商的接口数据，来分析预测企业未来的销售额和库存；通过消费者在网站的点击量、检索，了解产品需求的变化。传统的财务决策系统、Excel、WPS 等办公软件对于收集和处理如此庞大的数据十分乏力，大数据为企业制定战略规划和制定财务决策提供更加准确和完整的基础支撑，从而可以实现战略目标在不同地域分布的总公司、各子公司之间的一体化设计，促进公司内部的联动和配合，提升企业整体的运营效率。

三、大数据对指标核算的影响

正确、高效的财务决策很大程度上取决于所依据指标的核算是否准确、公允，大数据对企业的日常经营管理中指标核算的影响主要体现在以下几方面：

（一）全面性

过去数据的记录、储存、分析和处理手段较为落后，难以对总体数据进行检验分析，因此传统的财务决策方法是以抽样取得的数据特征来推断总体的特征。进入大数据时代下，随着互联网和云计算等数据技术手段得到更加广泛的应用，可记录、储存的数据越来越多、越来越便捷，人们处理数据的能力也随着算法的升级得到显著提高，掌握总体的性质和特征将不再依赖于抽取样本数据的质量，通过大数据技术在收集几乎全部的数据基础上进行的总体性分析，可以规避抽样误差，帮助财务工作者更加全面准确地判断和决策。

（二）中立性

在企业全面预算管理、投资融资决策、成本费用控制等财务管理工作中，经营管理者往往难以准确确定公允价值、折现率等指标。例如，在金融资产估值、投资项目比较时，需要广泛收集公开市场的报价，尽可能详细地预测未来现金流量和最终处置费用；在确定折现率时需要估计风险调整，这些数据的确定很大程度上依靠财务人员的主观判断，而折现率出现在分母上，细小的变动也会很大程度上影响最终的决策。大数据为会计估计、职业判断等内容的确定带来了新的思路和方法，可以帮助财务工作者更加方便快捷地获取整体市场信息、了解市场最新动态，排除主观判断部分的干扰，更加准确地确定公允价值、折现率等指标，从而保证决策更为科学和合理。

（三）可靠性

通过大数据技术中的人工智能和深度学习，企业可以建立数学模型来探寻数据之间的关联关系。

在成本管理中，大数据技术可以辅助财务工作者更加精准地控制库存数量，按照业务实质客观地分配生产成本和费用，从传统财务会计核算转变为资源驱动作业、作业驱动价值的管理会计核算，根据更加可靠精准的数据基础来识别判断企业价值创造的动因和增长过程，引导企业管理者从规模管理转向价值管理，以提升企业价值为目标进行财务决策。

在销售管理中，大数据技术可以帮助企业识别高价值客户，分析客户违约概率，降低贸易中的信用风险。

（四）时效性

企业传统的财务管理方式，较为依赖顶层设计，靠自上而下的方式在企业内部层层传播。例如，预算计划的编制和风险管理工作的布置，当企业层级较多、规模较大时，大大降低了信息传递的时效性和准确性，进而降低了财务决策的应用价值。通过大数据技术，企业对财务管理流程中的每个节点都可以实现实时的观测和反馈，使预算管理和风险控制贯穿于企业经营活动的始终，通过这种动态调整可以提高企业事前防范、事中化解风险的能力，降低事后承担的压力，防止预算管理失效、流于形式。

四、大数据对决策思维的影响

随着人们对算法的优化和对数据挖掘技术的开发，数据利用的方式和方法也将发生根本性的改变，财务工作者需要转换思维来建立正确的财务决策方法。

（一）从总体出发

传统决策方法更多的是依赖于企业管理者多年积累的经验及丰富的管理理念，企业管理者在面临海量、烦琐的财务数据资源时，一旦外界环境发生变化，管理者没有充足的时间应对，可能会以偏概全，使其无法准确挖掘数据背后蕴藏的价值，无法探究问题的真正本质，对财务数据的判断有失精准，进而影响了决策的真实准确性，导致企业无法按既定策略实现价值。在大数据背景下，获取几乎全部的数据成为可能，财务工作者在制定财务决策时，可以使用总体分析来替代抽样分析，企业可以从来源于工商管理部门的数据中分析政府监管信息，从来源于税务部门的数据中分析纳税信息，从来源于企业内部的经营数据中分析财务信息，从来源于会计师事务所的数据中分析审计信息等，在全面数据分析的基础上，根据企业预算管理、筹资决策、投资决策、收入决策、定价决策、生产决策、成本费用决策等不同的决策需要，形成多层次的决策方案。

（二）从时效出发

传统的财务决策中，财务工作者追求数据的精确性，因为可获取的样本数量有限，如果根据不精确的样本去推断总体的性质特征，就会偏离真相，做出错误的决策。但是一味地苛求样本储存记录的准确，会给会计人员带来繁重的数据筛选复核工作量，不能保证财务决策的及时性，滞后的财务信息虽然准确却可能带来没有价值的分析决策结果。大数据的普及应用与云计算功能的结合，可以在相当程度上排除错误数据的噪声干扰，这对财务工作者依赖结构化数据精确性的传统思维带来了变革。面对需要快速反应的事件，如股票、汇率价格的波动预测时，财务工作者需要采用容错率思维，追求模糊的正确而非精确的错误。大数据的实时分析功能可以快速得出结论并预测趋势，为企业财务决策及时提供参考依据，大幅度提升财务决策的效率和质量。

（三）从关联关系出发

企业的财务决策离不开各种财务数据和非财务数据之间的相关性分析，传统的财务决策方式不可避免地在一定程度上依赖职业经验判断，由于信息不对称及代理成本的存在，给决策者谋取私利制造了空间。利用大数据技术和分析手段，人们能够获取、转换、加工处理与企业财务决策相关的各种结构化、半结构化以及非结构化的企业财务数据和非财务业务数据，并且找出数据之间的关联关系，为企业制定科学合理的财务决策提供支撑。因此，在大数据背景下，财务工作者需要应用相关性分析深入了解和认识社会经济现象，归纳、分析数据之间的联动特征，挖掘隐含在数据关联关系背后的巨大商业价值。同时，通过将各种类型的数据有机融合起来，剖析其中蕴含的财务与业务关系，让数字开口说话，可以降低人为调控、盈余操纵等舞弊行为，从而保证企业财务决策的科学性和严谨性。

五、大数据对评价反馈的影响

企业的业绩考核和信息披露是评价企业财务决策成功与否的重要途径，传统的财务管理模式中，人们主要是通过"四表一注"来评价和反馈企业经营状况，对非财务信息的反映不够充分，面对不同监管部门，不同报送主体的数据提供口径可能出现不一致，削弱企业的公信力。如今在云计算的帮助下，利用大数据技术可以打通企业内部财务部门与非财务部门、企业与上下游企业等组织边界，将海量的零散信息连接成信息网络，实现总公司和各级子公司、企业内部与外部的数据口径一致性，解决"信息孤岛"问题。在大数据背景下，财务工作者一方面需要提高信息披露质量，从而提升公众对企业的信心，获得更多的投资者支持；另一方面需要将非财务信息，诸如消费者忠诚度、重复购买率等指标纳入考核范围，更加公正地识别财务决策的效果，据此完善奖惩制度和激励措施，推动企业的良性发展。

六、建议

大数据技术给企业的数据搜集和分析决策工作带来了新的变化，传统财务分析模式存在数据采集单一、提供的财务分析结果单一及具有滞后性的缺陷。大数据信息云处理平台的构建使得企业对数据的处理水平上了一个新的台阶，具有实时处理、响应速度快等特点，这同时也对财务工作者的基础素质、财务管理水平提出了更高的要求。财务工作者需要从企业自身情况出发，借助大数据技术构建完善的财务管理体系，来更好地面对激烈的市场竞争，抓住大数据背景下的发展机遇，在更加严峻的国际形势下走得更好更远。笔者针对大数据背景下财务管理工作提出以下建议，希望能够为企业的财务管理决策工作提供借鉴和指导。

（一）转变思维方式

大数据背景下，采用会计电算化数据信息处理方法，将重心放在"核算、记录、存储"等方面已无法应对信息化发展的需要。财务工作者不仅需要关注企业内部，也要与企业外部利益相关者进行良好的沟通，关注企业所处的市场经济大环境。基于这种变革，财务人员更需要放眼全局，在企业财务决策过程中，不再关注问题之间的逻辑因果关系，注重探寻各数据与各财务指标之间存在的各种相关联系；无须深究每一个数据的精确性，注重把握住总体特征和基本趋势，追求数据的及时性和利用率。通过全面考虑企业整体运营相关的财务数据与非财务数据，分析各孤立的数据之间存在的关联关系，达到对企业的绩效考核、成本费用控制、风险管理、资源整合配置等各个流程全盘把控的目的，保证企业的高效运行。

（二）加强信息化建设

有效的分析决策往往需要建立在大量的数据挖掘、分析和处理的基础上，大数据对企业财务管理软件的标准提出了更高的要求。对大部分企业来说，企业电算化只是从手工做账转变为电脑做账，真正基于财务数据及非财务数据进行分析应用的电算化平台却很少实际落地到企业日常生产经营活动中。不少企业的财务管理信息系统落后，甚至都没有配备基本的财务管理软件，或者配备的软件不能及时更新升级，影响到企业的信息共享，导致企业的财务信息处理效率很低，影响到企业的整体经营水平。因此，面对数据类型日益增多、数据结构方式日趋复杂的企业数据，在资金实力允许的情况下，建议企业研究开发适合自身的财会系统软件，建立大数据共享处理平台，以更低的成本和更有效率的方式搜集、存储、分析和处理不同结构和类型的数据并获取具有决策价值的相关信息，同时不断完善信息化决策机制，提升企业财务决策的准确性及运营效率。

（三）培养人才队伍

大数据技术需要具有专业数据处理能力的技术人才。目前，我国企业大部分数据分析处理技术水平较低，而计算机数据算法领域的专业人才往往不了解财务基础知识，财务管理中高水平的专业技术人才匮乏限制了企业数据技术的应用，使得财务管理的大数据分析应用技术无法充分发挥和熟练应用。因此，建议企业加大资金投入，聘请对大数据和财务领域了解透彻、运用能力强的专业人员加入本单位工作，同时指导并定期组织有关这方面诉求的财务工作者学习相关大数据知识，让财务工作职能从过去的财务会计报表分析转变为高层次的预算管理、风险预测和数据分析，使财务工作人员具备一定的数理应用常识，能够从海量信息中提取高价值的内容并进行分析和预测，促进财务人员和企业在业务能力上的共赢发展。

第四节 大数据背景下企业财务信息管理

现代移动互联网及科学技术的进步，促进了大数据信息技术的发展。在信息时代背景下，企业之间的竞争体现为核心技术及人力资本的竞争。财务信息管理是企业优化内部财务管理的过程。现代企业必须结合大数据背景下的要求，不断地优化信息技术手段，建设完善的财务信息管理体系，优化并创新内部财务信息管理方法及模式，全面提高内部财务数据的客观性与真实性。企业内部财务人员要树立科学的管理理念，加强自身信息素养建设，采用现代化的技术手段，提高内部财务信息管理的科学性。

在新的时代背景下，传统的财务电算化管理信息系统已经无法满足现代企业的发展需求。"大数据"自被提出至今，逐步在人们的日常生活中扮演着重要的角色，大数据分析工具为企业提供了准确的数据信息，为企业管理层进行科学决策奠定了基础，优化了企业内部管理模式。现代企业管理优化追求企业内部控制机制的建设与完善，现代企业注重财务信息的整合，以实现其追求经济利益的发展目标。现代企业管理信息化平台建设在提高财务管理整体水平等方面具有重要的意义，可以实现企业内部资源的优化配置。大数据背景下的企业财务管理与传统的管理模式存在显著的差异，先进的信息技术手段及管理工具应用促进了企业财务信息化管理体系的建设，为企业的可持续发展提供了保障。企业财务信息是企业经营发展的主要依据，需要企业财务管理部门加强重视。在现代化管理模式下，企业财务信息管理亟须创新管理模式，适应大数据背景下的发展需求，推进企业财务信息管理现代化建设，为企业的可持续发展奠定基础。

一、企业财务信息管理概述

（一）企业财务信息管理的内涵

企业的财务管理部门收集、加工、报告信息的各种活动称为财务信息管理。在经济全球化及信息化的时代背景下，企业借助现代化的信息管理技术及手段，将现代科学技术应用于财务管理的各个环节。简单而言，企业借助现代计算机网络系统及技术，提升财务管理的效率与质量，提高财务信息收集、加工处理的过程便是财务信息管理。

完善的制度体系是管理实践得以顺利实施的前提与基础，企业财务信息管理首先要建设完善的制度保证体系和财务报送体系，对企业运营中的各项财务指标、信息报送期限及指标统计时间等进行详细说明。财务信息管理要设计完善的财务信息指标汇总表，实现传统财务会计向现代化管理会计的转变。大数据背景下的财务信息管理要注重信息环境的建设，加强企业内部局域网建设，采用现代化的办公软件。企业要加强内部制度体系建设及人力资源管理体系建设，提高内部管理控制的能力及水平。

（二）企业财务信息管理的功能

首先，其具有价值管理的功能。财务信息化管理明确了内部管理对企业价值的驱动作用，明确了实施管理的最终目标，通过标准化的管理理念及管理模式为企业发展创造各种价值。其次，企业财务信息化管理具有实现内部治理的功能。企业借助不完全契约管理的实践及代理问题管理实践活动，可以帮助企业优化内外部管理，在提高现代企业财务管理的整体水平等方面具有重要的意义，可以实现企业内部资源的优化配置。

二、大数据背景下企业财务信息管理的措施

（一）管理层要树立科学的认识

企业要借助一定的信息技术手段及工具，实现企业内部财务数据的整合、企业内部业务的优化及内部员工管理的有机结合，提高内部决策的科学性，促进企业的科学化发展。企业要加强高层管理者对信息化建设的认识及学习，帮助管理层树立科学的认识，引导其逐步了解信息化建设的重要意义及主要方法。新的财务管理模式及理念要求内部管理人员及基层员工具有较强的工作能力，因此，财务信息化建设可以有效地促使高层管理者及基层员工提高自身综合素质，提高业务能力及水平，为企业未来的可持续发展奠定基础。

（二）注重财务信息管理人才的培养

在新的时代背景下，大数据技术将企业的研发、生产、销售、财务等板块有效结合起来，对企业而言，财务信息管理人才是其生产与发展的第一要素。大数据背景下的企业财务信息管理要注重财务信息管理技术人才的培养，企业要促进内部各部门之间的均衡发展，采用内部提拔及外部招聘的方式，优化财务管理人才结构，重点培养具有较高信息素养的财务信息管理人才。公司要加强内部财务信息管理人才的培训与管理工作，强化相关人才信息化管理知识的学习，增强财务信息管理人才的技术能力及知识储备。公司内部要建设完善的交流沟通机制，通过内部财务人员的交流，实现内部经验的共享，促进整体工作人员素质提升，同时为财务信息管理人员工作的开展营造良好的氛围。

企业要提高内部财务信息管理人员的综合业务能力及水平，内部财务管理工作人员要积极向同行学习，在交流与借鉴的过程中提高自身的综合素质及业务能力。企业要建设完善的财务部门员工培训机制，定期组织员工进行学习，将员工考核与绩效挂钩。企业内部新老员工之间要积极合作。在大数据背景下，数据信息的量化要求相关工作人员的综合素质相应提高，这就要求各部门之间要相互合作，提高工作质量及效率。

（三）建设完善的财务信息管理体系

企业要建设完善的财务信息管理系统，高效地整合、分析并输出企业内部信息，同时，企业要制定财务信息管理监督机制，要集中采用行业统一的财务信息处理软件，提高财务信息管理人员的信息处理及整合能力。大数据背景下，企业财务信息管理要借助现代化的信息技术手段，充分挖掘并利用财务信息，为企业的科学决策奠定基础。

随着时代的进步，现代企业财务管理要改变传统的管理模式及思维，企业要通过建设财务信息网络化管理平台，利用先进的技术软件及硬件设备，为企业内部财务管理工作的科学化开展奠定基础，提高财务数据的真实性，以及企业内部控制的总体水平。企业要利用现代网络防护技术、电子加密技术及信息隔离技术，提高财务信息管理的安全性，为管理层科学决策提供数据及信息依据，提高企业战略目标的实效性，为实现可持续发展战略

目标奠定基础。企业财务信息管理同时要注重成本管理,通过节约人力资源成本及管理费用,以及内外部信息的共享,降低信息收集的人工成本,提高内部财务信息管理的科学性。

(四)注重财务信息管理模式的创新

财务信息是企业决策的重要依据,具有一定的反馈机制及预测价值。传统的企业财务信息管理主要是在企业具体业务活动发生以后,经过相关人员会计成本核算及财务管理加工而得到相关的信息。大数据背景下,现代企业的财务信息化管理主要实施统一化的管理,企业信息获取的渠道逐步拓展。在现代化的企业管理运行模式下,企业的财务信息生成效率更高,财务信息在企业财务预警及预算控制等方面的作用显著,实现了企业内部财务控制及防范。在知识经济背景下,人力资本及科学技术是企业发展的主要动力,采集信息在预测行业发展及企业未来发展趋势等方面具有显著的作用。大数据背景下的企业财务信息化管理要摆脱传统的成本管理理念限制,采取多样化的管理模式及手段,以图表、文字、定性与定量相结合等方式,优化企业的财务报告信息。企业财务信息管理创新还要注重信息表达方式的创新,采取人性化的信息表达方式,为企业发展提供简便的财务信息数据。

第五节 大数据背景下企业财务精细化管理

在现代信息技术快速发展的背景下,人们已经进入大数据时代。大数据背景对企业的财务管理提出了更高的要求,促使企业朝着数字化、信息化的方向发展。通过将精细化的管理策略合理地应用到企业的财务管理中,明确财务管理的核心内容,有利于推动现代企业朝着可持续性的方向发展。本节通过具体论述大数据背景下企业财务精细化管理的策略,为提升企业的财务管理水平提供可参考的资料。

在企业不断发展的过程中,以往所采取的财务管理方法已经无法满足现代市场经济的细分要求,所以要求企业必须改变以往所采取的粗犷式管理方法,合理地将精细化管理策略应用到企业的发展过程中。其中,大数据能够从企业海量的财务信息中整合出有价值的信息,从而为企业的管理层制定决策提供更多的信息数据,有效增强企业的竞争力,促使企业更加稳定健康地发展。

一、树立精细化管理思想,正确认识财务管理的重要性

在现代市场经济快速发展的背景下,整个市场的竞争不断加剧,让各企业之间的竞争越来越激烈,所以各企业为了在竞争激烈的市场环境中占据优势地位,更需要充分认识到财务管理的重要性,树立精细化的财务管理思想。由于我国的财务管理理念实施的时间较晚,所以大部分企业的管理层片面地认为财务管理就是传统的记账,尚未将企业的发展管

理联系起来，导致部分企业在财务管理方面存在严重的片面性。这样难以将财务管理的效能充分发挥出来，不利于企业稳定发展。尤其是在现代大数据背景下，企业必须及时更新财务管理概念，将精细化管理思想合理地融入企业的财务管理中，提出与企业发展相符合的财务管理方式，逐步将以往的传统记账式管理转变为全过程动态管理，切实增强企业财务管理的效能，以便为企业在市场经济中稳步发展提供可参考的资料。

二、建立完善的财务管理制度，保障精细化管理思想落到实处

在大数据背景下，为了保证企业财务精细化管理的水平，便需要制定完善的财务管理制度，保障精细化管理理念落到实处。其中，建立完善的财务管理制度主要包括下面几方面：一是需要严格把控企业发展过程中各项费用的支出制度。积极做好各项费用的支出预算计划，每一项经费在支出的时候都必须根据企业所提出的财务预算申报要求，逐级向上级进行报告，明确要求管理层严格进行审批。二是构建大额费用审批制度。企业在发展中所支出的每一笔大额费用都必须在费用预算范围之内，并事先就费用支出情况进行立项申报。规范特殊事项的开展流程，待经过企业管理层的集体批准之后再支出相关的使用经费。三是建立完善的财务内部审计制度。企业在发展过程中各事项的财务管理情况都需要由内部进行申请，甚至还可以聘请第三方来进行审计监督，一旦发现违规甚至是不合理的事项便需要及时进行惩处和纠正。四是构建全面的责任归属和问责制度。通过对企业发展过程中所发现的违规低效项目，不但应该对直接责任人进行问责，而且还需要对相关的管理工作者一并问责，采取自上而下的形式，有效提升企业财务管理的水平，最大限度降低企业在发展中所出现的违规事件。

在企业财务管理制度中，除了包括上述几方面的内容，还需要对企业在发展过程中的网络环境进行测评，规范企业内部各职能部门管理系统的信息收集、信息整理，合理地将企业的财务管理数据信息与业务数据信息统筹整合起来，并对财务数据处理进行优化，逐步将繁杂的财务信息转变为精简的企业发展战略决策。这样实施完善的财务管理制度，能够有效降低企业在不断发展的过程中各职能部门发生违规事项的概率，强化企业内部资金管理效率，从而推动现代企业更加快速地向前发展。

三、加强企业财务精细化管理人才队伍建设，提升财务管理人员水平

作为维系社会发展的核心力量，企业的财务管理精细化亦需基于专业人才的支撑，方能达成理想的工作成效。对此，为切实维护企业财务管理工作的有序开展，必然要对人才的培养及引进给予高度重视。而财务人员本身应当具备良好的学习意识，进而在实际工作中通过不断学习来充实自身，以对精细化管理的理念及原则有一个较为全面、深刻的认知，

为企业财务的精细化管理提供有力支撑。当然,企业亦须对财务管理工作的开展给予高度重视,从而提高企业财务管理工作开展的有效性,关键仍是要加大对此方面的学习。企业可邀请此方面的专家到企业进行巡视,并开展诸如座谈、演讲一类的活动,来切实深化企业财务管理人员的精细化管理意识,在促进企业的财务管理逐步往精细化的方向发展的同时切实维护企业的发展稳定与和谐。

总之,当代企业实施精细化管理已成为时代发展的必然需求。且精细化管理思想在企业中的运用也不仅局限于财务部门,其他各部门也应对此加以合理应用,如此方能切实促进企业整体的有效发展。

第六节 大数据背景下集团企业财务管理转型

为促进大数据背景下集团企业财务管理转型,本节联系大数据背景下集团企业财务管理转型过程中存在的财务管理理念缺失、财务管理的软硬件设施缺乏、大数据背景导致财务管理技术难度上升、财务管理机制不完善、财务管理技术型人才缺乏问题,提出通过转变财务管理思维和理念、创新财务管理方法、加强财务管理的信息化建设、构建财务云会计大数据管理系统、构建综合型财务管理人才队伍,为财务管理转型创造良好环境,从而促进集团企业顺利完成财务管理转型。

一、存在的问题

(一)财务管理理念缺失

财务管理理念缺失不利于大数据背景下集团企业财务管理转型,关于集团企业财务管理理念缺失,主要可总结为两点:第一,对大数据认识不足,在开展集团企业财务管理工作时,多重视财务核算、记录等工作,忽略了大数据技术支持下行业信息、市场信息的收集、分析及处理,忽略了行业信息、市场信息与财务管理的结合;第二,大数据背景下集团企业财务管理的职能应当由原本的"核算"转变为"决策",相对应的,集团企业财务管理理念也应当做出从"核算"到"决策"的转变,然而结合实际情况来看,集团企业在开展财务管理工作时,仍旧只停留在"核算"层面,无法为集团企业发展提供决策参考。

(二)技术难度有所上升

在大数据背景下,集团企业财务管理的技术难度有所提升,导致该问题的原因主要如下:大数据背景下集团企业接触到的信息有杂乱、庞大等特点,如何在数不清的信息中准确找到集团企业需要的信息极其困难,故随着大数据背景下集团企业信息化程度加深,集团企业在财务管理技术方面将面临更为严峻的考验,若找到的信息不够精准,集团企业财务管理工作很可能无法取得较好成效。

（三）财务管理的软硬件设施缺乏

关于软硬件设施缺乏，主要可总结为三点：第一，集团企业在财务管理转型过程中，缺乏先进的、可满足大数据背景下财务管理工作开展需求的财务管理信息系统；第二，集团企业财务管理人员缺乏在大数据背景下开展集团企业财务管理的实力；第三，集团企业在财务管理转型过程中，缺乏相应工作软件的支持。

（四）财务管理机制不完善

财务管理机制不完善在一定程度上阻碍了集团企业财务管理转型，随着大数据时代的来临，集团企业经营发展过程中需要处理的信息数据呈指数增长，对财务部门而言，若不寻找更加高效、省事的信息数据处理办法，财务部门将无法正常运转并满足集团企业发展需要。

（五）财务管理技术型人才缺乏

大数据背景下，财务管理技术型人才缺乏，在一定程度上对集团企业财务管理转型产生了阻碍，关于财务管理技术型人才缺乏，主要可总结为以下两点：第一，我国大数据技术应用年限较短，专业的数据处理技术人才极其缺乏，比如，大数据背景下集团企业财务管理数据形式发生转型(比如，从"纸面数据"转型为"网络页面数据"、从"磁盘数据"转型为"网络页面数据")，集团企业传统财务管理系统在很多时候不能适应这种数据形式的转变，需专业技术人才介入进行财务管理系统升级，而我国恰好缺乏相应的专业人才；第二，财务人员的职能发生转型，从"财务会计"转型为"预算管理与数据分析"，结合实际来看，目前仍有许多财务人员并未适应这种转变，缺乏开展预算管理与数据分析的能力。

二、转型办法

（一）转变财务管理思维和理念

关于转变财务管理思维和理念，有以下两点建议：第一，集团企业可将大数据概念、大数据应用等内容注入财务管理人员选拔及培训过程，以此来提高集团内部财务管理人员对大数据的认识，从而促进财务管理思维和理念的转变；第二，集团企业将信息化技术切实应用于自身财务管理，以此促进财务管理思维和理念转变，比如，借助信息化技术实现大量财务数据分析与处理，并将分析与处理结果作为集团企业决策参考信息之一，或者在信息技术帮助下收集市场信息，将市场信息与财务数据结合起来进行分析，然后根据分析结果制订集团企业的经营方案，通过这些实践应用，加快相关人员的财务管理思维转变以及理念转变。

（二）创新财务管理方法

创新财务管理方法是大数据背景下促进集团企业财务管理转型的办法之一，关于创新财务管理方法，主要可从以下两方面入手：第一，大数据背景下借助先进信息技术促进财务信息与业务信息融合，令集团企业经营策略更符合市场情况；第二，提高数据化手段在集团企业财务管理中的运用，比如，集团企业在开展成本控制工作时，可借助数据化手段对成本控制过程中产生的数据展开深入分析，并对成本控制工作展开跟踪监查，从而促进集团企业成本控制目标达成。

（三）加强集团企业财务管理的信息化建设

加强财务管理的信息化建设是大数据背景下促进集团企业财务管理转型的办法之一，做法如下：①集团企业应在已有财务管理系统的基础上，对系统进行进一步完善，添加具有大数据时代特色的模块（比如，添加市场信息采集与处理模块），以此来促进集团企业财务管理转型；②构建并完善财务管理信息化制度，以此来适应大数据背景下数据杂乱、数据量庞大的情况，为财务管理转型提供相关制度保障；③集团企业需加快信息共享与统一管理的脚步，避免因子公司独立经营导致信息传递不畅，从而引发集团企业财务风险的问题。

（四）构建财务云会计大数据管理系统

构建财务云会计大数据管理系统是大数据背景下促进集团企业财务管理转型的办法之一，在构建过程中主要有以下四点需注意：第一，建立配套制度为财务云会计大数据管理系统的建设提供制度保障；第二，集团企业需引入先进硬件设施基础，为财务云会计大数据管理系统的构建创造良好条件；第三，通过硬件与软件相结合的方式，实现集团企业内部数据、外部数据的生成和采集；第四，构建集团企业财务大数据挖掘平台，集信息生成、信息反馈、信息处理于一体，帮助集团企业快速实现有价值信息利用。

（五）构建综合型财务管理人才队伍

构建综合型财务管理人才队伍是大数据背景下促进集团企业财务管理转型的办法之一，关于构建综合型财务管理人才队伍，可采取以下做法：①集团企业在开展综合型财务管理人才培训工作时，培训方案的设计必须联系大数据背景，将大数据相关知识融入培训内容当中（比如，培训内容应当包括升级后的财务管理系统的使用方法），以此丰富财务管理人才的知识结构体系；②集团企业可考虑引入优秀的、专业的数据处理技术人才，不断优化自身的财务管理软件设施，为集团企业发展助力。

综上所述，在经济全球化、大数据技术应用广泛的背景下，集团企业要想在激烈的市场竞争中胜出，就必须加快财务管理转型的脚步，关注财务管理转型过程中存在的问题，加强大数据技术应用，通过转变财务管理思维和理念、创新财务管理方法、加强财务管理的信息化建设、构建财务云会计大数据管理系统等做法，促进财务管理转型、构建综合型财务管理人才队伍，提高集团企业财务管理的效率与质量，为集团企业发展注入更多活力。

第七节 大数据背景下小微企业财务管理

随着信息技术的不断发展，云计算和物联网技术被应用到各行各业中，市场竞争也越来越激烈。在大数据背景下，我国小微企业遇到了新的发展机遇，但也面临着诸多挑战。传统的企业财务管理模式已经不能适应大数据背景下的要求，如何利用大数据的先进技术来促进小微企业财务管理模式的创新与发展，使小微企业在激烈的市场竞争中处于优势地位，已成为一个共同关注的问题。

大数据即大量的数据资料，是指运用计算机网络产生的海量的、混杂的、结构复杂的数据，而这些数据资料无法运用当前的软件进行整理，其处理与应用是以云计算为基础，并通过数据相关关系分析法来最终实现对事物的预测和价值服务。

大数据背景下对数据的计算单位最低从P（1000T）开始，还有EB、ZB，并且还在快速增长。全球的数据量每年的增长速度极快，未来的增长速度将更快，数据量将会越来越大。

大数据的来源不仅仅局限于传统的关系型数据库，还有社交网络、在线交易、通话记录、传感设备、社交媒体论坛、搜索引擎等。格式类型也多种多样，包含文字、音频、图片、视频等，数据在这些多样的格式上进行转换、保存、记录、运用，多样的格式也导致数据有不同的结构。

大数据的信息量大、类型多样，但是在这些数据中，价值高的信息较少，即价值密度低，这对大数据技术来说也是一个挑战，需要从庞大的数据网中深入挖掘和提炼，并进行处理才能有效利用。

一、小微企业财务管理存在的问题及原因

在大数据背景下，我国小微企业在财务管理方面存在意识薄弱、投入不足、水平不高等问题，使得小微企业在激烈的市场竞争中面临诸多困难。下面针对小微企业财务管理存在的问题进行分析。

（一）外部环境

小微企业经营规模小、资金不足，但随着企业的不断发展，必须要扩大生产规模，这就需要更多资金的支持。而企业的经营规模达不到银行等融资机构的融资要求，很难筹到资金。同时，小微企业还存在信用度低的现象，在经营中不重视企业信用等级，只关注企

业的生产。银行向企业贷款的主要目的是盈利,而小微企业的固定资产抵押较少,资金的流动性大,因此银行会特别慎重。

(二) 内部管理存在的问题

1. 企业财务管理意识薄弱

目前,很多企业还采用传统的管理模式,在内部没有制定合理的管理标准,导致信息使用者对财务信息化管理认识不清晰,对大数据背景下的财务管理理念不熟悉,不能很好地适应大数据背景下的财务管理技术,缺乏运用大数据信息化手段分析处理企业数据的意识,使小微企业不能紧跟时代步伐快速发展。在实践活动中,有的小微企业的管理意识薄弱、管理能力差,对企业的资产评估不准确,会导致成本增加、利润不足,影响企业的正常发展。因此,企业的财务管理意识反作用于企业的财务经济发展。

2. 财务管理水平层次低,共享性差

由于小微企业自身规模较小,薪资和发展空间都不能满足专业财务人员的需求,因此人们在择业时很少会选择小微企业,导致小微企业缺少专业财务人员。现有财务人员的基本操作能力、业务技能、政治素质达不到企业的要求,而且小微企业还存在信息共享性差的问题,即财务部门与其他部门分离,各部门之间信息封闭,导致企业财务管理的效率极低。

3. 财务管理风险意识低

计算机网络技术的发展,给企业经营活动提供了很大的便利,但也使企业的经营和发展面临着挑战和风险,包括投资风险、筹资风险、资金运营风险、利益分配风险。在大数据背景下,对企业财务数据信息的处理分析能力和风险控制能力的要求越来越高,而小微企业的风险意识较低,未实现企业内外部信息共享。如果企业内部信息与外部信息不一致,将会面临严重的资金运营风险。

二、大数据对小微企业财务管理的影响

大数据技术是企业财务管理方面的先导技术,能推动企业进行改革创新,特别是对企业财务管理方面有重要影响:更新了企业管理者的管理理念,提升了企业的财务管理能力,推动企业由传统的财务管理模式向大数据迈进。

(一) 大数据将提高财务数据处理的效率

与传统的财务处理模式相比,大数据技术提高了财务数据处理的效率,在处理数据的过程中节约了人力、物力、财力,并且结果更为准确。同时,大数据技术为企业财务管理信息提供了一个海量的管理平台,将数据储存在结构完整的管理库中,可以提高财务数据的处理效率,降低企业的总体成本,也使企业实现了财务数据信息化管理,为企业决策奠定了坚实的基础。

（二）为企业的风险管理及内部控制提供平台

企业在进行内部控制时，运用大数据处理系统可以对内部进行精确的管控，为企业获取全面、精准、有价值的信息提供有力保障，同时也可以帮助企业对风险进行深度分析，有效规避风险。

风险管理是企业内部控制的安全保障。企业应加强风险管理控制体系的建设，通过大数据处理系统，可以对各项财务信息进行有效监控，一定程度上降低风险发生率，达到规避风险的目的。大数据可以帮助企业科学地进行管理，降低各项成本，为企业决策提供准确的信息依据。

（三）高效实现全面预算管理

大数据技术的盛行，推动了企业建立全面、系统的预算管理平台，能有效解决在财务预算管理过程中存在的问题。通过预算管理平台，企业能获得大量有价值的财务信息，运用大数据技术建立财务预算管理系统，能快速、高效地获取真实可靠的财务数据，利用这些数据处理、分析、预测企业未来的资金流向，及时有效地对下期预算编制进行调节与控制，确立符合实际情况的运营计划和目标，实现全面预算。

三、大数据背景下小微企业财务管理的对策

（一）增强企业自身的财务管理意识

企业一定要增强自身的财务管理意识，如果不能及时掌握最新的财务信息，将会给企业带来巨大的损失。

1. 建立健全财务管理机构

企业应该设立单独的财务管理机构。在大数据背景下，财务数据信息量大、种类多，经济业务和财政收支繁杂，需要有专门的人员进行处理，从而使信息发挥更大的作用。

2. 加强人员管理及培养

在大数据背景下，人才建设在企业创新中发挥着重要作用。因此要加强财务人员管理创新，改变传统落后的财务管理观念，重视财务专业技能和综合素养，还要提升财务管理水平。这就要求财务管理人员不仅具备财务组织能力，而且还需具备分析、洞察、信息化处理等能力。

3. 加强内部考核制度

企业应该完善内部考核与奖励制度。建立考核制度，对财务人员的专业水平进行考核，对优秀的人员进行奖励表彰，有利于调动财务人员的工作积极性。

（二）创新财务管理模式

财务管理作为企业最核心的内容，管理模式和管理水平在很大程度上会直接影响企业

的发展。企业必须不断调整管理机制，创新管理模式，但也要充分考虑企业内部管理机制和财务管理机制的协调性。

1. 建立完善的财务管理信息化制度

部门负责人要清楚地认识到大数据在财务管理信息化工作中的重要性，并重视与其他部门的配合，要认真落实好财务信息化建设工作。各个部门要严格以财务管理信息化为中心建设结构体系，对硬件、软件进行设计，建立一个完善的体系。

2. 建立监督机制

大数据改变了企业的发展模式，这就要求企业适应时代的发展，深入开展财务管理工作。要加大内审机构的监督检查力度，建立健全内部控制和检查制度，还可以聘请一些专业的会计人员和审计人员找出财务管理过程中出现的问题，以便更好地发挥企业内部控制制度的作用。

3. 建立风险控制体系

在财务管理中，风险管理是关键。大数据时代的到来，使各种数据资源种类繁多、来源广、结构复杂，财务风险也有所增加。因此，需要重新构建财务风险体系。①详细了解财务管理的概念与结构。②确定一个财务风险控制的目标并进行重建。③根据外部经济环境来平衡投资风险。

综上所述，企业应进一步提升财务管理质量，提高财务管理效率，提升企业管理的整体水平，形成一套规范、高效的财务管理系统，以适应大数据的发展要求，为国民经济的发展做出应有的贡献。

第八章 财务投资管理

第一节 PPP项目的投资分析及财务管理

在我国城市化持续推进过程中，人们对各项公共基础设施建设提出了更高要求，PPP模式在城市基础设施建设方面具有突出优势，能够更好地满足新时期工程建设需求，同时也为社会资本实现预期收益提供了新的投资机遇。而在社会资本介入PPP投资建设项目过程中，收益和风险是并存的，为了最大限度提升建筑工程项目的整体经济效益和社会效益，降低建筑企业面临的财务风险，有必要深入探索PPP投资项目财务风险及应对策略。

一、PPP模式概述

PPP模式指的是社会资本和政府合作进行公共基础设施建设的项目运作模式。PPP模式鼓励政府和民营资本、私营企业开展合作，共同参与到公共基础设施建设环节，为提供服务和产品签订特许权协议，建立全程合作、风险共担、利益共享的伙伴合作关系。在项目建设中，PPP模式能够比合作各方单独行动获得更好的预期，帮助企业减少投资风险，并缩减政府财政支出。在PPP模式下，社会资本和政府基于公共基础设施建设建立长期合作关系。通常情况下，项目设计、建设、设施维护、运营等大部分工作由社会资本承担，同时在使用者付费、政府付费基础上得到相应投资回报；而公共基础设施及服务的价格、质量监管由政府部门负责，以最大限度保障公共利益。PPP模式主要包含三大要素，分别是项目产权要素、融资要素、风险分担要素。其中，项目产权要素中涉及的项目产权属于权力约束，它涵盖了所有权、收益权、经营权等权利。基于产权经济学相关理论，特许社会资本具备项目收益权、所有权或者是经营权，有助于激励社会资本加强技术创新，关注项目管理，进而使PPP项目运营具有更高效率。另外，在基础设施运营期间，特许社会资本具有运营权，可加快公共部门改革，减少冗员现象；在融资要素中，社会资本可直接参与到项目投融资环节，能够帮助政府减轻财政负担，尽快落实基础设施建设项目；在风险分担要素中，政府、社会资本基于双方风险承受能力，各自承担相应大小的项目风险，可使各方所承受风险有效降低，并在此基础上使项目整体风险控制效果提升。

二、PPP 项目的投资分析及财务管理措施

(一) 吸引和培训高级投资人才

由于投资是一件需要决策人员具备较高能力的活动，企业可以从外界招聘高级金融理财等投资人员，或者从内部提拔投资业绩优秀的员工。无论何种渠道，都要注重对投资人才的后续培养，在为决策相关人员的再教育提供条件的同时，也为决策相关人员提供平台参与行业交流会、专家研讨会等活动，改变传统寻找项目的方式。参加这些活动有利于企业了解行业最新动态，拓展资源构建人脉矩阵，在投资圈中发掘好的项目，有利于企业发现新投资领域。

(二) 完善投资项目的决策制度

企业在进行投资项目决策前，需要进行的程序步骤是项目初选、可行性核查、资本进入。完善每一个环节的制度，有利于企业在投资决策时有据可依，因此企业对每个环节都要有明确的制度规定。首先，关于项目初选，这相当于头脑风暴的初始阶段，对于企业从各个渠道发现和识别的投资机会，企业需要明确项目来源，以便对项目的真实程度做出预判。接着是可行性核查阶段，这一阶段的规章制度需要规范且严格，以便对项目的可行性做出较为准确的估计。在决策制度中明确规定可行性报告应包括以下内容：被投资企业及项目的基本信息、优劣势分析、项目市场分析、项目建设方案分析、项目组织机构和劳动定员介绍、项目投资测算及经济效益分析、项目风险评估及控制措施、项目投资结论。最后是资本进入阶段，这一阶段的决策制度是接续可行性核查阶段的，需要明确规定的是根据可行性报告的项目投资结论，结合企业实际能力，确定投资项目，要求投融资双方签署投资协议，约定相应的权利、义务并严格执行。

(三) 建立健全企业投资管理制度

管理制度的完善主要包括投资后的监督管理制度，对项目成果的确认和投资决策人员的绩效考核制度，以及对投资相关人员的奖惩制度的完善。关于监督管理制度的完善，首先需要建立严格的董事会机制，对运营、投资及财务相关的决议，投资人有否决权，签署协议后，要求被投资企业对项目进度、预估收益和风险、资金使用情况做定期的报告，有条件的还可以进行现场核查。关于成果确认和绩效考核，企业需比对预期投资收益和回收期与实际的差距，判定回收成果，并对决策人员在投资过程中所发挥的作用做出评估，根据员工付出实行相应的奖惩措施，以激励决策人员提升投资眼力、仔细调查研究、审慎决策，提升项目投资的正确率和效益。

（四）加强内部风险防范

企业在投资前需要做好项目前期的财务分析工作，以此规避可能发生的财务风险。首先，在项目投资前要做好财务分析与评价，要求财务人员对投资项目的投资回报率进行详细的研究，并从多层次研究投资可行性，从而有效规避各类风险，以提高投资的经济效益。其次，在投资之前要拓宽融资渠道，通过多种方式开展融资活动。例如，通过信托公司募集资金，以多元化融资降低财务风险。最后，要合理规划债务结构。投资时要分析企业自身的实际状况，对未来资金可能使用方式进行细化研究，以合理安排债务结构。

PPP项目投资在我国当前的应用越发广泛与完善，其财务管理工作在项目开展过程中也越加成熟，但其中仍存在风险与管理问题，不容忽视。PPP项目的投资无论是其投资环境还是项目的实际开展都应在实践过程中进一步完善，在不损害公共利益的基础上，如何进一步加强各方收益，实现共赢是值得深思的。笔者对PPP项目的投资分析与财务管理的探讨旨在能对其有一定的助力作用，我国PPP项目在今后的健康、稳定发展起到一定的促进作用。

第二节 海外投资企业财务风险管理

一、海外投资企业财务风险管理概述

海外投资企业财务风险管理是针对其在海外财务运营过程中存在的各种风险进行识别、计量和分析评价，并及时采取有效的措施进行防范和控制，确保财务活动正常开展，有效保证海外投资安全运作。财务风险管理包括风险识别、风险评估和风险应对等环节，目的在于降低财务风险，将损失控制在企业可接受的范围内。在海外投资财务风险管理中，应基于所在国当地现行财务、税收等制度，注重市场供求、收入、成本、税金、财务盈利能力、借款能力、偿债能力等，制定财务风险管理策略，合理预测关键财务指标，进行项目净现值和内部收益率的敏感性测试，定期跟踪监测项目财务测试的重点指标，比较分析项目风险监测指标的当期值与基准值的偏离度，针对具体情况，及时发出风险预警。同时，要根据海外投资企业环境的变化，及时做出相应的调整，确保财务风险管理机制科学有效。

二、健全海外投资企业财务风险管理的意义

我国海外投资企业面临的生存环境日趋复杂多变，惨痛教训比比皆是，充分暴露出企业财务风险控制不力的严重问题。缺乏财务风险控制和危机意识，没有健全的财务风险管理制度，导致企业在日常经营活动中难以及时识别并应对潜在的财务风险，造成海外投资者无法承担的巨大损失，甚至导致投资彻底失败。因此，根据投资所在国各方面的实际情

况，做好全面且充分的调研，及时制定财务风险管理制度，并不断健全海外投资的财务风险管理体系，合理运用财务关键指标，进行敏感性测试并进行分析，有利于培养并增强员工的风险管理意识，让员工时时刻刻提防风险，全方位研究可能存在的隐患并实施预防；有利于企业有效预防、控制风险，强化企业整体对风险的抵抗力；有利于企业保持合理资本结构、现金流等，降低甚至消除相关风险给海外投资企业带来的负面影响；有利于促进企业经营符合当地法律政策、有效保护财产安全、保证企业的正常运营；有利于企业更加适应海外市场生存，增强企业的国际竞争力；有利于提高投资所在国的经济水平和产业水平，增强东道国对中国投资企业的信心及认可。因此，只有加强海外投资企业的财务风险管理，才能实现海外投资企业的长久健康发展。

三、海外投资企业财务风险的现状分析

目前，我国越来越多的企业走出国门，参与到竞争日益激烈的国际市场中。但同时，也有不少企业在海外投资中取得的成效并不理想，究其原因，其财务风险管理主要存在以下几方面问题：

（一）缺乏有效的财务风险管理制度

海外投资环境不同于国内，很多方面具有不确定性，很多情况下想做全面的调研具有很大难度，投资风险较国内要高出很多。更何况还有不少海外投资企业走出国门前未充分考虑当地政治环境、商业环境、税务环境等实际情况，直接生搬硬套国内财务风险管理的那套模式，不做任何针对投资实际情况的必要修改，甚至根本没有财务风险管理制度，导致企业无法有效识别相关财务风险。

（二）未能有效执行财务风险管理制度

很多中国海外投资企业没有制定一套适应当地特定环境的财务风险管理机制，或者尽管有，但由于治理层、管理层不予足够重视，未能要求全体职员严格执行。员工不按财务风险管理制度办事，风险管理观念薄弱，导致该制度形同虚设，造成企业采购、生产、销售等整个运营环节的管理混乱，各部门之间不能很好地配合控制风险。很多关系到企业命运的重要决策没有事先按照财务风险管理制度流程实施，盲目决策。再加上企业内控机制不健全或得不到正常运转，无法做到很好的监督工作，导致企业无法有效识别、防止并消除致命的风险，造成企业难以承受的损失。

（三）缺乏具有胜任能力的专业管理团队

投资于海外的企业对财务人员素质的要求有一定的特殊性，不仅仅要具有国内财务人员的做账、进行报表编制及分析等业务能力，还要能适应海外的财务管理环境及语言交流环境，要能自如或尽快地融入海外复杂的投资环境中。但部分公司的管理层并没有给予足够的重视，或是因为对公司运营成本的过度压缩，不少企业没有聘请具有胜任能力并能适

应海外财务工作环境的专业人员严格把控财务风险,而是以廉价的成本聘请对海外环境不了解、专业程度不高的人员,其往往缺乏专业基础,没有丰富的实战经验,缺乏同海外相关部门业务沟通的能力,不能有效识别、分析、降低或化解在海外特定环境下的重大风险。

四、海外投资企业财务风险管理中存在的问题

不少国内企业走出国门到海外投资,采用的是国内的财务风险管理模式,由国内总部财务直接远程操控,仅仅派遣少数水平达不到应有要求的财务人员到海外投资地按总部指示办事,不重视结合当地的实际环境制定适当的财务风险管理制度。再加上不少海外投资地的硬件和软件设施非常薄弱,网络、通信系统跟不上企业办公的要求,相关财务信息不能及时传达国内财务总部。此外,海外缺乏相关经验的财务人员表达的信息难以做到精确,导致本来就对东道国各方面情况不十分了解的总部财务做出不恰当或者无效的指令,而无法有效应对东道国存在的实际财务风险。海外财务风险管理是一个连续的、贯穿整个业务活动的过程,一般包括风险识别、风险评估和风险应对,目前各环节存在的问题主要如下:

(一)海外投资企业未能有效识别重大财务风险

海外投资环境十分复杂且多变,很多企业缺乏有效的财务风险管理制度,没有招聘经得起考验的具有丰富海外经验的财务风险管理人员。企业面对新的投资环境,没有专业的财务人员去熟悉和研究东道国的政治、经济、宗教等风险,做不到有效地收集并识别信息,没有采取有效的监测手段,很难做到提前识别重大财务风险,无法在风险事故发生之前,将致命的重大财务风险降低到可接受范围之内。

(二)不能做出准确的风险评估

风险评估是以风险识别为基础,运用各种分析方式,对风险的影响程度做出的判断。海外投资具有不同于国内投资的特殊性,风险较高,需要根据东道国的政治环境、法律环境、经济环境、人文环境等做出综合评估。但很多海外投资企业因没有予以应有的重视而不具备适用于投资当地风险管控的制度体系,甚至没有招聘能达到要求的海外财务专业人员,难以全面收集东道国有关风险因素的信息,不能综合考虑各方面的影响,无法做出及时且准确的风险评估,导致企业不能有效应对风险,造成不必要的损失。

(三)不能正确应对海外财务风险

海外投资的吸引力很大,但丰厚的利润也隐藏着巨大的风险。不少海外投资企业只关注高额利润,却没有对东道国财务风险予以应有的重视。企业没有适用于当地的风险管控制度体系,加之没有招聘具有匹配能力的财务风险管控人员,未能有效采取应对措施,甚至没有采取有效的防范、控制手段,去应对、消除相应的风险,而采取消极的态度予以形式上的应对。海外的财务风险远高于国内的风险,对我国企业管理团队而言更加复杂,难以控制。

五、加强海外投资企业财务风险管理的对策

（一）建立并健全海外投资企业财务风险识别系统

建立并不断完善财务风险识别系统，提高对海外投资的财务风险管理，合理充分运用投资回收期、投资报酬率、净现值及内含报酬率等关键财务指标，进行敏感性测试并分析，预防并控制财务风险，以适应复杂多变的海外财务风险环境。面对多变的财务管理环境，完善财务风险管理制度，细化财务风险管理的各项工作，使企业财务风险识别系统充分发挥应有的作用，提高系统应对环境变化的能力，降低、消除相关风险给海外投资企业带来的负面影响。

（二）组建专业团队，加强风险评估

近些年来，中国企业投资于海外的势头逐渐增强，但不少企业的海外专业管理团队却未能与其业务发展相匹配，包括财务团队、市场团队、客服团队、行政人员、翻译人员等，尤其是海外专业财务风险管控团队的有效建立极为重要。因此，海外投资企业应建立具有丰富经验的专业财务团队，深度了解东道国的实际情况，通过当地的法律、财税、外汇等政策，来充分化解企业可能面临的任何财务风险问题。财务风险存在于财务管理工作的多个环节，保持稳定的专业团队对海外财务风险进行识别及把控至关重要，公司需要专业财务人员对业务各环节进行反复研究分析、判断，将风险的识别、防控贯穿于整个财务管理工作中。因此，企业应对海外财务人员进行专门选拔，并定期进行风险意识培训，提高财务人员的风险意识及专业素养，充分应对海外投资的风险。企业匹配了稳定并专业的海外财务风险管控人员，便于建立适于东道国特殊投资环境的风险管控体系，并定期及不定期地对该体系进行测试，确保其适应当地投资环境的变化，并做好内部控制，定期对运用该体系的评估工作进行审计，加强监控，这样能够保障企业风险评估工作的正常有效运转。针对海外业务加强事前、事中、事后的全方位分析，科学合理地评估任何可能存在的重大风险，并采取专业手段规避风险、转移风险、降低风险，或者综合运用多种方式将未来的风险或当下风险降到企业能够承受的程度。

（三）建立有效的风险应对机制，提高企业抗风险能力

海外投资企业生存风险高，除了要建立自己专业的财务团队，还可以考虑选择东道国有实力的企业合作，如吸引他们作为小股东，或者找当地比较有名的专业机构作为投资风险顾问，可以大幅减少海外投资不必要的风险。

海外投资不同于国内投资，会受到当地政治、战争、经济、环保等多方面的影响，发生时难以招架，这时转移企业财务风险不失为一个好的选择，企业可以通过各种渠道充分考虑未来可能面临的各种风险，并通过购买保险的方式，尽可能地转移企业将来可能会面临的各种风险。

建立并不断完善资金使用监管制度。公司应定期对财务管理工作进行考核,提高资金的使用效率,增强企业的借款和偿债能力。经营中若出现未经批准或超出一定额度的资金,要给予人员相应的惩罚。所有的银行账户必须要以企业的名义进行申请,不得使用以个人名义申请的账户。充分考虑海外投资的实际情况,做好每年预算工作,严格按照预算执行,如有特殊需求,须重新按制度走流程,给出详细原因及依据。

(四)了解合作国的法律制度和财务制度,有效规避法律风险

在开展海外投资的过程中应该对自身与合作国家之间存在的税务、财务系统的匹配度、有形资产与无形资产的定价、其他未登记风险等因素明确了解,正是因为这些因素的存在,会使企业海外投资项目制定的盈利目标无法有效实现。与此同时,企业经营状况也会因合作国家财税制度和法律制度的变化而变化。比如,美国法律明确规定在美国上市的所有国外企业必须严格按照《萨班斯法案》的内容执行,其中一些大州已经根据《萨班斯法案》对本州的法律进行了制定,导致我国海外投资企业想在美国上市所付出的成本代价极高。根据对《萨班斯法案》展开的大量实际调查研究能够发现,美国大型公司需要对《萨班斯法案》中与"完善内部控制"条款有关的内容进行严格执行,甚至第一年在建立内部控制系统的过程中年平均成本就高达400万美元。因此在美国进行投资的中国企业想保证自身持续稳定发展,就必须对这些法律法规内容进行充分了解。

近年来伴随着国家"一带一路"倡议的不断深化,我国企业对外投资呈现井喷式增长,发展趋势不可阻挡。同时,我国海外投资企业也面临着日益激烈的竞争环境和更加复杂多变的国际经营环境。因此,企业应当根据东道国特定的环境建立相应的财务风险管理机制,并不断加强完善以适应其的不断变化,充分了解东道国可能存在的任何风险,掌握当地法律、财税、环保等要求,考虑政治、经济、外汇、融资等环境,提前做好防范工作,加强企业自身财务风险的应对能力,将风险降至企业可承担的范围,实现企业的长期稳定发展。

第三节 私募股权投资基金财务管理

我国的社会主义市场经济体制促使国家经济获得很大发展,在金融市场中公募基金推动了金融市场的发展,同时私募股权投资基金也发挥着不可小觑的作用。为了保证我国金融市场平稳发展,金融市场管理人员需对私募股权投资基金进行研究,促使私募股权投资基金更好地发展,为我国经济发展做出贡献。基于此,本节对私募股权投资基金的概念以及特点进行阐述,分析私募股权投资基金财务管理过程中存在的问题,根据问题提出解决措施,以此来提高私募股权投资基金的财务管理能力,使私募股权投资基金顺利发展。

私募股权投资基金在中国的金融市场中发挥着重要的作用,根据2019年6月底统计局对私募股权投资基金的统计发现,2019年总共有24 304家私募股权投资基金注册,累计注册资金为13.28万亿元。上述数据表明,私募股权投资基金在我国金融市场中发挥着重要的作用。为了保证私募股权投资基金在未来的发展过程中能够平稳增加,继续对国家经济发展发挥作用,作为私募股权投资基金的财务人员,需要对私募股权投资基金财务管理研究,并且根据研究结果采用科学的财务管理方法,保证私募股权投资基金运行安全。同时使用科学的管理方法,帮助私募股权投资基金获得收益。只有在收益增加和风险降低的情况下,私募股权投资基金才可以获得长足发展。

一、私募股权投资基金的概念以及特点

所谓私募股权投资基金是指不经过公开发行,私下向特定对象募集。其与公募基金是相对的,公募基金是通过公开方式筹措募集资金。私募股权投资基金的资金来源是不可以公开向大众募集,只可以向社会机构或个人私下募集。私募股权投资,即Private Equity,简称PE。私募股权投资是指对非上市公司不公开交易股权的一种方式。

私募股权投资具有高额投资回报。因私募股权投资基金的募集方向主要为个人投资者、机构投资者等,而不是投资市场的股票,所以私募股权基金的回报率多为20%或以上,若在企业早期进行收购或从事杠杆原理收购,其收益回报率有望更高。而相对来说,私募股权投资的回报周期也会较长,投资失败概率增加,风险同样会增加。为了规避投资回报风险,私募股权投资基金从业人员就要介入投资项目的管理整合,运用市场学、金融学、市场管理学等专业的储备知识和经验来帮助被投资的企业稳步发展。一个卓越的私募股权基金不仅能帮助企业完成资源整合、规避风险意识、储备资金管理人才,更可以为被投资企业提供增值服务,达到双赢的目的。

私募股权投资基金一般有三种投资形式:

一是公司制设立。由私募股权基金设立有限责任公司或者股份有限公司作为该公司的股东,参与该公司的业务筛选以及投资项目的规划。

二是信托制设立。信托基金主要由一个或多个信托投资客户所募集来的资金形成的信托基金,也叫信托计划。信托公司可以直接对企业进行私募股权投资,也可以委托其他机构进行私募股权投资。

三是有限合伙人制设立。私募股权投资基金的主要组织形式是有限合伙制,其中私募股权投资公司作为普通合伙人,基金整体作为有限合伙人存在。基金主要从有限合伙人处募集款项,并由普通合伙人做出全部投资决策。

私募股权投资基金主要投资方向为国家支柱产业、尖端技术企业、高新企业、基础设施领域的未上市企业以及企业重组等。私募股权投资基金的收益主要通过私募股权基金的退出来获得。

二、私募股权投资基金财务管理现状

在当下阶段，国内的私募股权基金受到许多外在金融环境影响。一是金融市场的不稳定、市场变动情况不好掌握；在私募股权基金管理当中受外界金融市场的影响；国内的一些政策对于当下私募股权投资基金的管理把控、国内私募股权基金的税收政策、国家政策对于国内投资产业的扶持力度和发展指导等导致私募股权基金的管理收益不高，也影响着私募股权基金的资金管理和运作。二是私募股权基金的内部资金大部分由私募股权投资基金的管理者进行把控和管理，在企业投资业务过程中由于自身对于财务管理不专业导致的失误和对市场导向的发展误判，会导致项目投资的失败，引起私募股权投资基金资金的流失，使私募股权基金的投资者财产受到损失，从而影响下一步私募股权投资基金的募集。

三、私募股权投资基金公司财务风险控制

在国内，私募股权投资基金还处于起步阶段，私募股权投资基金的管理人员和管理经验更是稀缺，在中国，专业的私募基金管理公司对私募股权投资基金的发展和成长有着重要的影响，基金管理公司想掌握好一家或多家私募股权投资基金的风险控制和财务管理，需要建立健全的管理制度和严密的财务制度分析。

（一）资金管理公司详细财务预算

一个专业的基金管理公司应在私募股权基金进行投资前对此次投资的项目制订详尽周密的财务预算和资金使用计划，财务预算是基金管理公司资金控制的第一步，也是后期投资过程中资金管理的拟定标准。财务预算的目标应该与被投资企业的长远发展目标一致，预算的编制流程应该相对简洁，不能过于烦琐使企业管理效率下降。基金管理公司提供的财务预算内容主要包括三方面：①私募股权基金投资的时间周期；②私募股权基金的投资金额预算；③私募股权基金的投资资金使用原因。

（二）基金管理公司与私募股权基金投资项目公司建立健全的内部控制（牵制）制度

基金管理公司应与私募基金项目公司对各自的职权划分清晰，同时建立完善的内部控制（牵制）制度，如票据的管理制度、账务分管制度、合理的职责分工、逐级付款审批制度等。在制度中明确基金管理公司可以通过网上银行系统查询管理资金的划拨权限、以限制开户等方式控制私募基金投资项目公司资金划拨，建立三方（基金管理公司、私募基金投资项目公司、指定银行）的共管账户。私募基金投资项目公司应及时上报基金管理公司项目的财务报表、资金周报等财务信息，私募基金投资项目公司实行的年度预算报告、内部资金控制制度、财务管理制度、会计核算方法等应在基金管理公司进行备案。

（三）财务分析

基金管理公司要利用各种财务分析方法对私募基金投资项目公司上报的财务报表、资金周报表等财务信息进行专业的分析，基金公司要掌握私募基金投资项目公司的财务状况，将私募基金投资项目公司的内部资料与提供的财务信息相结合，进行综合分析和财务管理整合，发现不利于长远发展的问题和风险，并提供给私募股权基金相应的决策。

（四）统一资金管理与配置

基金管理公司可以对私募基金项目投资资金进行统一的管理与配置，这样可以保证私募基金项目投资资金的安全性，基金管理公司可以建立一个私募基金项目投资资金池，将所有的资金由基金管理公司统一调配，既可以保证资金的安全性，也可以提高私募股权基金投资项目的效率。

（五）财务审查

为保证私募股权基金项目投资资金的安全及收益回报，基金管理公司要定期对私募股权基金项目公司进行财务审查，着重调查私募股权基金投资项目公司的财务管理制度及执行的效果，及时发现投资项目中的财务漏洞，对其发现的问题进行风险预估和评价，查漏补缺，保证投资项目的顺利进行。

（六）对存在的问题提出建议

在私募股权基金投资项目中，基金管理公司应对私募股权基金投资项目公司不定期进行项目审计和项目效益审计。一旦在审计过程中发现投资过程中的问题，要及时止损，并提出解决办法供私募股权基金决议层参考。

四、私募股权基金财务管理中存在的问题

私募股权基金对外部环境的影响在一定程度上不能管控和制约，因此需要对募股权基金内部所存在的问题进行分析解决。

（一）内部控制混乱

由于私募股权基金还处于起步阶段，在内部管理中存在着一些问题，内部分工混乱、分工不明确导致工作失误率高、重复率高、工作效率低。基金管理公司对私募股权基金管理者应进行良好的内部控制，避免内部人员混乱、分工不明确的私募股权基金项目的风险增加。

（二）对财务管理不重视

在私募股权投资基金的财务管理过程中，对财务管理不重视，主要表现在两个方面，一方面是对财务管理认识程度不高，另一方面是对预算管理不够重视。

财务管理认识程度不高表现在两个方面，一方面是私募股权投资基金管理公司领导层不重视财务管理，另一方面是私募基金公司员工对财务管理不够重视。领导层没有认识到财务管理对私募资金管理的重要性，导致财务资金使用存在风险，影响财务安全。私募股权投资基金公司员工对财务管理的不重视导致财务工作开展时支持度不高，使财务管理措施不能够有效实施。特别是公司的财务人员，没有认识到财务管理的重要性，无法有效规避财务资金使用的风险，造成公司资金链出现断裂，影响私募股权投资基金公司财务安全。

私募股权投资基金公司对私募基金筹集完成后，会在公司形成一定资产规模，资金管理和使用者需根据基金情况，制定相应的财务预算。私募股权投资基金制定的财务预算，主要包括两个方面的内容，分别是财务预测、财务分析。制定财务预测的内容中又包括财务管理过程中需要花费的资金、需要使用的时间和对相关人事的安排等。因此，在私募股权投资基金公司使用好财务预算方法，能够帮助资金管理者了解财务管理的实际情况，以及资产管理运作和预算效益之间的差异，然后根据形成差异的原因，采用针对性方法进行预防，以此来保证私募股权投资基金的收益。但是在部分私募基金公司财务管理中，他们不重视财务预算管理，导致对私募基金管理时没有计划，私募基金运行时出现不良后果。

五、私募股权基金财务管理对策

（一）加强内部审计

内部财务审计制度在大型国有公司执行比较多，能够有效保证国有公司正常运行。同样，在私募股权投资基金公司开展内部审计控制工作也可以发挥内部审计的作用。在私募股权投资基金管理公司时，需要建立一套完善的内部审计体系，才能达到对资金控制的效果，以此来保证私募股权投资基金长远稳定发展。如果私募基金公司没有建立完善的内部控制制度，导致私募股权投资基金公司出现使用的资产清查不清的情况，这样的公司财务管理制度，对公司股东进行财务汇报时，财务汇报不够准确，私募基金股东会对私募股权投资基金公司不信任，出现不投资或者是转投等情况，影响私募股权投资基金的运行。

因此，财务管理人员要认识到内部控制对公司的管理和发展的重要性，在使用内部审计对公司进行管理过程中，完善内部控制制度。同时还须改变思想，与时俱进，采用先进思想对内部控制体系进行建设，使内部审计能够对公司的管理发挥应有的作用，以此来保证私募股权投资基金有更大的发展空间。

（二）提高财务管理人员素质

私募股权基金管理者一般为私募股权基金的筹集者派遣，由于筹集基金的数额较高，基金的管理者难免有家族化和任人唯亲的现象，由于资金管理者并非专业基金管理人员，对私募股权基金投资项目专业认知较低，项目风险预估、金融市场方向预估欠缺，会在一定程度上影响投资项目的风险，因此私募股权基金项目的管理人员综合素质会影响私募股权基金的整体运行和发展。

对于私募股权投资基金财务管理人员素质提高方面,需要基金管理人员运行基金的综合能力提高,并且在基金管理过程中形成约束,这样才能够保证私募股权投资基金的运行安全。因此,私募股权投资基金的管理人员,要求有较高的素质;私募股权投资基金的财务管理人员,需要对金融知识了解,还须把握金融市场变化的规律,对于市场细微的变化,要有警觉力,能够及时察觉,并且采取有效措施,保证私募股权投资基金的运行安全。私募股权投资基金财务管理人员,其自身素质的高低将直接影响投资者的收益,为提高财务管理人员的综合素质,可以进行以下方面的培训工作:①对市场金融知识的培训。私募股权投资基金财务管理人员,必须要了解金融市场知识,并且要将金融知识灵活运用到私募基金管理中,能够有效保证私募基金的安全和经济效益。因此,私募股权投资基金财务管理人员,须加强对市场金融知识的学习,使自身的金融知识不断提高,以此来满足私募股权投资基金财务管理需要。②对财会知识的了解。私募基金财务管理者,不仅仅需要掌握相关的金融知识,对于私募股权投资基金的财务管理知识也需要了解。公司可以对私募股权投资基金财务管理人员开展财务知识培训工作,不断提高财务管理人员的财务知识,有利于对私募基金的管理。③对金融市场风险评估的了解。私募基金运行过程中,会有许多的市场风险,私募股权投资基金财务管理人员,除保证基金的收益以外,还需要保证本金的运行安全。私募股权投资基金财务管理人员,需要对相关的金融风险评估知识非常了解,使用好相关的金融风险评估,保证私募基金的平稳运行。

(三)培养财务人员财务预算意识

在私募股权投资基金的财务管理过程中,需要领导层对财务管理的重视,只有领导层重视财务管理,下层的私募基金财务管理人员,才能够跟随领导的认识,开展好相应的财务管理工作。同时在私募股权投资基金公司,如果财务管理人员对财务预算不够重视,对于该问题,可以采取以下方面的措施解决问题:①可以在公司内部加强对财务预算知识的宣传,使整个公司人员都了解财务预算的重要性,对财务预算重要性有足够的认识。②针对私募股权投资基金公司财务管理人员在资产运营过程中不够重视财务预算的问题,要对其进行相关财务管理的知识技能培训,使其充分了解财务预算对资产财务管理的作用。与此同时,财务预算要简单明了、方便应用,提高资产的财务管理效率。而后对财务预算在财务管理周期内进行事中控制、事后分析,进行下一周期的资产运作时避免失误再次发生。

综上所述,在私募股权投资基金发展壮大过程中,出现了相应的问题,如对风险控制不足、财务管理不完善等,这些弊端严重影响着私募股权投资基金的发展。为了解决私募股权投资基金发展过程中遇到的问题,需要私募股权投资基金财务人员加大财务管理力度,保证私募股权投资基金的安全运行,使其获得经济收益,以此来促进私募股权投资基金的发展。

第四节 创业投资企业的财务风险管理

随着创业投资企业在中国的发展，财务风险也日益成为必须重视的问题。本节阐述了创业投资企业的定义和特点，分析了创业投资企业财务风险的表现及其管理中存在的问题，提出了改善创业投资企业的财务风险管理的对策。笔者认为建立一个适宜的财务风险管理体系将明显提高创业投资企业的投资业绩。

创业投资企业要想取得较好的投资业绩，主要取决于其财务风险管理能力。本节从创业投资企业的定义和特点入手，分析财务风险的表现及其管理存在的问题，进而对创业投资企业如何防范财务风险进行深入探讨，以期对创业投资企业有效防范财务风险提供一定程度的指导。

一、创业投资企业的定义和特点

（一）创业投资企业的定义

20世纪80年代初期，创业投资进入中国。2005年11月，国家发展改革委等十部委联合起草的《创业投资企业管理暂行办法》中将创业投资定义为，向创业企业进行股权投资，以期所投资创业企业发育成熟或相对成熟后主要通过股权转让获得资本增值收益的投资方式。创投企业的主要组织形式：公司制和有限合伙制，有限合伙人（LP）与普通合伙人（GP）合资成立的创投企业，其经营决策和收益分配及其他相关制度遵照《合伙企业法》规定。目前，国际上创业投资公司的组织形式是以有限合伙制为代表，我国的创业投资企业多采用公司制的组织形式。

（二）创业投资企业的特点

高风险高收益并存。创业投资企业的投资对象大多是种子期、创业期的中小型高新技术企业或者新兴行业，而高新技术从开发、设计到应用，再到最后的投产阶段都存在着极大的不确定性。一旦成功，将给创业投资企业带来超高的收益；一旦失败，也会给创业投资企业带来灭顶之灾。

非普通股权投资的权益性投资。创业投资企业投资是对投资对象进行一段时间的权益投资，追求的是从被投资企业获取超额利润。一旦获得一定的收益就会从被投企业退出，其目的并非像普通股权投资是长期持有并获得企业的控制权，在退出前并不会要求被投资企业偿还投资或者发放股利。

投资期限较长。创业投资企业主要看重被投资企业的成长性，大多都是在其种子期或者创业初期就投资入股，再经历成长期的持续发展，最后到其成熟期才退出，投资期至少也要3~5年。投资期限较长，创业投资企业投入的资本流动性比较小。

三、创业投资企业财务风险的表现及其管理中存在的问题

据前瞻产业研究院发布的《创业投资与私募股权投资市场前瞻和战略规划分析报告》统计数据,2018年上半年,平均每天就有1.81万户企业"出生",众创空间已达5500多家,科技孵化器超4000家。创业投资机构超过3500家,中国已成为世界上第二大创业投资市场,资金管理规模接近2万亿元。虽然创业投资企业的发展速度惊人,但创业投资企业投资失败和清盘的企业数量众多,创业投资企业的财务风险的表现及其管理存在的主要问题有以下几种:

(一) 资金供求较难匹配

随着国内企业、居民的投资资本的日益积累,因为其投资渠道的匮乏,创业投资企业筹资的难度大大降低,但由于筹资过程中"n+1"期限和项目运作资金需求期限不一致,以及创业投资企业在预测评估企业资金供求方面缺少有效的专业的技术和方法,往往创业投资企业的资金供求难以匹配,出现创业投资企业资金冗余或是资金短缺的情况,最终造成创业投资企业资金的浪费或是因资金链断裂而导致投资项目失败。

(二) 投资风险极难控制

创业投资公司拟投资的大多是种子期和初创期的企业,投资回收期一般都较长,投资风险复杂多变,极难控制。创业投资不仅是高难度、专业性的技术活,还是考验创业投资企业眼光的艺术活,创业投资公司的生存期限主要取决于企业投资风险的管控能力。创业投资企业尚未建立健全风险控制体系,特别是在项目筛选、项目发展趋势、投后管理等各环节存在的投资风险未能进行有效控制。

(三) 退出风险很难避免

我国的创业投资的退出渠道相对单一,主要是通过被投资企业的IPO(首次公开募股)后予以退出,退出风险很难避免。但我国的IPO受国家政策的影响很大,既有高歌猛进的欢乐时代,也有暂停几年不发的痛苦岁月;既有90%以上的过会率和发行率,也有低于50%的发行率。IPO是否能够过会,是否顺利发行,是影响创业投资企业退出成败的关键因素。

四、创业投资企业防范财务风险的对策

(一) 优化筹资管理,提高资金供求的匹配性

创业投资企业可以多渠道拓展筹资途径、优化筹资管理,而不仅仅是用银行贷款支付利息的方式筹集资金。一是可以吸收尤其是大型企业、富有的个人和稳健机构的长期闲散资金;二是可以采用联合投资、合作投资等方式和其他创业投资机构合作,与其他基金公

司建立合作关系，提升筹资规模及筹资期限的灵活性，以提高资金供求的匹配度，解决资金闲置或短缺的问题。

（二）建立健全科学的投资分析决策管理机制，重点防范投资风险

为了防范投资风险，要从宏观环境分析、产业政策分析、国家政策分析、项目调研、项目筛选评估、项目投资分析、投资决策、投后管理等多个环节加强风险管理，建立健全科学的投资分析决策管理机制。

建立科学的项目分析评估机制。创业投资企业要运用科学的分析评估方法，深入评估目标企业的市场风险、技术风险和管理风险，有效论证项目的可行性、先进性、创新性和盈利能力，筛选出值得投资的好项目，从源头上降低投资失败的比例，主要可以从企业偿债能力、盈利能力、企业发展能力以及现金流量能力等方面对目标企业进行全方位的评估。

进行组合投资以分散投资风险。不要将鸡蛋放在同一个篮子里，创业投资企业要通过组合投资来分散投资风险，不能把所有的资金投在一个项目上。具体可以运用投资组合的标准差和相关性、证券市场线、资本市场等方法来确定怎样进行组合投资。一般来说，投放在一个项目上的资金要控制在投资总金额的 20% 以下。

加强投后管理以防范投资风险。投后管理往往是专业创业投资公司和跟风创业投资公司的差异所在，创业公司由于处于初创期，除了资本需求以外，还需要资源、人脉、营销辅导、管理辅导、人力资源支持和战略引导等。加强创业投资企业的投后管理，加强对被投资企业经营管理与财务活动的监督和引导，动态跟踪被投资企业的经营绩效，适时提供专业的技术支持，有利于全面提升被投资企业的发展水平，进而提升其整体价值，有效防范财务风险。

（三）拓宽退出渠道，提高退出方式的灵活性

中国的创业投资的退出价格、价值和 A 股的二级市场的盈利程度呈正相关，所以 IPO 成为最重要的退出方式。创业投资企业为了防范退出风险，一定要拓宽退出渠道，提高退出方式的灵活性。可以在下一轮别人投资的时候适当退出部分，也可以让创业企业回购一部分，还可以选择转让股权给第三人等方式。减少财务风险的办法之一就是退出方式要更灵活、更多样。

本节阐述了创业投资企业的定义和特点，分析了创业投资企业财务风险的表现及其管理存在的问题，提出了改善创业投资企业的财务风险管理的对策。创业投资企业是整个社会发展的助推器，不管是公司制还是合伙制，都追求长期的资金回报和资产的保值、增值，因为投资于种子期、初创期的科技型、成长型企业，所以收益和风险都是巨大的。本节从时代意义上分析创业投资企业在资金供求、投资和退出环节财务风险的表现及其管理存在的问题，提出了优化筹资管理、建立健全科学的投资分析决策管理机制以及采用多元化退出等财务风险防范措施。由于科创板的推出、新三板未来的政策走向、IPO 的注册制均影响创业企业的发展，未来将在这些方面做进一步研究。

第五节　投资集团公司财务风险管理

目前我国经济得到了快速的发展，这离不开大量资金的支持，因此投资集团公司也得到了较大的发展，但是投资公司因为一些客观因素的存在，导致其在运行过程中会遇到较多且多样的财务风险，而财务风险管理可以增强投资集团公司的财务决策能力，并有效地规避财务风险，保证企业的长远稳健发展。本节主要分析了投资集团产生财务风险的原因，并提出了相应的应对措施。

财务风险指的是企业在财务活动过程中，在各种不确定因素的影响下，导致企业的实际收益和预期收益严重偏离，可能会造成企业遭受较大的经济损失。对投融资以及资产规模都比较大的投资集团公司来说，若是当投资集团公司的实际收益与预期收益相差太大，导致投资集团公司陷入财政危机时，影响的不只是其自身的发展，还会对我国国民经济的稳定发展产生一定的影响，并且投资集团的财务风险没有办法进行彻底清除，因此投资集团公司应该不断增强自身对财务风险管理的能力来避免财务风险。

一、投资集团公司产生财务风险的原因

复杂的投资集团公司产权关系。控股是投资集团公司中比较常见的组成形式，此种组成形式不仅存在于母公司和各子公司之间，还存在于子公司之间，其常常也被称为是交叉控股，导致母公司与各子公司管理层级存在各种交叉和相互跨越的复杂现象。如此一来不仅使得产权管理变得更为复杂，而且将投资集团的财务管理工作变得更加复杂。同时又因为各个公司之间是以独立个体的形式存在于法律之中，所以若是投资集团公司的财务信息收集与反映滞后，集团内部各子公司之间又没有进行有效的沟通协调，就很可能会产生较大的财务风险。

投资集团公司财务管理的主体多元化。通常情况下，一个投资集团公司一般都由很多公司成员组成，一般都是跨多个行业的，而且投资和筹资方式也趋向多元化，加之投资集团公司下各子公司在法律上都是各自独立的，采用的管理模式也并不是从上至下，且每个公司都有自己的管理模式，相互之间没有太多直接的关联，这就导致财务管理的主体有很多个，很多元化。这种情况下会使得总公司不能及时地监督、控制各子公司的财务工作情况，但是投资集团的整个核心所在还是母公司，它占据着战略核心地位，引导并领导着整个投资集团的发展，确保所有子公司都能健康稳定地发展。若是管理得当的话，还可以将办事效率大大地提高，不过这也会导致投资集团母公司对于各子公司的在财务管理上存在的问题不能及时被发现，从而加大了财务风险产生的概率。有些子公司的财务管理工作秩

序比较混乱，无法切实执行财务风险管理活动，还将实际情况隐瞒不报，如此一来就更加增大了财务风险产生的概率。

投资集团公司的财务管理内容较为复杂。在投资集团的财务管理中，除了要做出投资决策、营运资本决策、利润分配决策以及筹资决策并进行相应的管理之外，还要管理内部转移价格、产权管理以及相关的财务监控等工作内容。另外，集团公司的财务管理中还存在着投资以及筹资等财务管理活动。投资方面，从内部投资来看，集团的各成员公司之间相互投资，由此会增加资产重组活动的次数，并且由于投资集团公司存在内部委托代理管理，使得集团公司的投资管理活动变得更为复杂；筹资方面，由于集团的规模较大，下设多个成员公司，从而增加了集团公司的筹资内涵，其除了一般的自我资金积累之外还有成员公司之间的相互融资，关联交易经常化。另外，集团企业还有较为明显的财务杠杆效应，母公司由于投资子公司导致新的负债产生，这样虽然增加了集团公司的融资能力，但同时若因资金监控不力、缺乏严格的监督管理机制，各子公司财务管理混乱、各自为政，追求局部利益最大化，致使集团整体利益受损、资产流失，也大大增加了投资集团公司财务风险的产生概率。

投资集团公司的投资范围比较广。股权投资是投资集团公司较多采取的一种形式，由于目前财务管理主体多元化以及投资领域范围广的情况较普遍，既推动了投资集团公司的发展，也因受集团公司员工知识结构、专业技术、投融资管理能力的限制，不可能做到每一方面的完善管理，因此对集团公司的财务管理工作有了更高的全新要求，稍有差池就会发生连锁反应，导致集团公司的财政陷入危机。通常来说，集团投资的范围越广所面临的环境就越复杂，需要考虑的因素就越多，而由此产生的风险无论在深度还是广度上相应地也就越大。

财务工作人员的风险意识欠缺。一般情况下，从事财务工作的人员除要具有基本的财务专业能力外，还应该具备较高的财务风险意识，这是一个财务工作人员应该具备的基本专业素养，但是在实际工作中，财务工作人员由于自身能力的不足以及公司相关制度的不完善，缺少完善的监督和审查机制，对集团公司内各公司涉及的领域认知不足等因素，导致集团公司财务人员只能以自身能力范围完成分内基本性的财务核算和资金管理工作，财务风险意识相对欠缺并且缺乏足够的全局观，财务知识和管理观念相对滞后，尚未建立起诸如时间价值、风险价值等科学的财务管理理念，因此在各所属子公司间的财务信息收集整理、财务风险防范以及资金调度控制监督等方面工作存在迟滞现象，导致集团公司与子公司之间的信息传递出现失真、断层、滞后等情况，管理工作缺乏秩序，不成体系；集团资金运作不规范，无法形成有效的资金管理体系，导致集团内部资金资源配置不均衡，无法发挥资金使用效益最大化，集团母公司无法有效监督和管理子公司，对管理层的科学合理决策产生相应的影响，容易引发财务风险。

二、增强投资集团公司的财务风险管理能力

建立风险管理组织体系。为了增强集团公司对财务风险的管理，集团公司应该建立一个科学有效的组织机构，机构的组成应该是董事会、风险管理委员会、高级管理层、风险管理部门等，其中董事会担负整个财务管理的最终责任，在其下面设立风险管理委员会，董事会还要赋予其对日常风险进行管理的职能，而风险管理委员会应该定期向董事会报告相关的财务风险管理事项。高级管理层是财务风险管理工作的主要负责人，应有熟悉各子公司各领域的专业人士；风险管理的直接责任人则是分管经理，同样应该熟悉各子公司各领域的专业人士；风险管理部门是保障各子公司及业务部门保持紧密联系的管理系统，其主要负责制定具体的风险识别方法以及控制的方法，并将风险情况定期向上级汇报。除此之外，还应该设立一个审计监督部门，主要负责监督风险管理部门，对相应的风险控制制度进行检查和评价，并直接定期向董事会汇报工作的实际状况。

完善投资集团公司的内控制度。投资集团公司应该根据自身的实际情况，再结合其目前的管理控制制度，将全面的风险指标依据相关的流程将风险的关键控制点逐个分解到各部门，保证风险管理控制的有效实施，将经营活动中的业务流程以及重要的岗位进行明确规定，构建统一的会计操作系统控制、全面预算控制、资金授权审批控制、不相容岗位分离控制、绩效考评控制、运营分析控制、日常审计控制、培训学习控制以及证章管理控制等制度，逐步完善统一集团内部各项管理规章制度，构建合理、科学、有效、高效的监督管理机制，从内部控制上做好财务风险防范工作。

构建风险信息管理预警系统。投资集团公司在构建相关的风险预警指标体系时应该依据前瞻性、科学性、经济性以及全面性的原则，主要是根据财务报表、损益表、资产负债表以及现金流量表等相关内容，来建立有效、科学以及合理的指标，主要是对投资、融资以及资金运营等财务风险进行预警，并且提出相应的防范措施。在构建风险管理预警机制中，应该包括投资风险预警指标体系，具体涵盖了净资产收益率、追加投资款率、主营业务收益率、投资规模比率、净收益营运指数、主营业务资产销售率等；融资风险预警指标体系，其主要反映的是企业的偿债能力，具体指标包括短期负债率、负债权益比率、现金比率、超额负债比率、已获利息倍数、速动比率、资产负债比率以及流动比率等；资金运营风险预警指标，具体包括存货周转率以及存货的周转天数、总资产周转率、资金安全率以及安全边际率、营业现金流量指数等，这些财务风险预警指标都从不同方面反映了投资集团公司受这些指标的影响程度。

在构建风险管理预警机制中，还应该包括提升全员风险与责任意识，培育全员风险管理文化，让每一位员工在自身工作中切身体会风险管理的重要性，让风险管理深入人心，使风险防范成为一种自觉的意识，以便在日常工作中自觉规范自己的行为，做好风险预警和防范工作。

构建重要投资决策评估体系。一个完善科学的投资决策机制是保证投资集团公司的投资获得最佳效果的基础保证，但是在实际过程中，投资集团公司的投资机制常常存在着不完善的现象，而完善有效的投资决策机制首先要做好集团公司短、中、长期发展规划，解决好短、中、长期的投资比重，控制举债规模，提升投资效益；其次要建立一个风险评估机制，在进行重大投资决策时应该对投资的对象的可行性以及风险进行评估，可以构建专家委员会咨询部门，此部门可以由投资集团公司内部的专业人员组成也可以聘请外面经验丰富的专家来召开相应的研讨会，为投资决策提供可靠的意见及建议；再次还要构建投资项目的审批制度，对投资项目方案的审批要按照严格的规章制度以及流程来进行，通过之后才能实施；最后是对投资的过程建立一个监控机制，在投资项目实施之后，投资集团公司应该专门指派人员对投资项目进行监督、跟踪以及评估，将收集到的信息进行定期的反馈。

综上所述，投资集团公司在经营的过程中会遇到众多的财务风险问题，应该及时制定有效的措施对财务风险进行监督、预测以及防范，确保投资集团的财务工作正常运行，这样既保证了投资集团公司的发展，也保证了我国国民经济的稳定发展。

第六节　电信企业工程投资的财务管理

本节首先分析了电信企业工程投资特点和财务风险，然后从建立内控体系、健全信息管理体系、重视工程投资的核算、提高资本支出的财务分析和提高财务人员素质这五方面提出了加强电信企业工程投资的财务管理的策略，希望能给我国电信企业人员带来参考价值，促进企业本身更好地进行财务管理。

电信企业是为人类社会的通信带来便利的企业，其资金往来非常频繁。既要在成立之初筹得大量的资金，而且在企业发展的过程中，也要为了满足顾客的需求而不断地进行工程项目的投资。我国的电信企业的投资都是带有一定风险性的，电信企业的财务管理作为企业管理中的一部分，就发挥着至关重要的作用。

一、电信企业工程投资特点和财务风险

（一）投资特点

我国电信企业的投资主要有以下特点：第一，电信企业投资金额大，有的甚至投资十几亿甚至更多，并且一些通信工程项目建设的时间长，投资的持续性就强。第二，在企业进行投资立项的时候，审批环节多、等候时间长，有的实施地域广的项目，具体落实项目时可能会发生较大的改变，从而影响财务工作。第三，企业投资的工程项目很多建设周期

都比较长，这就使部分资本性支出的财务账目历经很多年份，导致资金核算比较复杂。第四，通信设备的寿命有限，技术手段也在不断地革新，所以导致电信企业的投资效益具有不确定性。以上的这些特点都会使得企业投资项目发生变动，从而给财务管理带来困难。

（二）财务风险

电信企业工程投资也具有一定的风险，其中包括以下几种：第一，战略投向风险。一旦企业具体开展工程变革，与项目审批的各环节有较大差异或超出审批权限时，财务资金就会与初期投资预算不符，从而引发风险。第二，实际价值预估的风险。当企业采购招标的管理不严格时，就可能发生工程成本增多的状况，在一次次累积之中，会发生实际价值与成本预估不符而导致成本失控的风险。第三，电信企业的资本支出主要受市场需求的影响，有时会发生资金失衡的风险。第四，有的企业不在财务报表中列出资本性支出，使得企业不能根据支出情况做出有效的判断，导致出现潜在的财务风险。

二、加强电信企业工程投资的财务管理策略

一旦电信企业工程中有环节做得不当，那就有可能影响资金情况，从而影响财务管理的效率与质量，所以电信企业的财务管理不能只关注账目资金本身，还要对其他环节进行管理，其中的管理策略主要从以下几方面展开。

（一）建立内控体系

加强电信企业工程投资的财务管理，重点要做的就是建立内控体系。这要求企业对工程项目建立、初设、采购到终验等一系列的环节都要建立控制法规和制度，并且严格执行。企业可以赋予财务人员一定的权力，让其在各关键节点中参与监督和控制。例如，在工程项目合同签订的重要阶段，企业的财务人员要参与进去，不能流于表面形式，要根据工程资金等问题发表见解。同时，企业也应该在内控体系中明确监督负责人的控制事项及责任范围等，赋予其考核权和否决权，从而为财务人员对基建项目的财务管理监控提供支持。

（二）健全信息管理体系

健全信息管理体系也是加强电信企业工程投资的财务管理的策略之一，电信企业要将工程投资的项目至少分为工程项目管理部门、实施部门和财务管理部门三个部门。其中各部门之间一定要紧密联系，将项目信息、项目进展等相关情况公开展示出来，以便相关领导做出正确的决策。同时，财务部门要建立项目资金核算体系，积极根据反馈的信息进行资金管理。例如，财务部门人员可以给每个项目和各阶段的实施情况进行编号，之后通过互联网技术在计算机上将各项目连接起来，建立对应的信息台账，进行具体的管理。

（三）重视工程投资的核算

电信企业要想科学地控制内部资金，就要重视工程投资的核算。这要求企业财务人员要在工作中细心认真，在核算任务时不能错过任何一个项目。具体来讲，企业可以采取以下措施：第一，初设的批复只对采购环节生效，具体的项目实施和资金运行要按照批复后的设计去执行，这样就可以减少变更情况的发生。第二，为了提高财务人员投资核算的准确度，工程项目各环节要有工作人员进行信息记录，并以统一的编制提交给财务部人员，然后再进行核算。第三，为了使企业财产达到可用状态，企业工程部门必须进行条件暂估与项目验收，并上交书面证明材料，财务人员根据预估价值与实际支出的情况进行调整控制。

（四）提高资本支出的财务分析

企业的资本性支出包括资产负债结构、现金流等很多部分，电信企业的资本性支出决定着企业的现有成本与生产能力，所以在进行财务管理时一定要注意提高资本支出的财务分析水平，并且注意科学地进行会计数据的统计。同时，还要加强资本支出的展示效果，为各项内容的处理方法制定一个具体的规范。例如，安排好各项目资本性支出的时间等。因为部分电信企业是与其他企业联合投资，所以要注意待摊费用的相关事宜。对于设备的采购和安装，要进行质量监管，尽量避免设备损坏或退回厂家的现象发生。在这期间，要明确资本性支出的金额，并准确在报表中标明预算差异、完成金额、本期负债等内容。

（五）提高财务人员素质

以上的种种工作，都需要财务人员的配合与管理，如果电信企业财务人员的素质不到位，很有可能在工作中出现失误，甚至给企业带来财务风险。所以，企业一定要提高财务人员素质，一方面要提高财务人员的职业道德修养，另一方面要提高财务人员的专业技能水平。例如，企业可以开展培训与考核，加强工作人员对于信息技术的掌握程度，对于新开发的互联网财务统计技术进行实操训练等。另外，企业还要注意明确财务部门人员的职责，安排适当的人员进行财务核算、监督、审查工作，提高财务人员的责任意识。

综上所述，因为电信企业工程投资的种种特点，其在促进企业发展的同时也会给企业带来一定的财务风险，所以企业一定要重视自身的财务管理工作。而财务管理涉及的方面很多，基本渗透在企业工程投资的各环节内，所以在进行管理时，一定要严格细致地建立管理体系，进行内部控制，采取以上种种策略防范风险，从而使电信企业安全平稳地运行。

第七节 电力企业投资价值财务管理

随着电力企业投资管理制度的改变,价值财务管理成为电力企业投资管理的主要部分。研究电力企业投资价值财务管理特性,形成良性机制,对整个电力企业投资运营具有十分重要的意义。

一、电力投资决策

企业投资价值财务管理是指为电力企业投资能够在经济寿命周期内高效、充分地发挥效益,而必须筹集足够的资金对电力企业投资在运营过程中的耗费进行及时、足额补偿的财务管理形式。由于投资的所有权和经营权分离,投资的受托者有向投资委托者解释、说明其活动及结果的义务,财务管理的目标是报告投资受托管理的情况。基于历史成本计量基础所形成的信息是最可靠、最真实的,而且是可以稽核的。但是随着会计环境的转变,以历史成本为基础编制的会计报表既无法反映投资受托者的真实经营业绩,也不能提供对经济决策有用的信息,于是决策有用观便应运而生。电力企业投资决策者的决策模式和信息要求决定了财务管理信息的内容、种类和披露的深浅程度。财务价值管理在时间的分布上既表现为过去的信息,又表现为现在的信息,更表现为将来的信息,因为决策总是面向未来的。而投资价值财务管理就是这些计量属性的复合,其重要特征之一,就是面向现在、面向未来,能够及时反映环境的变化,提供与投资决策最为相关的会计信息。因此,电力企业投资价值财务管理实质上是对会计计量提出的一种新的要求。

二、电力企业投资价值财务管理

市场经济条件下,电力企业投资价值财务管理不仅会影响电力企业投资的有效利用和可持续发展,而且关系着国家与城市电力事业和基础建设发展的问题。随着电力企业投资管理制度的改变,价值财务管理成为电力企业投资管理的主要部分。电力企业投资价值财务管理体制与电力企业行业特性、电力企业投资经济特性密切相关。目前电力企业投资价值财务管理主要指责权划分问题,投资主体问题,管理权限问题,经营管理者责、权、利关系问题,效益补偿途径问题,等等,指一定时期内电力企业已实现的投资收入与相关的成本、费用之间的差额。按照财务管理分期基本假设,遵循历史成本、配比和收入实现原则,通过对报告期内每笔交易进行确认计量后综合得出的。电力企业投资价值财务管理不只追求可靠性、可计量性和可验证性,还要考虑通货膨胀、资产持有利得、商誉以及价值变动所产生的影响。

电力企业投资主体根据国家电力企业投资产业政策，对需要政府参股、控股的电力企业投资建设项目进行直接投资，拥有包括投资和融资决策权、财产收益权、资产经营权和相应经营管理等权利，对国家参股、控股的电力企业投资项目从项目策划、资金筹措、建设实施、债务偿还以及国有资产保值增值实行全过程负责。国家投资主体与被投资项目（企业）之间通过资产纽带形成出资者和被出资者的关系，电力企业投资主体对被投资项目（企业）按其出资比例依法享有所有者权益。更确切地说是实行产权管理，从而实现政府行政管理和产权经营管理职能的分离，其明确的职能将有助于引入竞争，从而形成可持续发展的管理方式。

电力企业投资主管部门可对一些从整体上分析经营性效益较好、公益性任务不太重的电力企业投资项目招标，并在此基础上确定投资主体。但为便于管理，原则上只确定国有投资主体或以其作为控股股东。对于一些从整体上分析财务效益较差的全方位利用电力企业投资枢纽信息项目，电力企业投资部门可通过试行制度确定管理方式。

三、全面调查和研究投资目标

电力企业投资主管部门通过各种途径和渠道寻找具体的目标后，还应收集电力企业投资有关生产经营等各方面的信息进行评价和对比。包括电力企业投资的产业环境信息、投资目标财务状况信息、投资目标经营能力信息、投资目标可持续潜力、投资目标可控资源分布区域等。电力企业投资主管部门在对收集到的信息进行全面、具体、细致分析的基础上，还应依据企业投资目的，对各项目进行筛选，并最终确定符合电力企业发展要求的项目。同时，应该注重：电力企业投资的资源与本企业的资源是否具有相关性和互补性；电力企业投资是否具有核心能力或核心产品；电力企业投资是否能够巩固和提高本企业的竞争能力和竞争地位，是否能够扩大本企业的市场占有份额。

四、加强电力企业投资项目的可行性研究及评估工作

真正把可行性研究与建设期纳入项目管理的核心内容，避免因盲目上马而造成经济上的巨大损失和可能埋下的各种隐患，以期获得最大的经济效益和社会效益。应以电力企业投资专项规划为指导，逐步形成规划一批、研究一批、储备一批、实施一批的电力企业投资项目序列。根据实际情况，要编制电力系统改造、安全环保治理、节能、电力设备更新以及一线环境专项规划，以电力系统改造专项规划为重点，全面、系统、整体规划，其他专项规划以电力系统改造专项规划为基础进行编制，做到项目不重复，也不遗漏。电力系统改造专项规划要以原有的区域为目标，以改造提升为中心，以 5~15 年生产预测为基础，做到地面与地下相结合、近期与长期相结合、点与面相结合、主要工艺与配套系统相结合，做到规划安排与产能建设、消除安全环保隐患、设备更新相统一，做到系统全面、统筹考虑、整体规划，既要考虑解除生产瓶颈，又要彻底消除安全环保隐患。重点电力建设的规

划方案要经公司审查,形成会议纪要,明确整体规划思路、技术方案、分步规划安排,按照审定的规划方案进行分步分年项目安排。一般情况下,未列入专项规划的项目不安排前期工作。项目立项审批后,应纳入公司前期工作计划,明确项目前期工作运行时间安排和工作要求,建立项目储备库。

电力企业投资决策和投资项目应重点审查是否按立项批复开展设计,明确投资限额,采取限额设计。应明确主管部门负责总体协调项目设计进度,实行项目网上运行管理报告制度。各单位通过网络上报项目运行进度,由主管部门汇总后,以生产视频会等形式向公司领导进行报告。协调和监督项目前期工作运行,加快初步设计、概预算编制和审查进度,提高项目前期工作质量,严格项目投资控制。电力企业投资建设价值财务管理是一项专业性很强的工作,投资、质量、招投标、合同管理都需要高素质的人才,应当把专业队伍建设作为重要方面。电力企业经营管理者应努力更新知识结构,树立投资运营的效益观、市场观,增强风险意识,提高决策能力和应变能力;促使经营管理者合理运用现代科学管理手段和方法,积极探索适应市场经济和企业自身实际的灵活有效的投资价值管理模式,不断推动企业管理水平的提高,以保证企业资本运营的成功;要逐步创造条件,形成一批专业性的投资与管理机构活跃在市场上的局面,并引入竞争机制,提升投资价值。

第八节 旅游投资项目财务风险管理

近年来,随着国民经济的不断发展,人民生活水平得到了显著提高,对于休闲娱乐的生活需求更加关注,为旅游投资项目的发展创造了良好机遇。

旅游投资项目是通过相关旅游产品的打造为游客提供专业旅游服务,由于其需要花费大量的资金、人力、物力资源进行投资,收益回笼周期较长,因此存在一定的风险管理问题。基于此,本节通过系统梳理旅游投资项目的主要特点,明确其风险类型,提出从强化项目风险防范意识、整合各方信息资源、建立健全项目管理机制与强化项目风险管控四方面加强旅游投资项目财务风险管理,以有效降低风险损失,确保投资项目效益的最大化。

一、旅游投资项目的主要特点

(一)综合性

旅游是集吃、住、行、娱等为一体的综合性休闲项目,必须充分保障各要素间的协调统一,才能实现旅游价值的深入挖掘,为消费者提供更优的服务保障。因此,旅游投资项目要想实现有效推广,除了要保障规模效应外,还需要强化行业间的沟通联系,提升酒店、交通等配套基础设施的建设,打造综合性旅游投资管理项目。

（二）不稳定性

旅游业由于受市场需求影响较大，因此投资项目呈现出明显的不稳定性。首先，就消费群体而言，其文化水平、经济收入、职业等的差异，决定着其在旅游产品的选择方面会有所不同；其次，就市场环境而言，投资项目受国家政策、制度规范等影响，需要适时进行有效调整；最后，就自然环境而言，受季节、气候等影响，投资项目呈现出季节性的差异。

（三）项目投资规模大

社会经济的快速发展，使人们在旅游产品的选择上出现需求多元化的发展趋势，对服务质量、旅游线路等要求更高，需要在项目投资中正视现实情况，强化项目配套设施建设，拓展项目覆盖范围，以全面适应市场发展需求，这就需要加大项目投资的规模。

（四）收益回收周期长

投资前期为了确保项目规模，需要花费大量的资金进行投资，且主要集中于不动产的建设上，资本周转需要较长周期。由于旅游业本身有季节性收益差异，淡、旺季收益不平衡，会造成收益回收周期在一定程度上有所延长。

二、旅游投资项目的主要风险类型

（一）系统性风险

政治环境风险。其是指旅游投资项目可能受项目所在地国家政策或一国政治事件的影响而产生风险问题。稳定的政治环境是旅游业顺利开展的重要前提，如出现不稳定的政治事件，如国家政权的不稳定、政治体制的变革与社会暴动等事件，会导致旅游需求受到不同程度影响，加剧投资收益回笼的难度。

宏观经济风险。其主要是指由于宏观经济环境的变化而产生的风险问题。一方面，受整体经济发展水平的影响，居民消费能力的高低决定着其对旅游产品的需求规模；另一方面，受其他配套产业发展情况的影响，如交通、通信、酒店等相关产业的发展水平也对旅游投资项目的发展有一定影响。

自然环境风险。其主要是指旅游投资项目受来自自然的不同因素影响存在发生风险的可能性。许多自然景观本身对自然环境的依赖程度较高，其配套的观赏、休闲养生项目如对环境造成污染或破坏，就会导致旅游投资项目有被叫停整顿的风险；同时，地震、洪水等自然灾害的发生，也会对投资项目产生不利影响，不加以及时应对，就会造成严重的经济损失，且该类风险的可控性较低，风险隐患较大。

政策风险。旅游业是一个以市场需求为导向发展的第三产业，受市场变动的影响较大，整体上属于弱势产业，离不开相关政策的扶持。就国内而言，其主要受中央与地方政策的影响，需要及时洞悉国家政策的动态，明晰市场发展趋势，以有效识别风险因素。同时，该风险还包括一些诸如（风土人情变迁、宗教信仰影响等）系统性风险因素，因此需要加强政策研究，做好有效应对。

（二）非系统性风险

项目设计风险。其是指对于旅游投资项目的方案规划、设计、项目布局等环节中处理不当可能存在的风险因素。项目设计的科学性直接决定着项目的市场发展空间，因此必须组织专业人员深入市场调研，综合各方面环境因素，进行系统规划与设计，以深入挖掘项目的投资效益，为旅游投资项目的科学运营与管理创造有利条件。

项目施工风险。其是指在项目建设过程中，需要进行一系列配套设施的完善，在此过程中可能存在管理滞后、资金不到位、施工组织不健全等问题，而增加风险发生的可能性，造成项目施工进度缓慢、施工质量得不到有效保障等问题，影响旅游投资项目的正常运行。

管理风险。其是指旅游投资项目在管理过程中，由于缺乏科学管理理论的指导，人员管理水平有限，制度建设滞后，内部合作不畅等问题，造成投资管理效率低下，影响投资项目进度。特别是近年来市场专业管理人才的紧缺，使得旅游投资项目对于人才的需求更加迫切，市场信息不对称影响下，寻找到合适的管理人才更加困难。

市场风险。旅游投资项目实施的主要战略目标是根据市场发展需求，生产与之匹配的旅游产品或服务，因此保障其市场适应性是关键所在。实际运行过程中，由于相关人员对项目管理缺乏系统安排，不能深入市场进行实地调研，对市场竞争形势把握不清，就会造成产品定位出现偏差、市场推广效果不佳等问题，影响项目效益的充分发挥。

三、旅游投资项目加强财务风险管理的主要对策

（一）强化项目风险防范意识

旅游投资项目受不同风险因素影响，其风险可能性也会有所差异，最终造成的损失程度也很难估量，因此必须强化项目风险防范意识，将风险控制在最小范围。项目投资的相关决策必须在科学统筹的前提下进行有效规划，要重视决策的科学性、权威性与可行性，强化项目投资的科学部署。针对项目选址、设计规划与具体施工等不同环节，强化全过程动态风险监管，成立专门的风险管理机构，针对风险因素进行有效识别与评估，以采取针对性的防范措施进行管控，强化项目整体的风险管理水平。

（二）整合各方信息资源

综合当前诸多旅游投资项目失败的案例，不难发现大多是由于其对项目相关信息资源的收集与处理不及时，造成对国家大政方针、市场动态等信息掌握不足；投资决策过于盲目，造成风险问题的产生。在项目投资过程中，会涉及多主体间的沟通与合作，需要就投资方与实施单位、经营主体等不同利益之间的信息实现及时共享，因此需要重视各方信息

资源的有效整合。综合应用信息技术手段的优势，充分挖掘不同主体的优势，在确保各方利益的同时，强化信息共享，提升市场信息对称性，夯实部门主体责任，确保各类风险隐患保持在可控范围。

（三）建立健全项目管理机制

完善的制度体系是实现项目稳定发展的重要前提，旅游投资项目必须加强项目管理机制的不断健全与完善，强化内部控制与管理水平，细化制度内容，规范操作管理流程，夯实人员职责，确保风险管理覆盖项目投资的各环节。同时，将项目管理与人员考核相挂钩，明确考核标准，强化参与主体的责任意识，加强日常监督，确保人人能够自觉规范行为，积极参与项目的财务风险管理。

（四）强化项目风险管控

为有效提升项目的风险管控，需要针对项目的具体实际深入开展前期调研论证，立足市场发展的大环境，准确把握动态发展规律，明确当前政策规划，提升项目的科学性。同时，建立旅游投资项目风险动态监管与报告机制，针对不同的风险因素实施可行的应对方案，降低风险损失，提升风险预警，保障投资项目的稳定发展。

当前，随着旅游业的日渐成熟，市场旅游投资项目迎来了新的机遇与挑战，相关人员在抓住发展契机的同时，要强化风险防范意识，立足旅游投资项目的实际，有效识别风险因素，强化全过程风险管控，以有效降低风险损失，确保投资项目效益的最大化。

参考文献

[1] 赵秀红，李海燕，陈津津. 现代会计理论与实务研究 [M]. 北京：经济日报出版社，2017.

[2] 申仁柏. 互联网+对现代会计教学改革的影响研究 [M]. 长春：吉林大学出版社，2019.

[3] 罗银胜. 中国现代会计之父：潘序伦传 [M]. 上海：立信会计出版社，2017.

[4] 励景源. 现代会计学基础 [M]. 上海：上海财经大学出版社，2011.

[5] 曹玉梅. 财务管理研究 [M]. 哈尔滨：黑龙江科学技术出版社，2018.

[6] 武建平，王坤，孙翠洁. 企业运营与财务管理研究 [M]. 长春：吉林人民出版社，2019.

[7] 刘振鹏. 山东省教育财务管理研究 第8辑 [M]. 济南：山东大学出版社，2020.

[8] 董艳丽. 新时代背景下的财务管理研究 [M]. 长春：吉林人民出版社，2019.

[9] 金贵娥. 民办高校财务管理研究 [M]. 武汉：华中科技大学出版社，2017.

[10] 刘海英，李占卿. 小额贷款公司财务管理研究 [M]. 石家庄：河北人民出版社，2016.

[11] 张春萍，黄倩. 现代企业制度下的财务管理研究 [M]. 长春：吉林大学出版社，2016.

[12] 黄永林，唐万宏. 高师财务管理研究 第10辑 [M]. 南京：南京师范大学出版社，2013.

[13] 吴建华. 山东省教育财务管理研究 第5辑 [M]. 济南：山东大学出版社，2014.

[14] 金海峰. 财务管理与会计教学研究 [M]. 天津：天津科学技术出版社，2020.

[15] 杨智慧. 会计信息管理专业国家级教学资源库配套教材 高等职业教育在线开放课程信息化专业教材 高职高专会计系列 财务会计 [M]. 上海：立信会计出版社，2022.

[16] 刘淑莲. 新世纪研究生教学用书·会计系列 财务管理理论与实务 第4版 [M]. 沈阳：东北财经大学出版社，2019.

[17] 王炜，孙颖荪，赵根良. 高等职业教育财务会计类专业创新与重构系列教材 全国财政职业教育高职专业教学指导委员会推荐教材 绩效管理 [M]. 北京：中国人民大学出版社，2022.

[18] 潘立新. 财务会计教学案例与分析 中国管理案例库 [M]. 北京：中国人民大学出版社，2017.

[19] 姚正海. 财务管理专业与会计学专业教育教学改革研究 [M]. 成都：西南财经大学出版社, 2011.

[20] 牛永芹，刘大斌，杨琴. 普通高等教育教学改革创新示范教材 高等职业教育财务会计专业系列教材 ERP 财务管理系统实训教程 用友 U8V10.1 版 第 2 版 [M]. 北京：高等教育出版社, 2017.